Christof Gaspari

W0077098

Eins plus eins
ist eins

Leitbilder für Mann und Frau

HEROLD VERLAG WIEN · MÜNCHEN

CIP-Kurztitelaufnahme der Deutschen Bibliothek

Gaspari, Christof:
Eins plus eins ist eins: Leitbilder für Mann u. Frau/
Christof Gaspari. — Wien : München : Herold-Verlag, 1985.
  ISBN 3-7008-0285-4

© 1985 by Herold Druck- und Verlagsgesellschaft m.b.H., Wien
Gesamtherstellung: Herold, Wien 8

ISBN 3-7008-0285-4

Inhaltsverzeichnis

Für Alexa
in Dankbarkeit

1. Einleitung

Einleitungen stehen zwar am Anfang von Büchern, sie werden aber als letzter Teil geschrieben. Der Text ist also endlich zu Papier gebracht. Fünf Mal habe ich ihn überarbeitet und umgeschrieben und dennoch hätte ich beim letzten Durchlesen gern noch einiges geändert, einiges hinzugefügt. Gott sei Dank aber gibt es Termine, die man mit dem Verlag vereinbart hat. Also mußte einmal abgeschlossen werden.

Jetzt bleibt mir noch die Aufgabe, Sie, liebe Leserin, lieber Leser, auf das einzustimmen, was Sie auf den folgenden Seiten erwartet. Gerne würde ich auch die Aufmerksamkeit jener gewinnen, denen dieses Buch zufällig in die Hand gefallen ist — und die es zunächst einmal nur mehr oder weniger interessiert anlesen. Am besten ist es wohl, wenn ich Ihnen erzähle, wie es zustande gekommen ist und welche meine Hauptanliegen sind.

Über das Thema „Mann-Frau" gibt es eine wahrlich unüberblickbare Fülle von Veröffentlichungen. Wozu also noch eine weitere? Vor sechs bis acht Jahren habe ich für eine Studie über die Situation der Familie in Europa eine Unmenge von statistischen Daten gesammelt (siehe 78).* Dabei fiel mir auf, daß bei vielen Merkmalen deutliche Unterschiede zwischen den weiblichen und männlichen Werten zu verzeichnen waren. Das machte mich neugierig, wies es doch auf einen Umstand hin, der gerade damals nicht „in" war: Die meisten wissenschaftlichen Arbeiten zum Thema „Mann — Frau" waren sich in den siebziger Jahren darin einig, daß Geschlechtsunterschiede eher unbedeutend, jedenfalls aber abbaubar seien.

Bei näherer Beschäftigung mit dem Thema bemerkte ich dann, daß es bezüglich dieser Frage geradezu Modeströmungen in der Forschung gibt. Ältere Untersuchungen waren nämlich überwiegend zu der gegenteiligen Auffassung gekommen: Ihnen lagen die Unterschiede und Besonderheiten der Geschlechter besonders am Herzen. Wie soll man sich da zurechtfinden? Daher habe ich es bei der Durchsicht von Arbeiten stets als sehr wohltuend empfunden, wenn die Autoren ihre eigene „weltanschauliche" Position in dieser Frage von vornherein klargestellt haben. Das möchte ich auch tun: Mir liegt das Vorhandensein von Vielfalt am Herzen, also auch jener, die sich im Mann- und

---

* Die Zahl 75 weist auf die entsprechende Stelle in der Literaturliste hin.

Frausein ausdrückt. In diesem Buch möchte ich daher herausarbeiten, in welcher Hinsicht Frauen und Männer besondere Begabungen aufweisen. Vor allem aber geht es mir auch darum zu zeigen, daß diese Besonderheiten überaus sinnvoll geordnet und lebensträchtig sein könnten, wenn wir sie nicht mißbrauchten, sondern sinnvoll nutzten.

Mir ist schon bewußt, daß die Feststellung von Unterschieden leicht dazu verwendet werden kann, den einzelnen in ein Zwangskorsett von Verhaltensvorschriften zu pressen. Leider ist das in der Vergangenheit auch allzu häufig geschehen. Deswegen ist ja auch der heutige Trend zur Vereinheitlichung so vehement losgebrochen. Dieser Tendenz zur Einebnung aller Unterschiede möchte ich mich jedoch entgegenstellen. Er wird nämlich zu einer Verarmung unserer Lebenserfahrungen und unserer persönlichen Entfaltungsmöglichkeiten führen. Daß auch die Leistungsfähigkeit unserer Gesellschaft darunter leiden wird, sei nur nebenbei für jene gesagt, die immer noch die Gesellschaft für wichtiger als den Menschen halten. Je mehr Eintopf, umso weniger Fähigkeit, mit vielfältigen Problemen fertig zu werden. Systemtheoretische Untersuchungen (siehe 4) zeigen das ganz deutlich.

Eigentlich ist es ja traurig, wie sehr dieses Thema heute ideologisch überfrachtet ist. In manchen Kreisen macht man sich ja richtig verdächtig, wenn man von den besonderen Begabungen von Mann und Frau spricht. Das seien „alte Rollenklischees", die man möglichst rasch überwinden müsse, bekommt man dann zu hören. Seitdem ich mich nun intensiv mit diesem Thema befasse, habe ich aber aufmerksam die Menschen rund um mich beobachtet und festgestellt, wie sehr doch jeder einzelne der besondere Mensch für die anderen sein möchte. Und eine Form, in der sich dieses Besonderssein ausdrückt, ist nun einmal die Eigenschaft des Menschen, daß er entweder als Mann oder als Frau lebt. Schon an den kleinen Kindern kann man doch ihre Eigenart als Buben und Mädchen beobachten. Alle Unterschiede nur auf die Erziehung zurückzuführen, ist eine schreckliche Vereinfachung der Gegebenheiten. Wenn ich allein daran denke, was ich meinen Kindern alles gern beigebracht hätte — und wieviel sie einfach nicht angenommen haben! Oder: Wie haben wir doch versucht, unsere beiden Töchter ähnlich zu behandeln — und wie unterschiedlich entwickeln sie sich trotz allem!

Ich meine, wir sollten endlich damit aufhören, Erbe gegen Erziehung auszuspielen. Beides hat doch offensichtlich einen Einfluß. Wozu also die immer wiederkehrenden Versuche, die Effekte auseinanderzudividieren? Steckt hinter diesen endlosen Debatten nicht ein anderes Grundproblem, das jedoch nicht deutlich ausgesprochen wird? Sehen wir uns solche Debatten einmal etwas genauer an:

12

Die Verfechter der Vererbungslehre weisen auf die körperlich grundgelegten Unterschiede hin. Sie sind ja zweifellos vorhanden, und mit fortschreitender Forschung werden immer wieder neue entdeckt (beispielsweise Unterschiede im Gehirn). Von dieser Grundeinsicht her wird dann oft folgende Argumentationslinie verfolgt: Weil biologische Unterschiede bestehen und weil man diese durch Eingriff nicht verändern könne, sei es notwendig, auf gesellschaftlicher Ebene Frauen und Männern unterschiedliche Aufgaben zuzuweisen. Diesen Überlegungen halten Befürworter der Einebnung von Rollenunterschieden entgegen, daß die meisten Unterschiede kulturell bedingt und letztlich anerzogen und daher auch leicht zu verändern seien.

Beide Seiten haben selbstverständlich eine Menge von Untersuchungen bei der Hand, die ihre jeweilige Position untermauern. Bei näherem Hinsehen geht es aber nicht um die Entstehung der Unterschiede, sondern um ihre Veränderbarkeit. Die eigentliche Frage lautet: Habe ich Ehrfurcht vor dem, was ich antreffe? Und: Versuche ich in die tiefe Sinnhaftigkeit der bestehenden Ordnungen einzudringen, um staunend festzustellen, wie gut die Dinge eigentlich geordnet sind?

Wer so an die Gegebenheiten herangeht, wird nur vorsichtig und Schritt für Schritt solche Veränderungen durchführen, die ihm notwendig erscheinen, damit die Menschen erfüllter leben können. Aus Fehlern wird er zu lernen suchen, massive Eingriffe wird er vermeiden. Forschung, die sich diesem Zugang verschreibt, wird die biologisch gegebenen Unterschiede als sinnvolle Wegweiser für die Lebensgestaltung betrachten — wenn auch nicht als starre, unverschiebbare Barrieren.

Anders ist der Zugang jener, die sich als Herren der Schöpfung fühlen, die überzeugt davon sind, daß alles nur durch Zufall entstanden sei und genau so gut anders funktionieren könnte. Sie fühlen sich berechtigt, über alle Zusammenhänge frei zu verfügen. Jedes Wissen wird zur Durchsetzung ihrer ideologischen Vorstellungen eingesetzt, um die Welt und den Menschen neu — und „besser" — zu konzipieren. Wer mit solchem Verständnis an die Gegebenheiten herangeht, beginnt mit der Veränderung der kulturellen Gegebenheiten, reißt Tabus nieder, errichtet neue und verändert Erziehungsschwerpunkte. Das geht am leichtesten.

Wer diese Sicht hat, wird sich aber auch nicht davon abhalten lassen, in die biologisch vorprogrammierten, körperlichen Gegebenheiten einzugreifen. Für ihn ist ja Unveränderbarkeit nur eine Frage des derzeitigen Standes der Technik. Wohl sind heute die Möglichkeiten der genetischen Manipulation des Menschen noch beschränkt. Man muß sich aber vor Augen halten, welche enorme Anstrengungen die

Forschung gerade in diesem Bereich unternimmt. Hier werden sich ungeahnte Möglichkeiten des Eingreifens und Veränderns eröffnen. Was heute noch als „natürlich" erscheint, kann morgen schon vom Menschen manipuliert werden.

Es erscheint mir daher sinnlos, sich in Debatten über Geschlechtsunterschiede auf ihre „Natürlichkeit" zu berufen. Denn diese Grenze ist fließend. Letztlich geht es in der gesamten Debatte um ein weltanschauliches Problem. Wir stehen vor der Frage: Ist das, was wir in der Welt an Wesen und Ordnung antreffen, nur Ergebnis eines blinden Zufalls oder das Schöpfungswerk Gottes?

Auch was meine Antwort auf diese Frage anbelangt, möchte ich Ihnen, liebe Leser, von Anfang an reinen Wein einschenken. Ich glaube daran, daß diese Welt Schöpfung Gottes ist. Wie sich der Schöpfungsprozeß im einzelnen abgespielt hat, kann auch ich natürlich nicht beantworten, und ich zähle mich auch nicht zu den Fundamentalisten, die Gott darauf festlegen wollen, die Welt in sieben Tagen geschaffen zu haben. Wohl aber glaube ich an die Aussage der Schrift, daß alles, was Er gemacht hatte, „sehr gut war".

Erwartet Sie also ein vehementes Plädoyer für die Rückkehr zu den „guten alten Zeiten"? Nein, durchaus nicht. Wir können unsere Entwicklung einfach nicht verleugnen — auch wenn wir sie nicht begrüßen. Ausgangspunkt all unserer Überlegungen muß die Welt von heute sein — so wie sie sich uns darstellt. Eine Rückkehr in die Welt von gestern ist ebenso unmöglich wie das Festhalten am gegenwärtigen Zustand — er ist ja außerdem unbefriedigend genug.

Mein Hauptanliegen ist daher die Frage: Wie soll es weitergehen? Wie können wir als Mann und Frau heute und morgen ein erfülltes Leben gestalten? Wonach können wir uns ausrichten? Selbstverständlich sind auch diese Fragen nicht wertneutral zu beantworten. Und daher bin ich auch diesbezüglich eine Antwort schuldig: Ich möchte zeigen, daß das Menschenbild, das uns Jesus, der Christus, in den Evangelien vorgestellt hat, eine angemessene Antwort gerade für die Nöte unserer Zeit darstellt.

Ist dieses Buch also nichts anderes als eine überlange Predigt eines Laien, der den Priestern Konkurrenz machen will? Auch darauf kann ich mit gutem Gewissen mit nein antworten, obwohl ich Sie, liebe Leser, natürlich schon gern für dieses Menschenbild begeistern möchte.

Dennoch habe ich — wie sich das heute gehört — zunächst einmal mit der Darstellung der wissenschaftlichen Erkenntnisse begonnen. In den Kapiteln 2 bis 6 wird versucht, die besonderen Begabungen von Frauen und Männern herauszuarbeiten. Weil die Grundlagen, auf denen die Aussagen in diesen Kapiteln beruhen, so vielfältig sind, habe

14

ich sie jeweils in kurzen Zwischentiteln zusammengefaßt. Wer sich nur einen Überblick über diese Fakten verschaffen will, kann sich zunächst mit der Lektüre dieser herausgestellten Kurzfassungen begnügen.

Das Kapitel 7 hat eine zentrale Stellung in diesem Buch. Es stellt die Zusammenfassung der Aussagen der Kapitel 2 bis 6 dar und versucht darzulegen, daß die Sonderbegabungen von Mann und Frau sich zu einem harmonischen Ganzen zusammenfügen lassen. Von diesem harmonischen Zusammenspiel habe ich übrigens, als ich vor acht Jahren mit der Arbeit begann, selbst nichts gewußt. Erst im Zuge der Beschäftigung mit der Materie bin ich darauf gestoßen.

In den beiden letzten Kapiteln versuche ich dann der Frage nachzugehen, welchen Sinn diese Sonderbegabungen von Frauen und Männern haben und welchen Beitrag sie zur Formulierung von Leitbildern für die Geschlechter leisten können.

Damit ist diese Einleitung ohnedies schon sehr lang geraten. Eigentlich könnte ich es dabei bewenden lassen. Dennoch möchte ich mit einigen persönlichen Bemerkungen schließen.

Es ist sehr wahrscheinlich, daß meine Vorliebe für Vielfalt Auswirkungen auf die Auswahl des Datenmaterials gehabt hat. Ich erhebe daher auch durchaus nicht den Anspruch, Endgültiges über Gleichartigkeit und Besonderheit von Mann und Frau aussagen zu können. Eine vollständige Bestandsaufnahme dessen, was zu diesem Thema geforscht wurde, kann ohnedies niemand zusammentragen. Hier zeigen sich die Grenzen und somit die beschränkte Bedeutung des wissenschaftlichen Zugangs. Selbst Vollprofis schaffen den Überblick nicht — auch nicht in Teilbereichen.

Aus einer unüberblickbaren Fülle von Daten habe ich also eine Teilmenge geordnet. Natürlich war ich nicht imstande, allein all diese Informationen zusammenzutragen. Kräftig unterstützt wurde ich dabei von den Mitarbeitern des Forschungsprojektes Nr. 1627 des Jubiläumsfonds der Österreichischen Nationalbank, das die Grundlage dieser Arbeit darstellt. An dieser fächerübergreifenden Sammlung waren die Pädagogin Hella Danner, der Sexualwissenschafter Karl Stifter und der Biologe Max Moser beteiligt. Ihnen sei bei dieser Gelegenheit ebenso gedankt wie dem Institut für Ehe und Familie, in dessen Rahmen dieses Forschungsprojekt abgewickelt und 1982 abgeschlossen worden ist. Danken möchte ich aber auch meiner Frau. Mit ihr habe ich das Thema immer wieder besprochen, und sie hat geduldig die vielen Fassungen des Manuskriptes gelesen. Ihr verdanke ich eine Fülle von Anregungen und Korrekturen. Oft hat sie mich auch zum Wesentlichen der Aussage zurückgeführt, wenn ich mich zu sehr in Details verliebt hatte.

Bleibt mir noch, den folgenden Wunsch zu äußern: Weil ich selbst im Zuge der Arbeiten über dieses Thema sehr viel für mein eigenes Verhalten, für die Beziehung zu meiner Frau und meinen Kindern, für den Umgang mit Menschen meiner Umgebung, aber auch in meiner Beziehung zu Gott dazugewonnen habe, würde ich mich sehr freuen, wenn dieses Buch auch Ihnen, liebe Leserin, lieber Leser, diesen Dienst erweisen könnte.

Wien, im Februar 1985   Christof Gaspari

2. Effizienz und Stabilität

2.1 Vorbemerkung

Bevor wir uns dem ersten Begabungsunterschied zuwenden, möchte ich auf eine häufig zu machende Beobachtung hinweisen: Je stärker spezialisiert Lebewesen oder soziale Einheiten sind, umso leistungsfähiger sind sie in ihrem Spezialbereich. Mit dieser höheren Leistungsfähigkeit (Effizienz) geht jedoch meistens die Vielseitigkeit der Begabung und damit die Überlebensfähigkeit verloren.

Typische Beispiele für diesen Zusammenhang sind die Züchtungserfolge der modernen Landwirtschaft. Meistens wird bei der Züchtung das Ziel verfolgt, Tiere oder Pflanzen heranzuziehen, mit denen ein hoher Ertrag erwirtschaftet werden kann. Mit den heutigen Getreidesorten kann man beispielsweise ein Vielfaches der früher üblichen Hektarerträge erzielen. Sie sind also effizienter. Allerdings sind sie auf ganz bestimmte Umweltbedingungen angewiesen, müssen sorgfältig gedüngt, mit Unkraut- und Schädlingsbekämpfungsmitteln von äußeren Bedrohungen freigehalten werden. Ohne diese Sorge um eine möglichst günstige Umwelt können sie nicht überleben. Ihre Effizienz geht auf Kosten ihrer Überlebensfähigkeit bei schwierigen Umweltbedingungen, also auf Kosten ihrer Stabilität.

Aus Untersuchungen über das Verhalten von sozialen Systemen (etwa von Unternehmen und Ländern), die ich vor Jahren angestellt habe (siehe 79), ließ sich dieselbe Polarität zwischen Effizienz und Stabilität erkennen. Weil dieses Begriffspaar so allgemein auf lebende Systeme angewendet werden kann, war es naheliegend, auch die geschlechtstypischen Besonderheiten unter diesem Blickwinkel zu betrachten. Einiges deutet nämlich darauf hin, daß Effizienz eine Eigenschaft ist, die stärker beim Mann ausgeprägt ist, während Stabilität eher ein Merkmal des weiblichen Geschlechts ist.

2.2 Männer sind effizienter

2.2.1 Körperliche Aspekte

Zu Beginn möchte ich noch einmal klarstellen, welche Fähigkeit mit dem Begriff Effizienz beschrieben werden soll. Es geht um jene

Eigenschaft, die wiedergibt, wie gut ein System Anstrengungen in Leistungen umzusetzen vermag: Je kleiner der Aufwand für ein bestimmtes Ergebnis ist oder je größer die Leistung bei gegebenem Aufwand, umso höher liegt die Effizienz.

Im folgenden seien nun einige Hinweise angeführt, die deutlich machen, daß schon in der Art, wie der menschliche Körper funktioniert, Effizienz stärker als Merkmal des männlichen Prinzips auftritt.

Unterschiede schon bei den Keimzellen

Schon der Zeugungsvorgang läßt dies erkennen: Jeder Mensch entwickelt sich aus einer einzigen Zelle, die aus der Vereinigung einer Ei- mit einer Samenzelle entsteht. Diese eine Zelle verfügt über alle Information, die für den Aufbau des gesamten Organismus erforderlich ist. Träger dieser Information sind die Chromosome, von denen es beim Menschen 23 Paare gibt. Eines davon, das Geschlechtschromosomenpaar, legt fest, ob es sich um ein weibliches oder ein männliches Geschöpf handelt. Verantwortlich für die Bestimmung des Geschlechts sind nur die männlichen Samenzellen. Sie sind Träger entweder eines weiblichen X- oder eines männlichen Y-Chromosoms. Die Eizelle ist stets Träger eines X-Chromosoms. Dadurch ergibt die Verbindung von Ei- und Samenzelle entweder eine weibliche XX- oder eine männliche XY-Kombination.

Die zweigeschlechtliche Fortpflanzung hat gegenüber der in der Natur auch häufig anzutreffenden einfacheren, weil weniger störungsanfälligen eingeschlechtlichen Fortpflanzung wichtige Vorteile: Sie ermöglicht das Entstehen einer größeren Vielfalt an Merkmalen bei den einzelnen Wesen der jeweiligen Art. Vor allem kann es dadurch zu einem Auswahl- (Selektions-)Druck in zwei unterschiedliche Richtungen kommen. Typisch dafür ist, wie das für die Fortpflanzung zur Verfügung stehende Material bei beiden Geschlechtern unterschiedlich organisiert ist: Die große Eizelle, die im weiblichen Körper regelmäßig entsteht, ist auf möglichst viel Substanz und daher auf Überlebensfähigkeit ausgerichtet. Bei den männlichen Samenzellen geht es um die möglichst große Zahl, um eine möglichst hohe Erfolgs- oder Trefferwahrscheinlichkeit und um das möglichst rasche Erreichen eines Ziels, der Vereinigung mit der Eizelle.

Schnelligkeit: Erfolgskriterium der Samenzelle

Nun ist bei den Samenzellen des Mannes auffallend, daß die Träger des X-Chromosoms zahlreicher als die des Y-Chromosoms sind. Umso überraschender ist daher die Tatsache, daß zum Zeitpunkt der Befruchtung die Zahl der männlichen Kinder weit über der der weiblichen liegt: etwa 120 bis 150 zu 100 wird geschätzt. Offensichtlich sind die weniger zahlreichen Y-Spermien um einiges erfolgreicher als die zahlreicheren X-Spermien. Durch welche Merkmale wird dies aber hervorgerufen? Bedingt duch ihr geringeres spezifisches Gewicht und ihre um 7% kleinere Oberfläche sind die Y-Spermien einfach die schnelleren. Allerdings erkaufen sie diesen Vorteil in der Effizienz durch eine geringere Überlebensfähigkeit, da sie über weniger Substanz verfügen.

Bei den Trägern der männlichen Erbinformation ist somit größere Schnelligkeit, also kurzfristige Höchstleistung, das Erfolgskriterium. Schon diese Form der Effizienz ist mit einer Einbuße an Überlebensfähigkeit, sprich Stabilität verbunden (siehe dazu auch die Ausführungen von N. Bischof, S. Ohno & E. Thibault in 203).

Im Mutterleib wachsen Knaben rascher

Deutlich wird die männliche Ausrichtung auf die rasche Mobilisierung von Kräften und auf kraftvolles Einwirken in die Umwelt erst mit der Pubertät. Buben und Mädchen unterscheiden sich nicht wesentlich nach Größe, Gewicht, Kraft, Ausdauer, Leistungfähigkeit und Reaktionsgeschwindigkeit. Dennoch kann man schon im Mutterleib ein rascheres Wachstum der männlichen im Vergleich zu den weiblichen Kindern feststellen. Dadurch besteht auch schon bei der Geburt ein Gewichtsunterschied von etwa 110 bis 150 Gramm zugunsten der Knaben (51, S. 578; und 153).

Deutliche Unterschiede erst ab der Pubertät

Wirklich deutlich werden die Unterschiede jedoch, wie gesagt, erst mit dem Einsetzen der Pubertät. Von da ab steigt die körperliche Leistungsfähigkeit der Burschen schneller als die der Mädchen, um nach Abschluß der körperlichen Entwicklung ihren Höhepunkt zu erreichen.

Im folgenden soll am Beispiel verschiedener Organsysteme gezeigt werden, daß der männliche Körper eher auf Effizienz ausgerichtet ist als der weibliche.

Männer sind größer und muskulöser

Frauen sind im Durchschnitt um etwa 12 cm kleiner als Männer. Auch was das Gewicht anbelangt, liegen die weiblichen Durchschnittswerte unter den männlichen: Bei gleicher Größe wiegt eine Frau um etwa 10 bis 15 % weniger als ein Mann. Ursache für das höhere Gewicht des Mannes ist nicht so sehr das zwar etwas kräftigere Skelett, sondern vielmehr der höhere Anteil an aktiver Körpermasse, also an Muskeln, im Vergleich zur Fettmasse. Das Muskelgewebe ist nämlich spezifisch schwerer als das Fettgewebe. Dies geht auch aus der folgenden Tabelle 1 hervor, die zeigt, wie sich die Körpermasse bei Mann und Frau unterschiedlich zusammensetzt.

Tabelle 1
Körperzusammensetzung bei Mann und Frau in Prozent der Körpermasse

	Nach: M. Rubmer 1928		C. H. Stratz 1926	
	M	W	M	W
Muskulatur	41,8	35,8	40,0	36,0
Fett	18,2	28,2	20,0	30,0
Skelett	15,9	15,1	20,0	15,0
Drüsen und übrige Körperteile	24,1	20,9	20,0	19,0

Diese Durchschnittswerte bei Untrainierten unterscheiden sich allerdings wesentlich von den Werten der Spitzensportler. Bei diesen verringert sich die Differenz deutlich. Damit wird offenkundig, daß durch gezielte Bemühungen eine Anpassung erreicht werden kann.

Die verschieden hohen Anteile von aktiver und passiver Körpermasse bei Mann und Frau stehen jedenfalls in Beziehung zu den vielfach feststellbaren Leistungsunterschieden zwischen den Geschlechtern: Je nach Belastungsart erbringt die Frau absolut zwischen 50 und 95 % der Leistung des Mannes. Berücksichtigt man aber den Umstand, daß Frauen durchschnittlich kleiner und leichter als Männer sind, und berechnet man relative Werte (etwa bezogen auf das Gewicht), so verringern sich klarerweise die Unterschiede, bleiben aber erhalten. Jedenfalls zeigen diese Beobachtungen aber, daß von der körperlichen Ausstattung her Männer für effizienten Krafteinsatz besser ausgestattet sind.

Unterschiedlich sind auch die Körpermaße: Etwas kürzere Gliedmaßen (um rund 10%) und ein vergleichsweise geringfügig stärker hervortretender Rumpf (5% mehr Anteil als beim Mann) tragen dazu bei, daß der Schwerpunkt des weiblichen Körpers etwas tiefer liegt (siehe dazu 184 und 206). Auffallend ist weiters die physiologische X-Beinstellung der Frau, sowie ihr kleinerer Kubitalwinkel. Dadurch sind Frauen zwar für manche Bewegungsarten, insbesondere bei der

Gymnastik, besonders begabt. Bei Wurf- und Stoßbewegungen haben hingegen eindeutig Männer Vorteile, also bei der Umsetzung von Kraft in solche Leistungen, die der Veränderung der Umwelt dienen.

Männer haben festere Knochen und Bänder

Manchen Autoren zufolge weisen weibliche Röhrenknochen eine geringere Strebenfestigkeit auf, ein Umstand, der Knickungsbrüche begünstigen würde. (Allerdings ist zu berücksichtigen, daß schwere körperliche Betätigung zur Verstärkung der Knochen beiträgt, wodurch Geschlechtsunterschiede mitbedingt sein könnten.)

Auf ein weiteres Merkmal, das den Krafteinsatz bei der Frau eher behindert, weist L. Prokop (165) hin: Ihre Gelenksverbindungen sind weicher und vielfach lockerer als die des Mannes. Dadurch ist zwar der Spielraum der Gelenksbewegung größer, dafür werden aber starke mechanische Belastungen des Bandapparates weniger gut verkraftet. Besonders bei untrainierten Frauen ist daher die Verletzungsgefahr größer: So werden fast dreimal so häufig bei Frauen Bänderrisse im Sprunggelenk festgestellt, als dies bei Männern der Fall ist.

Bei gleicher Leistung strengen sich Männer weniger an

Die geringere Muskelmasse der Frau bewirkt auch einen geringeren Energieverbrauch. Im Ruhezustand verbraucht eine Frau pro Tag (Grundumsatz) 1400 Kilokalorien, während der entsprechende Durchschnittswert bei Männern in der Gegend von 1700 kcal liegt (siehe 191). Bezieht man diese Werte auf die Körperoberfläche, so verringert sich zwar die Differenz, ohne jedoch zu verschwinden. Fordert man gleiche Anstrengungen von Mann und Frau, so steigt der Energieverbrauch bei Frauen viel rascher und liegt sogar über den männlichen Werten, was durch ihre geringere Muskelmasse zu erklären ist. Bemerkenswert ist jedoch, daß im Grenzbereich der jeweils persönlichen Leistungsfähigkeit Frauen weniger Energie verbrauchen als Männer. Sie können bei gleichem Energieeinsatz somit die ihnen gemäßen Leistungen länger erbringen als Männer.

Männlicher Kreislauf transportiert mehr Sauerstoff

Unterschiede treten auch in der Fähigkeit, Sauerstoff zu transportieren, auf. Dies liegt zum einen (wenn auch geringeren) Teil an der größeren Blutmenge, über die die Männer im Durchschnitt verfügen: Einem Wert von 5 Litern steht ein Wert von 3,8 Litern bei Frauen gegenüber.

Weiters stellt man bei Männern eine um 8% größere Hämoglobinmenge fest. Hämoglobin ist jener färbende Bestandteil der roten Blutkörperchen, der für den Transport des Sauer- und Stickstoffes verantwortlich ist. Eine der Ursachen für den (auch relativ) geringeren Wert bei Frauen dürfte in dem periodisch wiederkehrenden Blutverlust bei Menstruation zu suchen sein. Astrand (zitiert in 186) schätzt, daß aufgrund dieser Gegebenheiten die Transportleistung des Blutes bei der Frau um rund 20 bis 25% herabgesetzt ist.

Männer haben größere Herzen

Ziemlich eindeutig sind auch die Unterschiede, die man beim Vergleich des männlichen mit dem weiblichen Herzen erkennt. Da ist zunächst die Größe: Untrainierte Männer haben Herzen, deren Volumen zwischen 750 und 800 ccm liegt. Bei untrainierten Frauen liegen die entsprechenden Werte zwischen 550 und 580 ccm. Auch hier verringert entsprechendes Training die Unterschiede. Sie bleiben jedoch auch bei austrainierten Sportlern erhalten.

Das größere Herzvolumen der Männer wirkt sich auf den Bluttransport aus. Messungen der Blutmenge, die pro Minute vom Herzen in den Körper gepumpt werden kann, ergaben bei Männern Höchstwerte von 37 und bei Frauen von 25 Litern. Dementsprechend zeigen Männer auch eine höhere Arbeitskapazität, wenn man sie beispielsweise am Fahrrad-Ergometer testet. Bei gleichem Leistungsniveau strengen sie sich weniger an, was sich auch in einem deutlich niedrigeren Puls ausdrückt. Im Mittel erreichen Frauen zwei Drittel bis drei Viertel der männlichen Werte.

Schon im Ruhezustand schlägt das männliche Herz langsamer als das weibliche. Dasselbe gilt bei Belastungen, die unterhalb der jeweiligen persönlichen Leistungsgrenze liegen. Erst wenn diese Grenze erreicht wird, treten im Bereich höchster Frequenzen bei Mann und Frau die gleichen Werte auf.

Frauen erhöhen Schlagfrequenz, Männer Schlagvolumen

Interessant ist weiters, wie sich die Herztätigkeit bei Anstrengung unterschiedlich verändert. Obwohl auch Frauen ein Sportherz (ein infolge regelmäßiger Anstrengung vergrößertes Herz) haben können, reagieren sie doch im allgemeinen (siehe 149) bei erhöhtem Sauerstoffbedarf mit der eher unwirtschaftlichen Erhöhung der Schlaghäufigkeit des Herzens. Beim Mann hingegen stellt man fest, daß das Herz auf Anstrengungen mit der viel effizienteren Form, mehr Blut pro Herzschlag zu befördern, reagiert. Weil dem weiblichen Herzen diese Fähigkeit, auf vermehrte körperliche Arbeit mit höherem Schlagvolumen zu antworten, eher abgeht, haben Frauen beim Laufen und Radfahren die höheren Pulsfrequenzen (siehe dazu Astrand in 191).

Männer erholen sich rascher

Auch was die Fähigkeit, sich zu erholen, anbelangt, bestehen Geschlechtsunterschiede, die besonders deutlich bei untrainierten Personen ausgeprägt sind. Eine Meßgröße für die Fähigkeit, wieder zu Kräften zu kommen, ist die Zahl der Pulsschläge während der ersten 10 Minuten einer Erholungsphase. Hier werden bei Männern durchwegs die niedrigeren Werte festgestellt. Frauen haben noch längere Zeit einen erhöhten Puls und erholen sich daher langsamer.

Männer sind besser mit Sauerstoff versorgt

Die Sauerstoffversorgung ist ein weiterer Bereich, bei dem Geschlechtsunterschiede auftreten. Das beruht auf Unterschieden, die nicht nur im Herz-Kreislauf-System, sondern auch im Bereich der Lunge festzustellen sind. Frauen weisen eine um 30% geringere Vitalkapazität, das ist die Luftmenge, die zwischen maximalem Aus- und Einatmen die Lunge füllen kann, auf. Bei Sportlern liegen die weiblichen Werte bei rund 4,3 Litern, die männlichen bei 5,7 Litern (siehe dazu 186).

Die Atemtätigkeit der Lunge steigt in Abhängigkeit vom Sauerstoffverbrauch. Weibliche Spitzensportler atmen bis zu 100 Liter je Minute ein, männliche bis zu 170. Dazu kommt weiters, daß Männer die eingeatmete Luft besser nützen: Um 1 Liter Sauerstoff bei Arbeiten unterhalb der Leistungsgrenze aufzunehmen, muß ein Mann im Durchschnitt nur 20,6 Liter Luft einatmen, eine Frau jedoch 24,5 Liter.

Eine weitere wichtige Kenngröße ist der Sauerstoffpuls, also die je Herzschlag transportierte Menge an Sauerstoff. Im Ruhezustand unterscheiden sich die Werte bei Mann und Frau nicht, wohl aber bei Belastung. Laut Reindell und Roskamm (zitiert in 186) liegen die Werte bei Frauen um etwa 30% niedriger als die bei Männern. Auch hier kommt es bei Sportlern zu einer Verringerung der Differenz.

Alle diese Beobachtungen machen deutlich, daß sowohl die Lunge als auch das Herz-Kreislauf-System, die ja entscheidend die Leistungsfähigkeit des Körpers mitbestimmen, zur größeren körperlichen Effizienz der Männer beitragen.

Je nach Muskelgruppe können Frauen zwischen 60 und 80% der Muskelkraft des Mannes erbringen. Bei der Betrachtung des Kraftgefälles wird deutlich, daß die größten Unterschiede bei der Arm- und Beinbeugemuskulatur auftreten, die geringsten bei den Adduktoren, jenen Muskeln, die die Gliedmaßen zum Körper hinbewegen. Brown und Wilmore (in 191) verglichen die Leistungen bei den Gliedmaßen. Dabei zeigte sich, daß Frauen bei der Armmuskulatur um 43 bis 63%, bei der Beinmuskulatur nur um 27% schwächer sind als Männer.

Für die schwächere Ausbildung der weiblichen Muskulatur ist der „Mangel" an männlichen Geschlechtshormonen verantwortlich. Diese sorgen nämlich für die kräftigere Muskelausstattung beim Mann. Daher wurden (und werden?) auch zur Erzielung von Höchstleistungen in bestimmten Sportarten, die besonders viel Kraft erfordern (wie etwa Kugelstoßen), Frauen mit männlichen Hormonen präpariert. Auch bei Frauen mit androgenem Syndrom (einer angeborenen Hormonstörung) stellt man aufgrund ihres erhöhten Spiegels an männlichen Hormonen eine kräftigere Muskulatur fest.

Auch was die relative Trainierbarkeit der Muskulatur anbelangt, werden Unterschiede verzeichnet. L. Prokop (165) ist der Ansicht, daß die männliche Leistung durch Training um rund zwei Drittel des Ausgangswertes gesteigert werden kann, die weibliche jedoch nur um ein Viertel.

Männer mobilisieren Reserven rascher

Schließlich sei noch auf die Mobilisierung der körperlichen Leistung durch Hormone eingegangen. Aufgrund zahlreicher Untersuchungen kommt M. Frankenhäuser (71) zu folgendem Ergebnis: In Situationen, die durch Neuheit, Ungewißheit und Veränderung der äußeren Umstände gekennzeichnet sind, kommt es zu erhöhter Adrenalinausschüttung beim Menschen. Der Umfang des Adrenalinausstoßes steht dabei in enger Beziehung zu der Intensität, mit der eine Person Streß empfindet. Adrenalin wird also dann ausgeschüttet, wenn der Organismus für Flucht oder Angriff bereitgemacht werden soll. Das Hormon Adrenalin ist somit ein wichtiger Faktor zur wirksamen Bereitstellung körperlicher Reserven.

Nun läßt sich aber feststellen, daß im Vergleich zu den Frauen Männer sowohl in aktiven wie auch in passiven Streßsituationen mit deutlich höherer Adrenalinausschüttung reagieren:

„Der Anstieg des zirkulierenden Adrenalins führt zu einer Reihe von Veränderungen in den Herz-Kreislauf- und Stoffwechsel-funktionen, die alle dem Zweck dienen, die körperlichen Ressourcen so zu mobilisieren, daß es zu einer Effizienzsteigerung des Körpers unter Bedingungen äußerster Anstrengung kommt... Im allgemeinen erleichtert Adrenalin die psychische Anpassung und erhöht die Effizienz des Verhaltens..." (71)

Im Ruhezustand und bei Routinetätigkeiten treten weder bei Erwachsenen noch bei Kindern Unterschiede in der Adrenalinausschüttung zwischen den Geschlechtern auf. Sehr auffallend sind die Differenzen jedoch in Streßsituationen: Hier reagieren Männer mit stark ansteigendem Hormonspiegel. Umstritten ist allerdings die Frage, worauf diese Unterschiedlichkeit zurückzuführen ist. Hat sie biologische Wurzeln oder ist sie im unterschiedlichen Erziehungsstil oder den sozialen Anforderungen begründet? Frankenhäuser neigt zu letzterer Erklärung, verweist aber auch auf den Umstand, daß der kurzfristige Vorteil der raschen und kräftigen Reaktion mit langfristigen Nachteilen verbunden ist. Frauen gehen schonungsvoller mit ihren Kärften um, sie leben „wirtschaftlicher", was in Beziehung zu ihrer weitaus höheren Lebenserwartung stehen dürfte und somit Ausdruck ihrer größeren Stabilität ist (siehe weiter unten 2.3.1). Ohne hier auf die Entstehung des Unterschieds einzugehen, sei einfach vermerkt, daß derzeit bei Männern durch höheren Adrenalinausstoß körperliche Kräfte rascher und umfassender mobilisiert werden als bei Frauen. Das bedeutet, daß im Durchschnitt der männliche Organismus wirksamer auf die Bereitstellung physischer Kräfte umprogrammiert werden kann.

2.2.2 Psychische Aspekte

Im folgenden geht es mir nicht darum, auseinanderzudividieren, ob die beobachteten Unterschiede eher biologisch grundgelegt sind oder ihre Wurzeln in der Erziehung oder sonstigen kulturellen Prägung haben. Mein Anliegen ist vielmehr aufzuzeigen, daß es neben den oben erwähnten körperlichen Sonderbegabungen eine Reihe von psychischen Besonderheiten gibt, die die körperlich beobachtete größere männliche Effizienz ergänzen und verstärken. Ob eine solche Ergänzung wünschenswert ist oder nicht, soll später überlegt werden.

Knaben trauen sich in der Schule mehr zu

Als Illustration für solche Unterschiede möchte ich anfangs eine Arbeit von L. Kemmler (113) erwähnen. In dieser Untersuchung geht es um die

Begabungs- und Persönlichkeitsmerkmale von guten und schlechten Schülern. Die Ergebnisse der Arbeit legen den Schluß nahe, daß die schulischen Erfolge der beiden Geschlechter durch verschiedene psychologische Gegebenheiten bedingt sind.

Fragt man nach jenen Unterschieden, die mit Effizienz in Beziehung gebracht werden können, ergibt sich folgendes: Knaben scheinen deutlich weniger ängstlich zu sein, und sie empfinden sich selbst als weniger angepaßt und somit als weniger außenabhängig. Diese Selbsteinschätzung der Schüler wird durch Beobachtungen der Lehrer ergänzt und bestätigt: Diese stellen fest, daß Knaben mehr äußeren Druck aushalten, daß sie eine größere Selbständigkeit an den Tag legen, eher imstande sind, unter Zeitdruck zu arbeiten. Bei Klassenarbeiten sind sie weniger aufgeregt und auch weniger ängstlich. Weiter ergänzt werden müssen diese Beobachtungen durch Kemmlers Feststellung, daß die Knaben in auffallender Weise dazu neigen, ihre eigenen Leistungen zu überschätzen. Es entsteht der Eindruck, daß sie in einem fortwährenden „Motivationskonflikt zwischen Erfolgswünschen und Mißerfolgsbefürchtungen" leben (113, S. 92).

Daß diese Ergebnisse keine Einzelbeobachtung sind, beweist die Arbeit von E.E. Macoby und C.N. Jacklin (129). Die beiden Autorinnen versuchen in ihrem ausgezeichneten Buch, einen Überblick über Untersuchungen, die Fragen geschlechtstypischer Merkmale und Verhaltensweisen behandeln, zu geben. Bezüglich unserer Fragestellung kommen sie zu ähnlichen Ergebnissen wie Kemmler. Zahlreiche Untersuchungen zeigen dasselbe Bild: Männer vertrauen eher auf ihre Leistungsfähigkeit als Frauen (was durchaus auch Überschätzung der eigenen Möglichkeiten einschließen kann). Zu diesem Fragenkomplex haben Macoby und Jacklin 15 Untersuchungen zusammengetragen, von denen 11 höhere Werte bei Männern aufweisen.

Kein Unterschied im Selbstwertgefühl

Dieses Ergebnis ist insofern bemerkenswert, als Untersuchungen über das Selbstwertgefühl keine Geschlechtsunterschiede erkennen lassen. Mit sich selbst zurechtzukommen, gelingt beiden Geschlechtern gleich schwer oder leicht. Aber mehr Vertrauen auf die eigene Fähigkeit, etwas selbst gestalten zu können, zeigen die Männer. Zu dieser Haltung paßt, daß Männer sich weniger abhängig von ihrer Umwelt wähnen. In 3 von 5 Untersuchungen (siehe 129) wird festgehalten, daß weibliche Personen sich von äußeren Bedingungen in viel stärkerem Maß abhängig fühlen als Männer, wobei diese Einstellung jedoch erst ab dem 16. Lebensjahr deutlich ausgeprägt zu sein scheint.

26

Männer sind risikofreudiger

Weiters ist zu erkennen, daß Knaben und Männer eine größere Bereitschaft zeigen, ein Risiko einzugehen, als Mädchen. In dieser Eigenschaft werden die Unterschiede erst ab dem 10. Lebensjahr sehr auffallend. J.R. Udry (208) weist aufgrund von Persönlichkeitstest darauf hin, daß bei Männern auch eine höhere Experimentierfreudigkeit anzutreffen ist.

Konkurrenz spornt Männer an

Das Bild kann durch die Beobachtung abgerundet werden, daß sich Konkurrenzsituationen unterschiedlich auswirken. Auf Knaben wirken sie durchwegs anspornend, erhöhen ihre Leistungsmotivation. Sich mit anderen messen spielt beim männlichen Geschlecht offensichtlich in allen Lebenssituationen und Altersstufen eine große Rolle. Dies läßt sich aus dem Spielverhalten von Kindern ablesen (siehe dazu Abschnitt 6.3.2). Oft reicht schon, wie Macoby und Jacklin erwähnen, die Gegenwart anderer Menschen aus, um Knaben zu höherer Leistung anzuspornen. Besondere Wirkung hat die Anwesenheit von gleichaltrigen Burschen. In dieser Hinsicht — man könnte es auch eine Art Gockelverhalten nennen — zeigt sich eindeutig ein geschlechtstypisches Verhalten. Denn Konkurrenzsituationen wirken auf Mädchen und Frauen im allgemeinen nicht als Ansporn.

Kein Unterschied in der Leistungsmotivation

Auch hiezu sollte ergänzend festgehalten werden, daß bezüglich der Leistungsmotivation, also der Bereitschaft, sich um einer Leistung willen einzusetzen, keine geschlechtstypischen Besonderheiten zu verzeichnen sind. Bezieht man das Alter der untersuchten Personen in die Betrachtung ein, könnte eine schwache Tendenz zu höherer Leistungsmotivation bei Mädchen unter 12 Jahren und bei Knaben über 14 Jahren erkennbar werden. Dennoch bleibt das Bild sehr ausgeglichen.

Reizschwelle für Schmerzen bei Männern höher

Eine weitere Erscheinung, die das effiziente Erbringen von Leistungen erleichtert, wird aus mehreren Untersuchungen deutlich: Die Reizschwelle für Schmerzen liegt bei Männern deutlich höher als bei Frauen: Damit Männer reagieren, muß man auf ihre Achillessehne um

80 Prozent mehr Druck ausüben als bei Frauen. Diese merken also Signale, die eine Gefährdung für den Körper ankündigen, früher. Hingegen hält das Alarmsignal Schmerz Männer erst viel später davon ab, wegen auftretender Widerstände im Umgang mit der Umwelt zurückzustecken. Ähnliches läßt sich auch bezüglich der Beobachtung überlegen, daß Männer sich weniger Sorgen um ihre Gesundheit machen und auch weniger rasch auf Anzeichen sich ankündigender Krankheiten reagieren.

Frauen reagieren stärker auf Krankheitssymptome

Die größere Immunität gegenüber Krankheitssymptomen wird auch aus folgenden eher ungewöhnlichen Beobachtungen deutlich: Obwohl die Sterblichkeit der Männer (siehe Abschnitt 2.3.1) in nahezu allen Altersklassen und bei nahezu allen Todesursachen höher liegt als die der Frauen, zeigen Befragungen, die das subjektive Wohlbefinden zu erfassen versuchen, daß Männer sich im allgemeinen eher wohl fühlen als Frauen. Charakteristisch dafür sind die Befragungen in Österreich (151, S. 58). Elf Arten von Gesundheitsstörungen wurden dort erfaßt. Nur in einer dieser Kategorien findet man einen höheren Anteil von Männern als von Frauen: An Magenschmerzen scheinen Männer etwas häufiger zu leiden als Frauen. Bei allen anderen Krankheitserscheinungen liegen die weiblichen Werte — und zwar teilweise deutlich — höher.

Tabelle 2
Subjektive Gesundheitseinschätzung in Prozent der Befragten
Nach: Frauenbericht, Heft 6, S. 59

Personengruppen	Gesundheitszustand							
	sehr gut		gut		mäßig		nicht gut	
	M	W	M	W	M	W	M	W
Freisch./Selbständige	10	8	32	28	22	21	37	44
Angest./Beamte	11	7	36	22	26	29	28	42
Arbeiter	12	7	36	21	28	18	27	54
Landwirte	13	11	42	23	20	31	25	34
Personen ab 60 Jahren	9	2	10	14	22	20	60	64

Ein ähnliches Bild ergibt sich, wenn es um stark empfundene subjektive Beschwerden geht, etwa Atem-, Geh- und Bewegungsbeschwerden ... Auch hier liegen die Werte der Männer in neun, im selben

Bericht (147, S. 59) angeführten Beschwerdearten unter denen der Frauen. Im Durchschnitt ist die weibliche Betroffenheit mehr als doppelt so hoch wie die männliche. Diese Unterschiede findet man bei allen Berufsgruppen, bei den über 60jährigen ebenso wie bei den jüngeren Menschen.

Ein ähnliches Bild zeichnen Daten über den Gesundheitszustand älterer Menschen in Österreich (Familienbericht 1979, 147a): In allen Altersklassen der über 60-jährigen fühlen sich Männer subjektiv gesünder als Frauen. Beiden geht es jedoch im Vergleich dazu objektiv gesehen gleich schlecht, etwa weil sie bettlägrig, hilfs- oder pflegebedürftig sind. Wie allgemeingültig diese Erscheinung ist, belegen gleichlautende Mikrozensuserhebungen aus dem Jahr 1971 und 1979. Daten aus der Bundesrepublik Deutschland (siehe 3, Bd. 6) machen deutlich, daß diese unterschiedliche Einstellung kein österreichisches Spezifikum ist. Diese in der nächsten Tabelle wiedergegebenen Befragungsergebnisse zeigen auch, daß sich Männer weniger vor Krankheiten fürchten und sich ihretwegen seltener sorgen.

Tabelle 3
Gesundheitseinschätzung der Deutschen
(Quelle: Allensbacher Jahrbuch a.a.O., pp. 180-181)

		M	F
Wie würden Sie Ihren Gesundheitszustand im großen und ganzen beschreiben?			
	Sehr gut	20 %	15 %
	Ziemlich gut	43 %	40 %
Haben Sie häufig Angst vor einer (drohenden) Krankheit, oder machen Sie sich darüber keine Sorgen?			
	Häufig Angst	6 %	15 %
	Keine Sorgen	53 %	38 %
Haben Sie sich in den letzten Tagen wohlgefühlt?			
	Ja	65 %	49 %

Fassen wir diese Beobachtungen zusammen, so ergibt sich folgendes Bild: Männer neigen dazu, bezüglich ihrer körperlichen, psychischen und geistigen Leistungsfähigkeit viel mehr Zuversicht an den Tag zu legen als Frauen. Weiters sind sie vergleichsweise unempfindlich, wenn es gilt, Alarmsignale zu vermerken. Beides hat Vor- und Nachteile: Übertriebene Zuversicht und mangelnde Sensibilität äußern sich nur allzuleicht auch in einer geringeren Lern- und Anpassungsfähigkeit (siehe Abschnitt 4.4). Andererseits hat diese Gegebenheit den Vorteil, die in der körperlichen Ausstattung erkennbare Anlage zu effizientem Kräfteeinsatz auf psychischer Ebene zu ergänzen und zu verstärken und dadurch zu größerer Durchsetzungsfähigkeit beizutragen.

Männer sind effizienter auch beim Selbstmord

Abschließend sei das Bild noch durch eine weitere, eher makabre Beobachtung abgerundet: Auch die bei Selbstmorden angewendeten Methoden deuten auf eine größere Effizienz des männlichen Zugangs hin. Das Vorgehen der Männer zeichnet sich nämlich sowohl durch eine weitaus größere Brutalität als auch durch Konsequenz aus. Die überwiegende Mehrzahl der Männer wählt die Methode des Erhängens oder Erdrosselns (60% in Österreich) oder des sich Erschießens (rund 10%). Zu diesem Ergebnis kommen die Autoren eines Berichts des Zentrums für Krisenintervention in Wien:

> „Der männliche Suizid ist in viel stärkerem Ausmaß als der weibliche durch den Versuch, den Tod schnell und sicher herbeizuführen, gekennzeichnet. Erhängen oder Erschießen lassen kaum Zeit und Möglichkeit zur Rettung offen, während bei Vergiftungen der Tod meist langsamer eintritt und Rettungsmöglichkeiten häufiger gegeben sind. Die stärkere Verwendung von Mitteln, die den Tod langsamer und häufig auch schmerzloser herbeiführen und eine Rettung eher ermöglichen, durch die weiblichen Suizidanten läßt den Selbstmord der Frau humaner erscheinen als den des Mannes." (202, S. 13)

Der männliche Selbstmord läßt daher die schon weiter oben erwähnten Merkmale ebenfalls erkennen: Er ist effizient, rücksichtslos gegen die Person (nicht gegen Schmerz empfindlich) und konsequent, womit sich das Bild abrundet.

2.3 Frauen sind stabiler

Diesen Abschnitt möchte ich mit einer persönlichen Bemerkung einleiten: Als ich meiner Frau dieses Kapitel zu lesen gab, machte sie mich darauf aufmerksam, daß es nicht klug sei, den Abschnitt 2.2 „Männer sind effizienter" zu nennen. Frauen könnten dies als Diskriminierung empfinden. Auf meine Antwort, dafür heiße ja der Abschnitt 2.3 „Frauen sind stabiler", meinte sie, das sei kein Ausgleich. Und sie hat damit recht. Wir bewerten diese beiden Eigenschaften eben unterschiedlich, weil wir Kinder unserer Zeit sind. Leistung, Veränderung, Fortschritt sind Begriffe, die in der allgemeinen Werteskala heute einen hohen Stellenwert haben. Daher erweckt der Hinweis auf die männliche Überlegenheit in der Dimension Effizienz auch den Eindruck, hier würden die Frauen ungerecht behandelt.

Darum sei noch einmal ausdrücklich auf die bereits weiter oben gemachte Feststellung hingewiesen, daß Effizienz nur *eine* Dimension ist, die beschreibt, wie ein System mit seiner Umwelt in Beziehung tritt. Ebenso wichtig ist die Überlebensfähigkeit, die Stabilität. Denn was nützt noch so große Wirksamkeit, wenn sie mangels Überlebensfähigkeit nicht zum Zug kommen kann?

Daher möchte ich im folgenden einige Beobachtungen wiedergeben, die deutlich zeigen, daß Frauen sowohl von ihrer körperlichen Anlage als auch von der Warte ihrer psychischen Gegebenheiten her bessere Voraussetzungen im Hinblick auf Stabilität haben.

2.3.1 Körperliche Aspekte

Reservehaltung: Erfolgskriterium der Eizellen

Zunächst sei noch einmal auf die Überlegungen, die aufgrund der Merkmale der Keimzellen angestellt wurden, zurückgekommen. Bei den männlichen ist die möglichst hohe Trefferwahrscheinlichkeit das Erfolgskriterium, wodurch sich Vorteile aus einer möglichst großen Zahl von kleinen, möglichst beweglichen Spermien ergeben. Bei den weiblichen hingegen wird vermerkt, daß sie umso leistungsfähiger seien, je mehr Nahrungs- und Keimsubstanz sie aufweisen. Das wesentliche Merkmal der Überlegenheit ist somit bei den weiblichen Eizellen ihre Fähigkeit, mit verschiedenen Umweltbedingungen fertig zu werden, also ihre Stabilität.

Erbkrankheiten eher bei Knaben

Auf der nächsten Ebene der Betrachtung, auf der Ebene der Informationsspeicherung in den Chromosomen, ergibt sich ein ähnliches Bild. Das Geschlechtschromosomenpaar weist beim weiblichen Geschlecht die Kombination XX auf. Die Tatsache, daß die Erbinformation in den Chromosomen doppelt gespeichert ist, hat etwas mit Fehlerkorrektur und somit mit Stabilität zu tun. Treten Fehler in einem Chromosom auf, so kann dieses Manko sozusagen durch das zweite in dem betreffenden Paar überdeckt werden, es sei denn, dieser Fehler ist dominant und dringt auf jeden Fall durch.

Diese Grundregel der doppelten Speicherung hat eine einzige Ausnahme: Beim männlichen Geschlechtschromosomenpaar tritt die Kombination XY auf. Fehler im Y-Chromosom können nicht durch das X-Chromosom aufgehoben werden und umgekehrt (auch bei rezessivem Erbgang). Daher treten beim männlichen Geschlecht eine Reihe von Erkrankungen auf, die beim weiblichen fast nie vorkommen. Ein fehlerhaftes X-Chromosom macht die Frau nur zur „Erbträgerin" der Erkrankung, die jedoch nur bei ihren männlichen Nachkommen in Erscheinung tritt. Unter diesen Erbkrankheiten, die vorwiegend bei Männern auftreten, sind auffallend viele Erkrankungen des Sehsystems festzustellen. Dies ist wegen der männlichen Sonderbegabung auf dem Gebiet der visuellen Wahrnehmung (siehe Abschnitt 4.1) bemerkenswert.

Schon im Mutterleib überleben Mädchen eher

Die größere Verwundbarkeit des männlichen Geschlechts läßt sich auch aus den Zahlen ablesen, die Auskunft über die Sterblichkeit der Kinder im Mutterleib geben (siehe dazu 99): Bei den Fehlgeburten zeigt sich ein Verhältnis von 200 männlichen zu 100 weiblichen, und auch bei Totgeburten ist die Relation (130 zu 100) zuungunsten des männlichen Geschlechts. Diese Tatsache erklärt auch, warum das von J. Money (141) erwähnte Verhältnis von 140 männlichen zu 100 weiblichen Kindern bei der Empfängnis in Einklang zu bringen ist mit dem von 105 männlichen zu 100 weiblichen bei der Geburt.

Geringere Kindersterblichkeit bei Mädchen

Nicht nur bei den Kindern im Mutterleib, auch bei den Säuglingen läßt sich eine größere Widerstandsfähigkeit beim weiblichen Geschlecht feststellen. Dies zeigt die internationale Todesursachenstatistik (215): In nahezu allen Ländern und zu allen beobachteten Zeitpunkten (1956, 1961, 1966, 1970 und 1976) liegt die Säuglingssterblichkeit der Knaben über der der Mädchen. Noch gewichtiger wird diese Feststellung in ihrer Allgemeingültigkeit, wenn man berücksichtigt, daß die männliche Übersterblichkeit auch bei nahezu allen Todesursachen zu verzeichnen ist.

Diese Daten sprechen eine beredte Sprache. Sie zeigen, daß die größere Widerstandsfähigkeit des weiblichen Organismus eine über Zeit und Raum hinweg gegebene Tatsache ist. Hier kann ziemlich eindeutig von biologischer Veranlagung zu größerer Stabilität gesprochen werden, beziehen sich die Daten doch auf einen Lebensabschnitt, bei dem die Umwelt noch kaum geschlechtstypisch auf das Kind eingewirkt haben kann.

Weniger Entwicklungs- und Gesundheitsstörungen bei Mädchen

Die größere Robustheit der Mädchen läßt sich auch in den weiteren Lebensabschnitten nachweisen. Es treten beispielsweise körperliche Defekte häufiger bei männlichen Jugendlichen auf. So hält etwa der Jugendbericht 1 (152) aufgrund von Untersuchungen in Österreich fest:

„Bei der Untersuchung jugendlicher Arbeitnehmer wurde durchgängig über alle Jahre eine auffällige Geschlechtsdifferenz zuungunsten der männlichen Jugendlichen sowohl bei den Erkrankungen der Herz-Kreislauforgane als auch der Atemorgane festgestellt."

In demselben Bericht wird auch auf häufigere Fußdeformationen bei Burschen hingewiesen. Sie werden in fast allen Bundesländern vermerkt, und die Häufigkeit, mit der Knaben betroffen sind, liegt durchwegs um 5 bis 6 Prozentpunkte höher als die der Mädchen. Noch deutlicher sind die Unterschiede bei Sprachfehlern. — Auch ein Vergleich der Häufigkeit des Auftretens von Entwicklungsstörungen (siehe 96) zeigt die größere Anfälligkeit der Knaben für Defekte. Tabelle 4 läßt die Größenordnung dieser Unterschiede erkennen.

Tabelle 4
Geschlechtsrelation bei einigen Entwicklungsstörungen
Nach: D. H. Hier a.a.O., p. 75

Entwicklungsstörungen des Sprechvermögens:	M	W
Kindlicher Autismus	3,8	1
Verzögertes Sprechenlernen	4,0	1
Lesestörungen	3,5	1
Stottern	3,8	1
Andere ausgewählte Entwicklungsstörungen:		
Geistige Zurückgebliebenheit	1,2	1
Fiebrige Krampfzustände	1,3	1
Gehirnlähmung	1,3	1

Auch hier soll nicht im einzelnen untersucht werden, ob diese größere Störanfälligkeit körperlich grundgelegt oder durch Umwelteinflüsse bewirkt ist. Wir wollen einfach festhalten, daß eine Fülle von auch zahlenmäßig faßbaren Beobachtungen auf eine größere Widerstandsfähigkeit von Mädchen und weiblichen Jugendlichen schließen lassen.

Frauen leben länger

Die größere Überlebensfähigkeit der Frauen läßt sich auch im Erwachsenenalter nachweisen. Das machen beispielsweise Zahlen für die durchschnittliche Lebenserwartung deutlich: In den Industrieländern liegen die Werte für Frauen durchwegs zwischen 72 und 76 Jahren, die der Männer hingegen nur zwischen 66 und 69 Jahren. Im Durchschnitt beträgt der Unterschied zwischen den Geschlechtern 5 bis 6 Jahre.

Tabelle 5
Übersterblichkeit der Männer nach Todesursachen für die Altersklassen der 35-44jährigen und der 65-74jährigen: Männliche/weibliche Todesfälle (Nach: WHO World Health Statistics Annual, 1979)

	Infekt. Erkrank.	Krebs	Psych. Erkrank.	Kreisl. Erkrank.	Atmungs- organe	Verdau- ungsorg.	Unfälle
Österreich							
AK (35-44)	4,3	0,7	3,8	2,7	1,8	4,3	4,5
AK (65-74)	3,6	1,8	3,6	1,8	2,6	2,3	2,4
Frankreich							
AK (35-44)	2,0	1,3	3,5	2,0	2,2	1,7	3,7
AK (65-74)	2,2	2,4	2,9	2,0	3,1	2,7	2,2
BRD							
AK (35-44)	2,5	0,9	3,4	2,4	1,4	2,6	3,0
AK (65-74)	3,2	1,9	2,9	2,0	4,0	2,3	1,9
Ungarn							
AK (35-44)	3,2	0,9	4,8	2,6	2,1	2,0	3,4
AK (65-74)	4,2	1,8	1,5	1,5	2,8	1,8	2,1
Schweden							
AK (35-44)	0,9	0,7	4,2	2,2	2,2	2,3	3,3
AK (65-74)	1,5	1,6	3,0	2,2	2,3	2,1	2,3
Schweiz							
AK (35-44)	2,9	0,9		3,9	1,9	1,6	3,1
AK (65-74)	2,9	2,0	3,0	2,0	4,0	2,7	2,7
GB							
AK (35-44)	1,7	0,7	2,3	2,7	1,3	1,7	2,1
AK (65-74)	2,1	2,0	0,9	1,9	2,7	1,5	1,3
Durchschn. aller europ. Länder							
AK (35-44)	2,6	0,9	4,6	2,6	1,6	2,6	3,6
AK (65-74)	2,6	2,0	2,1	1,8	2,9	1,9	2,0

Noch deutlicher wird diese größere Überlebensfähigkeit der Frauen, wenn man die für einzelne Altersklassen errechneten Sterberaten zwischen den Geschlechtern vergleicht: In allen Ländern der Welt und in allen Altersklassen ist die Sterblichkeit der Männer höher. Tabelle 5 zeigt, daß dies auch für beinahe alle Todesursachen gilt (Ausnahmen: Werte unter 1, also größere weibliche Sterblichkeit, tritt bei Krebs in der Altersklasse der 35- bis 40jährigen auf. Dies ist auf die hohen Werte bei Brust- und Unterleibskrebs zurückzuführen. Die für Männer typischen Krebsarten, etwa Lungenkrebs, machen sich erst im höheren Alter bemerkbar.)

Männer sind unfallanfälliger

Daß die unterschiedlich hohe Sterblichkeit bei Mann und Frau nicht nur körperliche Ursachen hat, machen beispielsweise die Daten für Unfalltod deutlich. Hier wird der stärker risikobehaftete Lebensstil der Männer sichtbar. Die höheren Selbstmordraten wiederum lassen vermuten, daß auch psychische Extremsituationen von Männern weniger gut bewältigt werden.

Gehirnhälften der Frauen sind weniger spezialisiert

Einen weiteren Baustein zur Untermauerung der Hypothese größerer Stabilität des weiblichen Organismus liefern Untersuchungen, die sich mit der Lateralisierung des menschlichen Gehirns, also mit der unterschiedlichen Spezialisierung der Gehirnhälften, beschäftigen. Obwohl es nicht leicht ist, ein einheitliches Bild aus der Fülle von Untersuchungen zu gewinnen, zeichnet sich doch eine — wenn auch nur grobe — Charakteristik ab (siehe dazu 136): Rechtshändige Männer (und das ist die Mehrzahl) haben für verbale und vielleicht auch für räumliche Fähigkeiten stärker lateralisierte Gehirne als Frauen. Das bedeutet, daß diese Funktionen bei Männern stärker als bei Frauen schwerpunktmäßig nur von einer Gehirnhälfte wahrgenommen werden. Sprachliche Fähigkeiten sind bei Männern stärker auf die linke Gehirnhälfte konzentriert. In dieser Hinsicht scheint bei Frauen die rechte Gehirnhälfte stärker beteiligt zu sein.

Zu demselben Ergebnis kommen auch J. Inglis und J. S. Lawson (104) in einem Überblick über Untersuchungen an Patienten mit Schlaganfällen. Dabei wird deutlich, daß infolge von Schlaganfällen linksseitig geschädigte Männer weitaus häufiger Sprachstörungen aufweisen als Frauen mit demselben Schicksal.

Inwiefern hängt aber der unterschiedliche Grad der Spezialisierung der Gehirnhälften mit der Stabilität des Organismus zusammen? Gerade die Beobachtung der Folgen von Schlaganfällen gibt darauf eine Antwort: Je weniger stark die Steuerung bestimmter Tätigkeiten von nur einer Gehirnhälfte ausgeht, umso weniger ist die betreffende Person anfällig für schwere Schädigungen bei Ausfall dieser Hälfte. Die andere, nicht beschädigte Gehirnhälfte kann dann nämlich leichter die ausgefallene Steuerfunktion übernehmen, wie man am Beispiel der weiblichen Schlaganfallpatienten erkennt.

Weiblicher Organismus: mehr Reservehaltung

Ebenfalls in Richtung auf größere Stabilität weisen die Befunde über den Aufbau des Organismus: Wie aus Tabelle 1 (S. 20) zu ersehen war, besteht die Körpermasse der untrainierten Frau im Durchschnitt aus 28 bis 30 Prozent Fettdepots, während dieser Anteil bei Männern nur zwischen 18 und 20 Prozent liegt. Das bedeutet, daß der weibliche Körper in viel stärkerem Maße auf Reservehaltung ausgerichtet ist.

Bei manchem Leser mag nun der Eindruck entstanden sein, daß die Behauptung, der weibliche Organismus sei eher als der männliche auf Stabilität ausgerichtet, im Widerspruch zu einer weiter oben gemachten Feststellung steht. Hatten doch Befragungsergebnisse gezeigt, daß Frauen sich häufiger krank fühlten, eher Angst vor Erkrankungen hatten und ganz allgemein ihren Gesundheitszustand ungünstiger einschätzten. Um diesen scheinbaren Widerspruch aufzuklären, möchte ich noch einige Gedanken einbringen, die es dann auch erleichtern werden, klarer zu fassen, was mit Stabilität gemeint ist.

Frauen halten extreme Anstrengungen besser aus

Im Hochleistungssport zeigt sich, daß Männer bei jenen Disziplinen, die kurz- oder mittelfristig die Mobilisierung von viel Kraft erfordern, am meisten überlegen sind. Das sieht man deutlich bei den Laufbewerben: Je länger die Strecken, umso geringer die Unterschiede der Geschlechter. Dort jedoch, wo die Anforderungen bezüglich der Ausdauer geradezu extrem sind, stellt sich heraus, daß Frauen durchaus an die Leistungen der Männer heranreichen, ja sie sogar übertreffen. So gewann beispielsweise 1973 eine Frau, Nathalie Cullimore, einen 160-Kilometerlauf nach 18 Stunden vor dem einzigen Mann, der überhaupt durchgehalten hatte, mit einem Vorsprung von zwei Stunden. Auch bei der Überquerung des Ärmelkanals hielt (Stand von 1979) eine Frau den Rekord.

Auf die überaus große körperliche Ausdauer der Frau weist auch

E. van Aaken, ein Sportmediziner, der sich besonders mit dem Langlauf beschäftigt hat, hin:

> „Die Frau ist aber in ihrer physischen und psychischen Konstitution ein Dauerleister, wenn in den Dauerbelastungen die Muskelleistung nicht zu hoch gefordert wird. So konnte es geschehen, daß 1926, als der deutsche Schwimmer Ernst Vierkötter einen neuen Kanalschwimmrekord von Dover nach Calais aufstellte, dieser von der amerikanischen Schwimmerin Gertrud Ederle mit einer Unterbietung von mehreren Stunden pulverisiert wurde. Die abolut beste Dauerleistung im Schwimmen wird noch heute, soviel bekannt ist, von einer Frau gehalten, denn die Dänin Jenny Kammersgaad erreichte im offenen Wasser um das Kattegat herum eine Schwimmleistung von 90 Kilometern." (206, S. 291f.)

Offenbar sind also Frauen bei ganz außergewöhnlichen Herausforderungen an das Durchhaltevermögen den Männern überlegen.

In ähnlicher Weise könnte man die eindeutig höhere Überlebensfähigkeit der Frau in Beziehung zu der ebenso eindeutig geringeren Anfälligkeit des Mannes für kleine gesundheitliche Probleme sehen: Dort, wo es der raschen Mobilisierung von Energien zum Bewältigen kurzfristiger Störungen bedarf, sind Männer überlegen. Durch ihre geringere Sensibilität liegen viele Störungen auch unterhalb ihrer Reizschwelle. Dadurch haben Männer offenbar die Tendenz, kleinere und nur kurzfristig auftretende Störungen einfach zu übergehen.

Männer sind eher robust als stabil

Dadurch entsteht der Eindruck einer Scheinstabilität beim Mann. Tatsächlich könnte man diese Eigenschaft eher als Robustheit beschreiben. Wenn Frauen hingegen laufend auch auf kleinere Störungen reagieren, sind sie auch einem dauernden Lernprozeß unterworfen. Man könnte auch sagen, daß sie fortlaufend Anpassung trainieren, wodurch sie insgesamt besser darauf vorbereitet sind, auch mit größeren Störungen zurechtzukommen. Damit entwickeln sie ein größeres Reaktionsvermögen, verfügen über ein breiteres Repertoire an Strategien, mit Störungen umzugehen, als Männer, die kleinere Probleme einfach übergehen. Dieses größere Reaktionsvermögen wird sicher auch dadurch beeinflußt, daß Frauen ihren Körper wesentlich besser beobachten. Monatliche Regel und Eisprung als wichtige Phänomene des eigenen Körpers haben sicher bei Frauen ein „Horchen nach innen" in der gesamten Geschichte der Menschheit geschult. Kybernetische Stabilität äußert sich somit nicht darin, daß ein

System seinen Zustand unverändert aufrechtzuerhalten vermag. Sie ist vielmehr die Fähigkeit, sich erfolgreich an veränderte Bedingungen anzupassen — gerade unter Änderung des eigenen Zustandes.

2.3.2 Psychische Aspekte

Mädchen spielen weniger gefährlich

Erste Hinweise auf das Vorhandensein von unterschiedlichen inneren Antrieben liefert die Todesursachenstatistik, insbesondere die Unfallsterblichkeit bei Kindern (siehe dazu Tabelle 6). In nahezu allen Ländern kommen mehr Knaben als Mädchen bei Unfällen ums Leben. Das gilt weltweit schon für die Altersklasse der 0- bis 1jährigen, wird bei den 1- bis 4jährigen sehr deutlich und läßt bei den 5- bis 14jährigen die größten Unterschiede erkennen. Soweit Daten für die Entwicklungsländer vorhanden sind, zeigen auch sie dasselbe Bild.

Tabelle 6
Zahl der Todesfälle durch Unfall (1976)
Nach: WHO World Health Statistics Annual, 1979

	Sturz				Ertrinken				Selbstmord	
	0 - 4 Jahre		5 - 15 Jahre		0 - 4 Jahre		5 - 15 Jahre		0 - 15 Jahre	
	M	W	M	W	M	W	M	W	M	W
Ägypten	11	6	11	6			0	1	1	1
Chile	13	6	27	11	12	5	10	1	11	9
Paraguay	4	2	4	2	7	5	4	1	0	1
USA	116	85	89	32	475	233	795	186	126	37
Hongkong	10	5	7	4	24	15	22	8	1	1
Japan	89	52	46	21	716	351	416	116	67	26
Philippinen	27	22	50	9	156	93	169	109		
Thailand	16	9	42	18	336	251	326	258	24	45
Österreich	3	0	15	3	20	3	19	7	14	0
Belgien	5	2	4	5	18	7	13	1	6	0
Dänemark	4	0	3	0	8	1	5	0	3	1
Frankreich	43	22	35	12	104	41	120	35	27	5
BRD	36	27	34	15	87	46	144	30	85	18
Ungarn	22	8	10	4	6	1	31	5	16	5
Schweden	2	0	5	0	12	1	17	3	0	2
GB	17	13	26	7	46	16	56	7	1	5

Der Umstand, daß schon die 0- bis 1jährigen Knaben unfallträchtiger sind, deutet auf ihren größeren Bewegungsdrang hin. Schon in einem Alter, in dem sie noch nicht laufen können, sind sie offensichtlich schwieriger zu überwachen: Dies geht insbesondere daraus hervor, daß Unfälle durch Sturz weltweit mehr Knaben als Mädchen das Leben kosten (mit Ausnahme von 2 Ländern).

Bei den Unfällen durch Sturz und durch Ertrinken ist eine starke Steigerung des Unterschieds zwischen männlicher und weiblicher Sterblichkeit mit zunehmendem Alter festzustellen. Neben dem größeren Bewegungsdrang kommt darin sicher auch der größere männliche Leichtsinn zum Ausdruck. Ganz offensichtlich neigen die Mädchen nicht so sehr zu gefährlichen Spielen, während die Knaben zusätzlich von der erwähnten Experimentierfreudigkeit angetrieben werden.

Aus diesen Daten läßt sich somit eine von der körperlichen Veranlagung her beeinflußte, wenn auch davon nicht restlos ableitbare Verschiedenartigkeit im Verhalten der Geschlechter erkennen. Jedenfalls kommt auch hier die größere weibliche Stabilität zum Ausdruck.

Extremer Streß: Frauen halten mehr aus

Daß Frauen mit extremen Belastungen besser zurechtkommen, dürfte nicht ein einseitig auf das Körperliche bezogenes Merkmal weiblicher Stabilität sein. Auch außergewöhnliche psychische Belastung scheint die Frau besser ertragen zu können. So berichtet A. Montagu (zitiert in 99), daß bei Luftangriffen in England während des Krieges die Zahl der Nervenzusammenbrüche, hysterischen Anfälle und der psychischen Schäden bei Männern weitaus größer war als bei Frauen. Montagu weist ferner darauf hin, daß Frauen auch Hunger, Kälte und Überanstrengung besser ertragen.

Weniger Selbstmorde bei Mädchen und Frauen

Diese größere psychische Stabilität tritt schon im Kindesalter zutage, wie Daten über die Selbstmordhäufigkeit bei jungen Menschen zeigen. So weist beispielsweise der österreichische Familienbericht darauf hin, daß in allen Jahren zwischen 1968 und 1977 die Selbstmordraten der Knaben über denen der Mädchen lagen: Auf 77 männliche Selbstmorde bei den 10- bis 14jährigen kamen in diesem Zeitraum nur 14 weibliche. Auch bei den 15- bis 20jährigen ergibt sich ein ähnliches Bild: 449 männlichen Selbstmördern standen 152 weibliche gegenüber.

Daß es sich auch hiebei nicht um eine österreichische Ausnahmeerscheinung handelt, zeigt die internationale Todesursachenstatistik: Zu allen untersuchten Zeitpunkten und in nahezu allen Ländern überwiegen bei den 5- bis 14jährigen die männlichen Selbstmorde (in 34 Ländern kamen 1976 auf 555 männliche nur 219 weibliche Selbstmorde). Das gilt sowohl für Industrie- als auch für Entwicklungsländer. In der Altersklasse der 15- bis 24jährigen ist das Bild noch eindeutiger: In keinem einzigen Fall treten höhere weibliche Selbstmordraten auf.

Die größere Neigung zu totalem psychischen Zusammenbruch, wie sie in höheren Selbstmordzahlen zum Ausdruck kommt, findet man übrigens in allen übrigen Altersklassen wieder. Auch dieser Unterschied bleibt über Zeit und Raum erhalten (siehe Tabelle 7).

Tabelle 7
Internationaler Vergleich der Selbstmordsterberaten nach dem Geschlecht für die Gesamtbevölkerung
Nach: WHO World Health Statistics Annual, verschiedene Jahrgänge

	1956		1976	
	M	W	M	W
Österreich	32,4	14,5	34,8	14,9
Finnland	37,0	9,0	40,6	10,4
Frankreich	26,4	9,0	22,9	9,0
Bundesrepublik Deutschland	25,8	12,4	30,2	15,8
Ungarn	27,9	11,8	56,0	25,5
Holland	7,1	4,9	11,5	6,9
Schweden	31,2	9,2	28,3	11,2
Schweiz	31,9	11,9	34,0	14,3
England	14,9	9,0	9,9	6,3
Kanada	11,7	3,5	17,9	6,8
Chile			9,0	2,3
USA	15,7	4,4	18,7	6,7
Ceylon	10,7	4,6		
Israel			8,2	4,8
Japan	29,8	19,4	22,0	13,8
Thailand			5,9	5,3
Australien	15,7	5,8	16,0	6,2

Frauen neigen weniger zum Alkoholismus

Auf die größere Gefahr der psychischen Verwahrlosung bei Männern deutet weiters der Umstand hin, daß sie eher zu Alkoholismus neigen. Auch für diese Aussage bietet die Internationale Todesursachenstatistik die zahlenmäßige Untermauerung: Männer sterben durchwegs häufiger an Leberzirrhose, an jener Erkrankung der Leber, die überwiegend auf übermäßigen Alkoholkonsum zurückzuführen ist und deren Häufigkeit daher als gute Maßzahl für Alkoholismus verwendet werden kann. Die höhere männliche Anfälligkeit für Alkoholismus ist weltweit anzutreffen.

Auch Befragungsergebnisse lassen die größere männliche Vorliebe für den Alkohol erkennen, wie Zahlen über die Trinkgewohnheiten der Deutschen und Österreicher zeigen (siehe 3). Vor allem bei harten alkoholischen Getränken liegt der männliche Konsum deutlich höher.

C. Becker und S. Kronus kommen in einem Überblick über Untersuchungen zum Thema geschlechtstypisches Trinkverhalten zum selben Ergebnis:

> „Was die Geschlechtsunterschiede in den Trinkgewohnheiten anbelangt, gelangen wir zu der Schlußfolgerung, daß schweres oder ‚Flucht'-Trinken immer noch Bestandteil des typisch männlichen Trinkverhaltens ist. Frauen neigen immer noch dazu, schwere Bedenken gegen das Trinken zu äußern." (7, S. 494)

Die männliche Sexualität ist stärker gefährdet

In einem ganz anderen Bereich, dem der Sexualität, lassen sich auch Auffälligkeiten feststellen, die auf eine größere Störungsanfälligkeit des Mannes hinweisen. So ist zum Beispiel Homosexualität eine Erscheinung, der Männer sich viel konsequenter zuwenden als Frauen. H. Bürger-Prinz und H. Giese (27), zwei Sexualwissenschafter, vermuten, daß die weibliche Sexualität mehr auf Beständigkeit angelegt sei und einen „breiteren biologischen Stand" habe als die männliche. Diese sei im Vergleich dazu stärker gefährdet. Dieser Feststellung entspricht die Beobachtung von B. Bräutigam (20), daß es keine nennenswerte Entwicklungshomosexualität bei der Frau gibt: Nur 3% der ledigen Frauen betätigen sich demzufolge zwischen ihrem 16. und 20. Lebensjahr homosexuell, während gleiches bei 22% der jungen Männer des selben Alters beobachtet wird.

Untersuchungen von A.C. Kinsey (115 und 110) ergaben wiederum, daß Fetischismus fast nur bei Männern anzutreffen ist. Ähnliches gilt für das Transvestitentum, jenes Verhalten, das durch die Vorliebe, Kleider des anderen Geschlechts zu tragen und als dessen Angehöriger akzeptiert zu werden, gekennzeichnet ist. Soweit man heute weiß, kommen auf 100 männliche Transvestiten bestenfalls 5 bis 6 Frauen, die als Männer zu gelten wünschen. Schließlich sei noch festgehalten, daß Voyeure nahezu ausschließlich unter den Männern zu finden sind.

Auch J. Money kommt bei seinen Überlegungen über geschlechtstypisches Sexualverhalten zu einem ähnlichen Ergebnis:

> „...das Auftreten psycho-sexueller Störungen ist bei Männern häufiger als bei Frauen. Auch die Verschiedenartigkeit der Störungen ist größer; einige der ausgefallenen und exotischen Abartigkeiten wird man einfach bei Frauen überhaupt nicht antreffen." (140)

Money sieht dies als eine von mehreren Ausprägungen des von ihm ganz allgemein festgestellten Prinzips der größeren männlichen Verletzlichkeit an.

Zum Abschluß dieses Abschnitts möchte ich noch einmal auf eine weiter oben angestellte Überlegung zurückkommen: Einerseits ist die weibliche Anfälligkeit für Krankheiten höher, andererseits ihre Sterblichkeit niedriger. Daraus versuchte ich den Schluß abzuleiten, daß die größere weibliche Stabilität nicht von der weiblichen Immunität gegen Umwelteinflüsse herrührt, sondern ihre Wurzeln vielmehr darin hat, daß Frauen besonders gut auf veränderte Umweltbedingungen reagieren können, gerade weil sie Veränderungen nicht ignorieren. Eine ähnliche Überlegung könnten wir aufgrund der Selbstmorddaten anstellen:

Mehr weibliche Selbstmordversuche

Wie wir schon gesehen haben, liegen die Selbstmordraten der Männer deutlich über denen der Frauen. Das Verhältnis bei Selbstmordversuchen hingegen ist genau umgekehrt: Schon bei den Wiener Jugendlichen (15- bis 20jährigen) ist die Zahl der weiblichen Selbstmordversuche mit 217 mehr als doppelt so hoch wie die entsprechende Zahl bei Burschen: 96. In den beiden Jahren (1976 und 1977), für die diese Daten erhoben worden sind, gab es hingegen bei Burschen 13 und bei Mädchen nur 3 „erfolgreiche" Selbstmorde (siehe dazu 150).

Diese Zahlen zeigen deutlich, daß weibliche Jugendliche wahrscheinlich sogar stärker als männliche unter psychischen Spannungen stehen. Im Gegensatz zu den Burschen reagieren sie aber nicht mit derselben zerstörerischen Konsequenz. Vielmehr setzen sie Handlungen, die man eher als ein Alarmieren ihrer Umwelt deuten könnte.

Ein ähnliches Bild ergibt sich aus den Beobachtungen von U. Otto (155), der in Schweden die Persönlichkeitsmerkmale von Personen, die einen Selbstmordversuch unternommen hatten (in den Jahren 1955 bis 1959), zu erfassen versuchte. Seinen Unterlagen zufolge sind solche Versuche, sich das Leben zu nehmen, bei Mädchen viermal so häufig wie bei Burschen. Auch hier sei angemerkt, daß in Schweden der Vergleich von männlichen und weiblichen „erfolgreichen" Selbstmorden „zugunsten" der Männer ausfällt.

Frauen gehen eher zur Eheberatung

Eine größere Sensibilität für gestörte Beziehungen und eine größere Bereitschaft, die Umwelt auf diesen Mißstand aufmerksam zu machen,

registrierte auch der Psychotherapeut J. Willi im Laufe seiner lang-
jährigen Erfahrung als Eheberater (siehe 216). Bei ernsthaften Ehepro-
blemen suchen Frauen viel eher eine Beratungsstelle auf als Männer,
wollen also eher ihre Beziehung retten, sind eher auf die Stabilität der
Ehe ausgerichtet:

> „Meist ist es die Frau, die die Initiative ergreift und sich beim
> Psychotherapeuten oder Eheberater meldet. Sie ist es auch, die in
> weit höherem Maße in einer Ehekrise Hilfe außerhalb der
> Zweierbeziehung sucht, vor allem bei Verwandten und ·Freun-
> den... Weit mehr als der Mann gibt sie vielerlei körperliche und
> psychische Symptome an, wie Nervosität, Erschöpfung, Kopfweh,
> Schwindel, Verstopfung, Schlafstörungen und anderes mehr...
> Viele dieser Beobachtungen lassen sich auch statistisch belegen...
> Man kann dasselbe Verhalten.. auch.. positiv werten: Dank der
> höheren Gefühlsoffenheit und Leidensfähigkeit...der Frau sei sie
> eher motiviert, in einer unbefriedigenden Partnersituation Hilfe
> aufzusuchen und etwas für die Veränderung des unbefriedigenden
> Zustandes zu unternehmen... Dank ihrer höheren Gefühlsoffen-
> heit leide sie zwar manifester, bleibe aber objektiv gesünder als der
> Mann. Die Fähigkeit, eigene Schwächen einzugestehen und Hilfe
> zu beanspruchen, erweise sich als ihre Stärke. Durch ihre
> Fähigkeit, unter Streß regressive Verhaltensmuster zu benutzen,
> könne sie sich leichter wieder auffangen und sei deshalb eher in der
> Lage, schwierige Zeiten durchzustehen." (216, S. 12ff.)

In diesem Zitat wird in sehr dichter Form noch einmal zusammengefaßt, was ich unter der größeren psychischen Stabilität der Frau
verstehe: die Fähigkeit, Störungen wahrzunehmen und in angemessener
Form auf sie zu reagieren.

3. Durchsetzungsvermögen und Anpassungsfähigkeit

Zwei Arten, mit der Umwelt umzugehen

In diesem Kapitel möchte ich zwei Eigenschaften von Mann und Frau beschreiben, die in enger Beziehung zu den im vorigen Abschnitt beschriebenen Merkmalen Effizienz und Stabilität stehen. Diesmal wollen wir der Frage nachgehen: Gibt es geschlechtstypische Formen in der Art, wie Menschen mit ihrer Umwelt in Beziehung treten?

Sucht man eine Antwort auf diese Frage, so bietet sich eine Fülle von Beobachtungen an, die erkennen lassen, daß Mann und Frau in dieser Hinsicht tendenziell andere Strategien verfolgen. Im folgenden möchte ich zeigen, daß sich die Haltung der Frau im allgemeinen durch größere Bereitschaft und Fähigkeit, sich selbst anzupassen, kennzeichnen läßt. Anders stellt sich die Reaktionsweise des Mannes dar: Er neigt eher dazu, „Konflikte", die zwischen seinem „Innenraum" (etwa seinen Vorstellungen, seinen eigenen körperlichen Gegebenheiten) und seiner Umgebung auftreten, durch Eingriff in die Umwelt zu lösen. Die typisch männliche Reaktionsweise ist also nicht eigene Anpassung, sondern der Versuch, die Außenwelt an die eigenen Gegebenheiten anzupassen.

3.1 Frauen sind anpassungsfähiger

3.1.1 Körperliche Gegebenheiten

Als im vorigen Abschnitt von der größeren Stabilität der Frau die Rede war, wurde auch darauf hingewiesen, daß dies nicht bedeutet, daß Frauen alle Widrigkeiten abwehren können. Vielmehr wurde eine Reihe von Anzeichen dafür erwähnt, daß die weibliche Stabilität ihre Wurzeln darin hat, daß Frauen einfach anpassungsfähiger sind. P. Hofstätter (99) ist einer von vielen Autoren, die diese Eigenschaft mit dem monatlichen Zyklus der Frau in Zusammenhang bringen:

> „Eine wesentliche Voraussetzung für die größere Anpassungsfähigkeit des weiblichen Organismus an wechselnde Umweltbedingungen scheint die Flexibilität der neurohumoralen Funktionen zu

sein (Körpertemperatur, Pulsfrequenz, Grundumsatz, Blutzuckerspiegel und das Säure-Basen-Gleichgewicht)". (99, S. 277)

Es ist sicher richtig, daß nicht nur Frauen regelmäßig wiederkehrenden Schwankungen ausgesetzt sind. Daß Zyklen nicht nur im menschlichen Leben eine Rolle spielen, sondern ganz allgemein bei Lebewesen von Bedeutung sind, zeigen zahlreiche Beobachtungen aus dem Tierreich (siehe etwa 103). Berichte über und Berechnungen von Biorhythmen (wie sie in den Massenmedien vor beinahe jeder sportlichen Großveranstaltung angestellt werden) weisen auch auf das Bestehen solcher Schwankungen bei allen Menschen hin.

Die besondere Bedeutung des weiblichen Menstruationszyklus wird dadurch jedoch nicht in Frage gestellt. Ganz ohne Zweifel stellt er eine innere Veränderung von ganz besonderer Bedeutung und ganz besonderem Ausmaß dar. Diesbezüglich ist nichts auch nur annähernd Gleichwertiges beim Mann zu registrieren. Daher ist es zweifellos notwendig, dieser Besonderheit der Frau Beachtung zu schenken.

Der monatliche Zyklus zwingt zur Anpassung

Wissenschaftliche Untersuchungen haben die Alltagserfahrung bestätigt, wonach die Frau innerhalb des menstruellen Zyklus meßbare Leistungsschwankungen durchmacht. Der ständige Wechsel der Hormonkonzentration * im Blut wirkt sich auf die vielfältigste Art im Organismus aus und hat überdies auf das Gesamtbefinden und die Leistungsfähigkeit der Frau Folgewirkungen.

Anhand von einigen Zahlen läßt sich das Ausmaß der Schwankungen im Hormonspiegel der Frau verdeutlichen: Gelbkörperhormon 1:10 (Tiefststand im Vergleich zu Höchststand), Östradiol 1:16, Luteinisierungshormon 1:8,5 und Follikelreifungshormon 1:2.

Diese Schwankungen haben auch Auswirkungen auf die körperliche Leistungsfähigkeit der Frau, wie eine Untersuchung von L. Prokop (169) zeigt. Sie beruht auf der Beobachtung von Studentinnen während dreier Zyklen. Dabei zeigte sich, daß es zu einer typischen Verschiebung im Sauerstoffwechsel kommt.

---

* Physiologisch geschieht etwa folgendes: Durch den Hypothalamus wird die Adenophyse zur Bildung von Hormonen angeregt, die wiederum auf die Keimdrüsen wirken. Diese Hormone sind: das Follikelreifungshormon und das Luteinisierungshormon. Letzteres regt den Eierstock zur Bildung von Follikelhormon an (Östrogen). Bei einem bestimmten Mischungsverhältnis der Hormone tritt der Eisprung ein. Hormone bauen auch die Gebärmutter jeweils neu auf. Kommt es zu keiner Befruchtung, wird die Gebärmutterschleimhaut abgestoßen. Die Menstruation setzt ein.

Diese im körperlichen Bereich grundgelegten Schwankungen wirken sich auch auf andere Erfahrungsbereiche aus. So weisen D.A. Hamburg, R.H. Moos und I.D. Yalom darauf hin, daß im Zyklus der Frau phasenweise eine größere Anfälligkeit für Depressionen festzustellen ist:

„Diese Beeinträchtigung... kann mit Schmerzen, verminderter Konzentrationsfähigkeit, mit verringertem Urteilsvermögen oder Verhaltensveränderungen einhergehen. Diese können sich in der Vermeidung von sozialen Kontakten, in niedrigerer Leistungsfähigkeit am Arbeitsplatz und in veränderter Stimmungslage (wie Depression, Reizbarkeit und Angstzuständen) äußern. All dies tritt mit einer Reihe von Symptomen auf, die in Beziehung zu Störungen im Wasserhaushalt des Körpers oder solchen des Kreislaufs stehen. Wir haben es daher mit einer Situation zu tun, in der rund 25 Prozent der Frauen 400 bis 500 Mal in ihrem Leben wiederkehrend einer Streßsituation ausgesetzt sind." (93)

Auch A. Coppen und N. Kessel (37) schätzen, daß rund 25% der Frauen wiederkehrenden psychischen Belastungen im Zyklus ausgesetzt sind. K. Dalton (42) wiederum hat in jahrelangen Studien untersucht, ob bestimmte Pannen oder sonst auffallende Situationen im Leben von Frauen im Zusammenhang mit bestimmten Phasen des weiblichen Zyklus (insbesondere der Menstruation) stehen. J. Cullen, der die Ergebnisse dieser Arbeit zusammenfaßt, kommt zu folgendem Schluß:

„Es scheint, als würden in dieser Phase (der Menstruation) alle möglichen ‚Katastrophen' passieren. Mütter gehen eher mit ihren kranken Kindern zum Arzt — doppelt so häufig. Mehr Schülerinnen fallen bei Prüfungen durch, bekommen schlechtere Noten oder werden wegen schlechten Betragens bestraft. Mehr Frauen begehen kriminelle Delikte bzw. zeigen im Gefängnis auffallendes Verhalten. Sie haben auch eher Unfälle, begehen leichter einen Selbstmordversuch oder werden zu dieser Zeit eher in psychiatrischen Kliniken aufgenommen. Das ist zwar eine unvollständige Liste, dennoch aber ein erstaunliches epidemiologisches Phänomen..." (39)

Es ändert sich auch die Einstellung zum Mann

Auch die Art, wie Frauen ihre Beziehung zum anderen Geschlecht erleben, dürfte sich den Untersuchungsergebnissen verschiedener Autoren zufolge ändern. Viele Frauen bekunden knapp vor und knapp nach der Menstruation ein höheres spontanes Interesse an sexueller Aktivität, zeigen eine größere sexuelle Erregbarkeit und mehr Interesse an einer sexuellen Begegnung. Auch für den Zeitpunkt des Eisprungs werden diese Merkmale festgestellt. So berichtet etwa J.A. Sherman, daß zur Zeit des Eisprungs die größte Häufigkeit von Geschlechtsverkehr zu beobachten ist.

Um die Zeit des Eisprungs, wenn die Östrogene ihre höchste Konzentration erreichen, gehen Gefühle des allgemeinen Wohlbefindens für die meisten Frauen einher mit einer hingebungsvollen Stimmung, mit einer ungewöhnlich hohen sexuellen Rezeptivität, verbunden mit Passivität (siehe 193). In dieser Phase herrscht eine hohe Selbstwertschätzung vor, und es treten wenige negative Gefühlszustände auf. Ängstlichkeit und Feindseligkeit sind deutlich reduziert (siehe 5 und 142).

Schwankungen bedeuten nicht Leistungsschwäche

Vielfach werden die hier angeführten Beobachtungen über das sich im Zyklus wandelnde Befinden der Frau kurzschlüssig als allgemein geringere Leistungsfähigkeit interpretiert. Gegen solche Schlußfolgerungen ziehen dann Feministinnen zurecht zu Felde. Nur geschieht dies manchmal mit den falschen Argumenten. So bemüht sich beispielsweise H.J. Dan (43) um den Nachweis, daß auch Männer zyklischen Schwankungen unterworfen seien und in gewissem Sinne auch so „ihre Tage" und somit keinen gleichbleibenden Leistungsstandard haben. Damit sollen die bei Frauen auftretenden wiederkehrenden Veränderungen relativiert werden.

Es ist keine Frage, daß auch der Mann in seinem gesellschaftlichen Umfeld einer Reihe von regelmäßig wiederkehrenden Einflüssen, die sich auch auf sein Befinden auswirken, unterliegt. Solche Schwankungen bringt beispielsweise der Wochenrythmus (mit der am Wochenende gänzlich umgestalteten Lebensführung) oder der Rhythmus der Entlohnung (häufig monatlich), usw. . . . Allein diesem zyklischen Geschehen kommt ein ganz anderer Stellenwert zu, und es ist weit weniger bedeutsam als der weibliche Monatszyklus.

Zyklus bringt Erfahrung der Relativität

Durch die wiederkehrende Veränderung der eigenen körperlichen und psychischen Befindlichkeit ist die Frau mit der Erfahrung konfrontiert, daß sich ihr Personsein fortwährend anders darstellt. Wer aber immer wieder gezwungen ist, unter veränderten Bedingungen sein Leben zu führen, der wird voraussichtlich ein größeres Repertoire an Verhaltensweisen entwickeln als jemand, der diesem Zwang nicht ausgesetzt ist.

Auch auf geistiger Ebene sind Auswirkungen zu vermuten: Menschen, die sich selbst immer wieder stärkeren oder schwächeren Gefühls- und Stimmungsschwankungen ausgesetzt fühlen, werden voraussichtlich — wenn sie diese Erfahrungen verarbeiten — ein größeres Einfühlungsvermögen für die unterschiedliche Befindlichkeit bei anderen Menschen entwickeln. Ich bin eigentlich davon überzeugt, daß diese besondere Erfahrung der Frau es ihr leichter macht einzusehen, daß das Mensch-Sein, das Wünsche-Haben, das Seinen-Willen-Durchsetzen etwas Relatives ist. Der Mann, der sich doch viel eher als Konstante erlebt, muß sich diesbezüglich viel schwerer tun.

Frauen sind geschickter

Ziemlich einheitlich sind die Befunde, die geschlechtstypische Merkmale bei den motorischen Fähigkeiten feststellen: Bei grobmotorischen Fähigkeiten, wo also Kraft erforderlich ist, wird eine männliche Überlegenheit registriert. Was hingegen die Geschicklichkeit anbelangt, zeigen die Mädchen die größere Begabung, vor allem mit den Händen. Die weiblichen Finger dürften empfindsamer sein. Frauen haben den feineren Tastsinn. Schon bei neugeborenen Mädchen zeichnet sich eine Tendenz dazu ab.

Auch auf dem Gebiet der sportlichen Betätigung läßt sich eine größere Geschicklichkeit der Frau nachweisen (siehe 67). Schenkt man den in dieser Arbeit veröffentlichten Zahlen Glauben, beträgt die Überlegenheit der Frau diesbezüglich 5 bis 10%. Hingewiesen sei auch noch darauf, daß Frauen in einem Bereich überlegen sind, der nach Meinung der meisten Männer eine typisch männliche Domäne ist, nämlich beim Autofahren (siehe 119). Diese Fähigkeit ist nicht nur das Ergebnis der geringeren weiblichen Aggressivität, sondern ist vor allem auch darauf zurückzuführen, daß Frauen die bessere Linie fahren.

Man könnte dies auch folgendermaßen interpretieren: Frauen vermögen es besser, sich auf Situationen und Gegenstände einzustellen, sie spüren Sachzwänge eher und haben eine stärker ausgeprägte Fähigkeit, auf diese zu reagieren (siehe dazu auch Kapitel 6, wo ausführlich auf die größere Geschicklichkeit im Umgang mit Personen eingegangen wird). An dieser Stelle sei auch daran erinnert, daß Frauen schmerzempfindlicher sind und somit früher als Männer Alarmsignale wahrnehmen, auf die sie angemessen reagieren können.

3.1.2 Psychische Aspekte begünstigen die Anpassung

Frauen sind umfassender aufmerksam

Auf diese Tatsache weisen die schon mehrfach erwähnten Autorinnen Macoby und Jacklin hin: Frauen verfügen über ein breiteres Spektrum der Wahrnehmung. Das bedeutet, daß sie sich weniger als Männer auf bestimmte, für besonders wichtig gehaltene Schlüsselsignale konzentrieren. Ihre Wahrnehmung ist somit weniger spezialisiert. Frauen nehmen dadurch eine breitere Palette von Signalen auf, wodurch sie auch leichter aus nicht gezielt gesammelter, sondern zufällig an sie herangetragener Information lernen können.

Frauen gestehen eher eigene Schwächen ein

In derselben Untersuchung findet sich auch ein Hinweis auf eine weitere Eigenschaft, die zur größeren weiblichen Anpassungsfähigkeit beiträgt, jedenfalls aber eng mit ihr in Verbindung steht: Viel eher als Männer sind Frauen und Mädchen dazu bereit, eigene Schwächen einzugestehen. Zu diesem Ergebnis kommen zahlreiche Arbeiten mit den unterschiedlichsten Untersuchungsansätzen (siehe dazu auch die Ausführungen von J. Willi in Abschnitt 2.3.2).

So weisen beispielsweise T. M. Williams und H. Byars (217) aufgrund der Beobachtung des Verhaltens von Negerkindern nach, daß schon im Kindesalter Mädchen sich selbst gegenüber kritischer sind als Knaben. A. H. Eagly und G. I. Whitehead wiederum (54) konnten belegen, daß Frauen eher bereit und imstande sind, negative Informationen über sich selbst zu verarbeiten. Männliche Versuchspersonen neigen dazu, solche Hinweise zu ignorieren. Sie reagieren auch eher mit Abwehr (18), die dadurch gekennzeichnet ist, daß man sich in Konfliktsituationen gegen das störende Objekt der Außenwelt wendet.

Frauen lassen sich eher helfen

Nicht unerwähnt bleiben sollte in diesem Zusammenhang die Tatsache, daß Frauen eher bereit sind, Hilfe anzunehmen, wie W. Langsam (zitiert in 112) an amerikanischen Studenten nachweisen konnte. Männliche Probanden pochten im Rahmen der ihnen gestellten Aufgaben weit mehr auf ihre Eigenständigkeit und Unabhängigkeit und lehnten Unterstützung sogar dann häufiger ab, wenn sie von einem Freund angeboten wurde. Vergleichbares wurde bei den Mädchen nicht festgestellt.

Um die Aussagen dieses Abschnitts abzurunden, sei noch auf die Ergebnisse zweier weiterer Arbeiten hingewiesen (siehe dazu 14 und 222): Beide kommen zu dem Schluß, daß Frauen die Kompetenz anderer Menschen leichter akzeptieren. Sie sind auch dann eher bereit, den anderen ernstzunehmen, wenn sie Fehler an ihm erkannt haben. Auch hier läßt sich der Schluß ziehen, daß Frauen eine größere Bereitschaft an den Tag legen, ihre Umwelt ernstzunehmen.

3.1.3 Anpassung im sozialen Umfeld

Mehr erzieherischer Einfluß auf Mädchen

Die bisher festgestellte größere weibliche Anpassungsfähigkeit wird durch eine Reihe von sozialen Einflüssen, vor allem durch die Erziehung, gefördert. Es fällt schon bei Kleinkindern auf, daß Mütter im allgemeinen mehr mit ihren weiblichen Sprößlingen (sogar schon im Säuglingsalter) sprechen, von ihnen aber auch ein besseres Verhalten erwarten. Sie lassen ihnen im Durchschnitt mehr körperliche Zuwendung zukommen, halten sie aber in größerer Abhängigkeit. B. Fagot (64), die Fragen der Beziehung von Eltern und Kindern nachging, stellte fest, daß beide Elternteile, Vater und Mutter, eher ihre Töchter als ihre Söhne lobten, wobei — nebenbei sei es angemerkt — Mütter sich häufiger zu einem Lob aufraffen konnten als Väter. Dafür werden die Mädchen aber auch von ihren Eltern öfter kritisiert als die Buben (auch hier treten die Mütter häufiger in Erscheinung). Offensichtlich wird also das Verhalten der Mädchen näher beobachtet und es wird auf ihr Verhalten stärker Einfluß genommen.* Vermerkt sei auch noch, daß Eltern ihren Töchtern weitaus eher zu Hilfe kommen als ihren Söhnen.

Mädchen passen sich in der Schule besser an

Ziemlich einheitlich sind auch die Befunde, die darauf hinweisen, daß Mädchen in der Schule weitaus eher ein angepaßtes Verhalten an den

---

* Nicht uninteressant ist in diesem Zusammenhang die folgende Beobachtung von Fagot: Die Einstellung der Eltern zur Kindererziehung wirkt sich nicht auf den Umgang mit den Kindern aus. Denn auch solche Eltern, die jede Art von geschlechtsspezifischer Erziehung ablehnen, die also meinen, man müsse Knaben und Mädchen vollkommen gleich behandeln, verhalten sich in dieser Hinsicht ihren Söhnen gegenüber anders als zu ihren Töchtern. Sie unterscheiden sich damit nicht von Eltern, die Unterschiede der Geschlechter bejahen.

Tag legen. Typisch dafür sind die Ergebnisse der schon erwähnten Arbeit von L. Kemmler (113): Mädchen zeichnen sich demzufolge durch Eigenschaften wie Ordnung, Fleiß und eine relativ große Bereitschaft, gute Leistungen zu erbringen, aus. Sie neigen auch etwas mehr als Knaben zu ängstlicher Überanpassung.

Buben zählen demgegenüber viel häufiger zu den Schulverweigerern, sie schwänzen öfter als Mädchen den Unterricht, sind aber auch häufiger von Krankheiten betroffen, wie Clyne (zitiert in 121) feststellt. T. Kürthy ergänzt diese Feststellungen durch die Beobachtung, daß die Schule ganz allgemein die schon vorher bei Knaben und Mädchen vorhandenen Unterschiede weiter verstärkt. Das bedeutet aber im Zusammenhang mit den hier angestellten Überlegungen vor allem auch, daß die Anpassungsbereitschaft der Mädchen in der Schule weiter zunimmt.

Hingabe auch im sexuellen Bereich

Die bisher herausgearbeiteten Merkmale des weiblichen Verhaltens, für die Außenwelt offen zu sein, auf andere einzugehen, sich anzupassen, werden auch in der sexuellen Beziehung von Mann und Frau abgebildet und damit verstärkt. Im Sexualakt ist das Handeln des Mannes zwangsläufig nach außen gerichtet, auf Eindringen, Einwirken abzielend. Das Verhalten der Frau hingegen ist anders gekennzeichnet: Sie nimmt auf, öffnet sich. Diese Grundhaltung des Aufnehmens, sich Anpassens, sich Verschenkens wird auch von der amerikanischen Sexualforscherin B. Bross hervorgehoben (zitiert in 19):

„Ich sehe den Sexualakt vom Standpunkt der Frau als eine Form des Gebens ohne jegliche Erwartung einer Gegenleistung. Ich freue mich, wenn ich Freude gebe . . . Ich sage, eine Frau muß geben und geben und wieder geben — nicht, weil ich den Mann für meinen Herrn halte, auch nicht, weil ich glaube, er hätte ein gottgegebenes Recht darauf, irgend etwas zu beanspruchen, auch nicht, weil ich den unsinnigen ‚Rechten' und Privilegien, die die Gesellschaft ihm zuteilt, irgendwelchen Wert beimesse."

Sehr stark wird dieser Aspekt des sich Anpassens, der Hingabe auch von G. von Le Fort betont. Sie versucht, das Weibliche aus christlicher Sicht zu deuten. Im „fiat" Mariens („. . .mir geschehe, wie du gesagt hast", Lk 1,38) sieht sie die Grundhaltung der Frau in vollkommener Weise abgebildet. Allerdings weist Le Fort darauf hin, daß diese Haltung nicht nur die eigentlich weibliche, sondern überhaupt die eigentlich religiöse sei.

In eine ähnliche Richtung weisen auch die Überlegungen von C. G. Jung, der sich in seinen Arbeiten ausführlich mit dem menschlichen Unbewußten beschäftigt hat. In der Tiefenpsychologie versteht man darunter jene seelische Schicht des Menschen, die seiner bewußten Kontrolle entzogen ist und in der alles, was der Mensch verdrängt, erhalten bleibt. Neben dem persönlichen Unbewußten meint Jung auch ein überpersönliches, alle Menschen prägendes, kollektives Unbewußtsein zu erkennen. Dieses drückte sich in Archetypen aus, also in urtümlichen, nicht reflektierten Leitbildern, die auf menschliche Erfahrung zurückgehen. Zwei der bedeutendsten Archetypen bezeichnet Jung als Animus und Anima. Diese ist das Seelenbild der Frau, das der Mann unbewußt in sich trägt, und sie umfaßt die tief im Menschen verwurzelten Grundvorstellungen von weiblichen Merkmalen.* Die besonderen Merkmale der Anima lassen auch auf Anpassungsfähigkeit schließen: Aufnahmefähigkeit, Leere, Offenstehen ... (siehe dazu 110).

Zusammenfassend läßt sich also festhalten, daß manche körperliche Anlagen und eine Reihe von sozialen Verstärkungen dazu beitragen, daß Frauen im Umgang mit ihrer Umwelt eher dazu neigen, Konflikte durch eigene Anpassung zu lösen.

3.1.4 Frauen sind ängstlicher

Eine der Folgen dieses Zugangs, Spannungen und Konflikte mit der Umwelt durch eigene Anpassung zu beseitigen, ist eine starke Außenabhängigkeit. Wer die Strategie der Anpassung verfolgt, macht sich von der Umgebung abhängiger als jemand, der grundsätzlich dazu neigt, seine eigenen Vorstellungen zu verwirklichen. Wer sich aber abhängig macht, wird in seinem Befinden von den Entwicklungen in seiner Umwelt stark betroffen und daher auch eher dazu neigen, sich Gedanken und Sorgen über die Entwicklung und den Zustand seiner Umgebung zu machen. Aus dieser Sicht sind die zahlreichen Befunde verständlich, die erkennen lassen, daß Frauen ängstlicher sind als Männer.

Frauen fühlen sich eher abhängig

Daß die eben angestellten Überlegungen nicht nur theoretische Spekulationen sind, sondern als eine in mehreren Untersuchungen nachgewiesene Tatsache angesehen werden können, belegt die schon mehrfach

---

* Analoges gilt mit umgekehrtem Vorzeichen für den Animus, das unbewußte Leitbild des Mannes, das die Frau in sich trägt.

zitierte Arbeit von Macoby und Jacklin (129). Soweit zu diesem Thema Untersuchungen gemacht wurden, zeigen sie, daß sich Frauen stärker als Männer außenabhängig erleben. Allerdings dürfte sich dieses Merkmal erst ab dem 16. bis 18. Lebensjahr deutlich ausprägen.

Frauen fürchten sich leichter

Ebenfalls altersabhängig dürften die Unterschiede sein, die bezüglich des Auftretens von Angstgefühlen bei Knaben und Mädchen festzustellen sind. Bis zum Schulalter werden keine Unterschiede vermerkt, wenn man den Begriff Angst im Sinne des englischen Wortes „fear" (das bedeutet, sich vor einer ganz bestimmten Gefahr fürchten) verwendet. Erst ab dem Schulalter zeigen Mädchen und später auch Frauen deutlich öfter Furcht. In allen Untersuchungen hingegen werden Angstzustände im Sinne des englischen Wortes „anxiety" (das bedeutet übersetzt eine unbestimmte allgemeine Ängstlichkeit) eher bei Frauen festgestellt. Macoby und Jacklin vermuten allerdings, daß die in den Untersuchungen verwendeten Tests allzu häufig nur Motive und Aspekte der Angst ansprechen, die zwar Mädchen und Frauen, nicht aber Männer betreffen.

Auch wenn man österreichische Jugendliche befragt, kommt die größere weibliche Ängstlichkeit zum Ausdruck (siehe 81, Tabelle 143). In 10 von 16 Problembereichen äußerten Mädchen größere Sorgen im Hinblick auf mögliche zukünftige Entwicklungen. Am deutlichsten ausgeprägt waren die Unterschiede bezüglich möglicher Eheschwierigkeiten und späterer Einsamkeit. Die Burschen sorgten sich nur in einem Bereich mehr als die Mädchen, nämlich bei der Frage nach der wirtschaftlichen Zukunft.

Ein ähnliches Bild zeichnen die Befragungen in Deutschland (3): Frauen haben öfter ohne besonderen Grund Angst (66% der Männer kennen dieses Gefühl gar nicht, aber nur 39% der Frauen). Sie fühlen sich auch häufiger niedergeschlagen, unlustig und sehen alles grau in grau (72% erleben dies manchmal oder häufig, hingegen nur 53% der Männer). Die Sorge, sie könnten im Alter einsam werden, berührt immerhin 54% der Männer überhaupt nicht, während gleiches nur auf 43% der Frauen zutrifft.

Auch die Angst vor dem Vorgesetzten ist bei Frauen stärker ausgeprägt: 30% der Frauen haben manchmal vor ihm Angst, hingegen nur 21% der Männer, die sich möglicherweise aber auch schwerer tun, diese (und ähnliche) Fragen wahrheitsgemäß mit Ja zu beantworten.

Um das Bild abzurunden, sei darauf hingewiesen, daß bei Befragungen auch eine größere weibliche Angst vor Krankheiten zutagetritt: Bezüglich ihres eigenen Gesundheitszustandes sorgen sich immerhin 60% der befragten Frauen, jedoch nur 43% der befragten Männer.

Das durch Außenabhängigkeit und Anpassungsbereitschaft geprägte Verhalten der Frauen trägt sicher dazu bei, daß sie häufiger unter Anpassungsschwierigkeiten leiden.

Frauen leiden häufiger unter Depressionen

Diese Schwierigkeiten äußern sich vor allem in der besonders hohen Häufigkeit, mit der Depressionen beim weiblichen Geschlecht auftreten. Depressionen bezeichnen in der Psychiatrie jene seelischen Störungen, die in einem Zustand langanhaltender gedrückter Stimmungslage ihren Niederschlag finden. Öfter tritt auch eine verminderte Ansprechbarkeit für Reize auf. Zweifellos sind die Depressionen eines der großen Probleme unserer Zeit. Sie stehen sicher auch damit in Beziehung, daß unsere Gesellschaft einem pausenlosen Wandel unterworfen ist, von dem ununterbrochen eine Fülle von Anpassungszwängen ausgeht. Hier wird selbst die größte Anpassungsfähigkeit überstrapaziert. Besonders überfordert sind in einer solchen Situation sicher jene Personen, die auf den eher passiven Ansatz fortlaufender eigener Anpassung ausgerichtet sind. Besonders unter Druck geraten daher die Frauen.

Untersuchungen aufgrund österreichischer Daten machen deutlich, daß Frauen in Phasen starken Außendrucks damit reagieren, daß sie gewissermaßen in die Depression „flüchten". Psychiater interpretieren dies als eine Form der Aggression nach innen. Männer greifen in solchen Situationen eher zum Alkohol. Diese geschlechtypische Art, auf Druck zu reagieren, verstärkt sich mit dem Alter. Da die Depression, wie gesagt, zu einer fast vollständigen Passivität führen kann, ist sie nichts anderes als ein Verstärker des ohnedies „vorprogrammierten weiblichen Lösungsansatzes".

3.2 Männer wollen die Welt gestalten

Im Gegensatz zur Anpassungsstrategie der Frau ist das Verhalten des Mannes dadurch gekennzeichnet, daß er bestrebt ist, Konflikte mit seiner Umgebung dadurch zu lösen, daß er auf seine Umwelt einzuwirken versucht, um sie seinen Vorstellungen entsprechend umzugestalten. Damit setzt der Mann eigentlich jene Fähigkeiten, die ihm seine größere Effizienz einräumt, in entsprechende Strategien um.

3.2.1 Männer sind weitaus aggressiver

Aggression ist ein so schillernder, in verschiedensten Zusammenhängen mit unterschiedlicher Bedeutung verwendeter Begriff, daß ich den folgenden Abschnitt damit einleiten möchte klarzustellen, in welchem Sinn Aggression im Rahmen dieser Arbeit verwendet werden soll. Dabei ist natürlich zu berücksichtigen, daß es um eine Eingrenzung geht, die geschlechtstypische Besonderheiten zu beschreiben gestattet.

In seiner umfassenden Arbeit „Anatomie der menschlichen Destruktivität" führt E. Fromm folgendes aus:

> „.... es scheint der Schluß unumgänglich, daß das aggressive Verhalten eine Reaktion auf jede Art der Lebensbedrohung ist — oder, wie ich lieber in einem allgemeineren Sinn sagen möchte, der vitalen Interessen eines Lebewesens — als Individuum und als Mitglied seiner Art. Diese allgemeine Definition trifft auf viele verschiedenartige Situationen zu... Die Mobilisierung der Aggression in den entsprechenden Gehirnregionen geschieht im Dienste des Lebens, als Reaktion auf eine lebensgefährdende Bedrohung des Individuums oder der Art: Das heißt, die phylogenetisch programmierte Aggression, wie sie bei Tieren und bei Menschen vorkommt, ist eine biologisch angepaßte defensive Reaktion... Die Aggression ist jedoch keineswegs die einzige Reaktion auf Drohungen. Das Tier reagiert auf eine Bedrohung seiner Existenz entweder mit Wut und Angriff oder mit Angst und Flucht." (77, S. 87)

Männer wollen verändernd eingreifen

Dieser Art, den Begriff Aggression zu fassen, möchte ich mich bei der Beschreibung der geschlechtstypisch stärker beim Mann anzutreffenden Aggression anschließen. Aggression beruht demzufolge auf der Bereitschaft, ja auf dem Bedürfnis, sich mit der Umwelt auseinanderzusetzen, die Dinge „anzugreifen", in Konstellationen einzugreifen. Hier äußert sich das beim Mann stärker ausgeprägte Bedürfnis, Kraft einzusetzen, Dinge zu bewegen, Situationen zu verändern.

Die positive Aufgabe der Aggression, für die es zweifellos beim Mann eine biologisch grundgelegte Veranlagung gibt, grenzt E. Fromm sehr eindeutig von jenen Äußerungen ab, die mit der Lust an Zerstörung einhergehen:

> „Während wir in allen Kulturen die Feststellung machen, daß die Menschen sich gegen eine Bedrohung ihres Lebens verteidigen,

indem sie kämpfen (oder fliehen), sind Zerstörungswut und Grausamkeit in so vielen Gesellschaften so minimal, daß diese großen Unterschiede nicht zu erklären wären, wenn wir es mit einer ‚angeborenen' Leidenschaft zu tun hätten. Überdies spricht die Tatsache, daß die am wenigsten zivilisierten Gesellschaften, die Jäger und Sammler und die frühen Ackerbauer, weniger Destruktivität als die weiter entwickelten Gesellschaften an den Tag legten, gegen die Auffassung, daß die Destruktivität zur menschlichen ‚Natur' gehört." (74, S. 158f.).

Und somit kommt Fromm zu der Definition einer zweiten Art von Aggression, die sich nur beim Menschen finden läßt:

> „Die biologisch nicht adaptive, bösartige Aggression stellt keine Verteidigung gegen eine Bedrohung dar. Sie ist nicht phylogenetisch programmiert, ist nur beim Menschen zu finden, ist biologisch schädlich. Ihre Hauptmanifestationen Mord und Grausamkeit sind lustvoll. Man kann sagen, daß diese bösartige Aggression zwar kein Instinkt ist, daß sie aber menschliches, in den Bedingungen der menschlichen Existenz selbst verwurzeltes Potential ist." (77, S. 166)

Mit dem lebensträchtigen Aspekt der Aggression wollen wir uns im folgenden auseinandersetzen, ohne den zerstörerischen vollständig aus den Augen zu verlieren.

Schon kleine Knaben sind viel lebhafter

Unterschiede stellt man schon sehr früh im Leben fest. Dabei ist der Hinweis wichtig, daß es sich dabei nicht um das Ergebnis gezielter Einflußnahme in der Erziehung handelt, sondern um eine Veranlagung. Da ist beispielsweise die Beobachtung von L. Sander (185) zu erwähnen, daß Neugeborene sich bezüglich ihrer Schlafgewohnheiten und ihres Verhaltens im Wachzustand nach dem Geschlecht unterscheiden: Knaben sind von Geburt an lebhafter als Mädchen (siehe dazu auch die Daten über Unfallsterblichkeit). Sie legen schon in einem Alter, in dem sie weder laufen noch krabbeln können, mehr Bewegungsdrang an den Tag.

Knaben zeigen mehr Krafteinsatz beim Spielen

Die ebenfalls schon erwähnten häufigeren Sterbefälle infolge von Sturz oder durch Ertrinken der Unter-15jährigen geben auch einen Hinweis auf die größere Neigung der Jungen zur aktiven Auseinandersetzung mit der Umwelt. Zu ähnlichen Ergebnissen kommen auch Untersuchungen, die gezielt das Spielverhalten von Kindern zu erfassen versuchen. Besonders auffallend ist, daß Buben „Nicht-Spielzeuge" wie Äste, Steine, Haushaltsgegenstände usw. bevorzugen. Diese Gegenstände aus ihrer Umwelt funktionieren sie zu ihren eigenen Zwecken um, versuchen sie durch Krafteinsatz zu verformen. Ihre Art, mit den Gegenständen umzugehen, ist durch grobmotorisches Hantieren gekennzeichnet (siehe dazu 84 und 107).

Kämpferisches Element im Spiel der Knaben und Männer

Etwa nach dem 10. Lebensjahr verstärken sich die Unterschiede in der Art zu spielen dadurch, daß bei Knaben eine Zunahme des kämpferischen Elements zu beobachten ist. Diese Unterschiedlichkeit hat nichts mit dem oben erwähnten Drang zu mehr Aktivität zu tun. Vielmehr ist es die Art, wie mit den Dingen und Personen umgegangen wird, die sich zwischen den Geschlechtern unterscheidet. Solche Unterschiede lassen sich selbst an Erwachsenen feststellen, wenn man genauer betrachtet, wie Eltern mit ihren Kindern spielen: Väter reden dabei mit ihren Kindern weniger, greifen sie aber mehr und fester an:

> „Wenn die Kinder etwas älter sind, spielen die Väter häufiger mit stärkerem körperlichen Einsatz und mögen auch ungewöhnliche Spielsituationen, was den Kindern offenbar gefällt, denn sie ziehen den Vater als Spielkameraden vor. Die Mütter halten sich mehr an bekannte Babyspiele, und ihr Kontakt ist eher verbal als körperlich." (158 zitiert in 32, S. 60f.)

Insgesamt ist die wissenschaftliche Meinung bezüglich der Aufteilung der motorischen Fähigkeiten, wie Macoby und Jacklin (129) feststellen, ziemlich einheitlich: Männer sind bei den grobmotorischen Fähigkeiten („gross bodily movements") überlegen, besonders was Geschwindigkeit und Koordination von Bewegungen anbelangt. Im Gegensatz dazu sind die Frauen geschickter (siehe 3.1.1).

Macht und Stärke sind männliche Statussymbole

Es mag auch symptomatisch sein — und paßt gut zu den bisher angeführten Beobachtungen —, daß Macht und Stärke für das eigene Selbstwertgefühl von Knaben und Männern weitaus mehr Bedeutung haben, als man dies bei Frauen und Mädchen feststellen kann. Das kommt in 7 von 8 zu diesem Thema angestellten und von Macoby und

Jacklin (129) zusammengetragenen Untersuchungen deutlich zum Ausdruck. Vermerkt sei in diesem Zusammenhang allerdings auch, daß Männer dazu neigen, sich selbst in dieser Hinsicht einigermaßen zu überschätzen.

Befunde eindeutig: Männer sind aggressiver

Zusammenfassend kann festgehalten werden, daß die Geschlechtsunterschiede in der Aggressivität wohl zum Bestand der am besten wissenschaftlich abgesicherten Ergebnisse gehören. Macoby und Jacklin (129) zählen zu diesem Themenbereich 100 Untersuchungen auf, von denen 52 signifikant höhere Werte für Knaben und Männer ergeben. Nur bei 4 Arbeiten findet man Hinweise auf höhere weibliche Werte. Doch selbst diese Ausnahmen erweisen sich bei näherer Inspektion als nicht sehr aussagekräftig.

Die männliche Überlegenheit erweist sich — es sei noch einmal darauf hingewiesen — in der physischen Aggressivität, im „Angreifen". Soweit es um die sprachliche Aggressivität geht, sind die Befunde nicht einheitlich.

Entscheidender Einfluß der Hormone

Vermerkt sei, daß diese Unterschiede auf die unterschiedlichen körperlichen Gegebenheiten zurückgeführt werden:

„(1) Männer sind aggressiver als Frauen. Das gilt für alle Gesellschaften und Völker, für die Daten vorliegen. (2) Die Geschlechtsunterschiede treten schon in jungen Jahren auf, wenn offensichtlich die Einwirkung der Erwachsenen zur Anerziehung unterschiedlicher Aggressivität noch keinen Erfolg haben kann... (3) Ähnliche Geschlechtsunterschiede sind beim Menschen und bei den Primaten anzutreffen. (4) Aggression steht in Beziehung zum Niveau der Geschlechtshormone und kann durch dessen versuchsweise Veränderung beeinflußt werden... Es kann als gesichert angesehen werden, daß der vor- und nachgeburtliche Spiegel von Geschlechtshormonen zwei Dinge beeinflußt: das Ausmaß bestimmter Verhaltensweisen (etwa das Kämpfen, das rauhe Spielen, das Drohbenehmen) in der Kindheit und die Art, wie die während der Pubertät und im Erwachsenenalter erzeugten Hormone den einzelnen beeinflussen." (129, S. 242ff.)

Hier wird deutlich, daß eine enge Beziehung zwischen der geschlechtstypischen Aggressivität und den Sexualhormonen, insbesondere dem wichtigsten männlichen Geschlechtshormon, dem Testosteron, besteht.*

Aggressivität des Mannes in allen Kulturen höher

Wie allgemein die höhere männliche Aggressivität zu beobachten ist, zeigt eine Untersuchung von B. Whiting (zitiert in 182): In sechs nicht dem westlichen Kulturkreis angehörigen Völkern wurde das Verhalten von Kindern zwischen 3 und 10 Jahren beobachtet. Auch dort zeigten Knaben mehr physische Aggression, wobei die Unterschiede bei den 3- bis 6jährigen besonders stark ausgeprägt waren. Ähnliches ergibt auch ein Vergleich des Verhaltens von Knaben und Mädchen zwischen 1 und 5 Jahren in einem Kibbuz (M.E. Spiro zitiert in 182): Die größere Aggression der Knaben äußert sich unter anderem auch in Ungehorsam, Schlagen und Beschimpfen. Gerade diese Feststellung weist noch einmal darauf hin, daß die größere männliche Aggressionsbereitschaft nicht nur den positiven, biologisch grundgelegten Aspekt hat. Auf die psychischen Aspekte und ihre soziale Verstärkung sei im folgenden näher eingegangen.

3.2.2 Psychische Aspekte der Aggressivität und ihre soziale Verstärkung

Mag sein, daß ein erster Hinweis auf das Bestehen einer größeren Reizbarkeit beim männlichen Geschlecht aus der Beobachtung (siehe 129) zu schließen ist, daß Knaben ab dem 18. Lebensmonat weitaus häufiger ärgerlich reagieren als Mädchen. Allerdings scheint dieser in der zweiten Hälfte des ersten Lebensjahres auftretende Unterschied nicht auf zunehmende Aggressivität der Knaben zurückzuführen sein, sondern vielmehr auf die abnehmende Reizbarkeit der Mädchen. Vielleicht ist dies eine Folge der weiter oben (3.1.3) erwähnten häufigeren Zuwendung der Mutter zu ihren Töchtern.

---

* Höhere Aggressivität ist auch ein Kennzeichen der männlichen Primaten. J. van Lawick-Goodall (123) kennzeichnet etwa das Verhalten männlicher Schimpansenjungen folgendermaßen: Sie spielen wilder und rauher, raufen öfter miteinander, zeigen öfter Imponiergehaben, obwohl sie von älteren Männchen deswegen rücksichtslos bestraft werden. Früher als Weibchen drohen sie Artgenossen und greifen sie auch an, ohne daß ihnen dieses Verhalten beigebracht würde. C.H. Phoenix, R.B. Goy und W.F. Young (164) weisen auf die Folgen der Behandlung trächtiger Affenweibchen mit männlichen Hormonen hin: Die Töchter dieser Weibchen sind viel wilder, zeigen im Spielen männliche Paarungsbewegungen häufiger als die entsprechende weibliche Geste.
Auch diese Beobachtungen lassen die enge Beziehung von Verhalten und Hormonausstattung erkennen.

Die geringere männliche Fähigkeit (oder Bereitschaft?), sich innerlich auf unerwünschte Außenbedingungen einzustellen, zeigt eine Untersuchung von C. S. Dweck und E. S. Bush (53): Mädchen und Knaben wurden im Rahmen eines Tests vor Aufgaben gestellt, die bewußt im voraus so schwierig gestaltet waren, daß sie die jungen Leute nicht lösen konnten. Im Anschluß an den Versuch wurden die Kinder nach den Ursachen ihres Versagens befragt. Dabei zeigten viele Buben ein Verhalten, das bei Mädchen nicht anzutreffen war: Sie neigten nämlich dazu, dem Beurteiler die Schuld für den Fehlschlag zuzuschieben, vor allem dann, wenn es sich um eine Frau handelte.

Dieses Abschieben von Schuld auf andere Personen erweist sich als Merkmal eines Verhaltens, das eher für Männer typisch ist, auch wenn man die Fragebögen des Psychologischen Dienstes des Landesarbeitsamtes Wien auswertet (siehe dazu 80): Die Klienten des Amtes wurden gebeten, kurze Erzählungen, die problematische Situationen am Arbeitsplatz zum Gegenstand hatten, aus eigener Phantasie fortzusetzen. Registriert wurden die dabei vorgetragenen Lösungen der Probleme, die durchwegs Konfliktsituationen waren, wie sie zwischen Vorgesetzten und Untergebenen auftreten.

Deutliche Geschlechtsunterschiede traten bei jenen Lösungen auf, bei denen der Klient eine Geschichte ersann, in der die handelnden Personen die Schuld von sich abzuschieben versuchen. Männer wählten viel häufiger eine solche Variante als Frauen. Manchmal erfanden sie sogar ganz unglaubliche Zufälligkeiten (geradezu einen „deus ex machina"), für die es in der Geschichte keinerlei Anhaltspunkte gab, nur um nicht selbst Konsequenzen ziehen zu müssen. Außerdem waren sie bei ihren Lösungen viel rascher mit Strafen bei der Hand oder mit Drohungen.

All das deutet darauf hin, daß Männer sich in Konfliktsituationen viel schwerer tun, mit Einsicht und Anpassung zu reagieren, als Frauen. Sie schieben unangenehme Einsichten lieber weg und neigen zu gewaltsamem Vorgehen. In diese Richtung läßt sich auch die Antwort auf die Frage: „Würden Sie es im Falle des Falles leicht finden, rasch eine Ausrede zu finden?" interpretieren. 48% der befragten deutschen Frauen täten sich dabei schwer, jedoch nur 33% der Männer (siehe 3).

Männer trauen sich mehr zu

Dieser Zugang, sich die Welt nach eigenen Vorstellungen zu richten, trägt den Männern den Vorteil ein, daß sie weniger ängstlich sind (siehe

Abschnitt 3.1.4), und baut auf einer größeren Zuversicht, Probleme zu durchschauen und zu bewältigen, auf, wie Tabelle 8 zeigt:

Tabelle 8
Zuversicht bezüglich der eigenen Leistungsfähigkeit in der Bundesrepublik Deutschland
Nach: Allensbacher Jahrbuch, Seite 15

	Antwort ja	
	Prozent der Befragten	
	M	W
Besitze ein breites Allgemeinwissen aufgrund meiner Ausbildung	31%	18%
Halte mich für befähigt, eine leitende Position einzunehmen	18%	5%
Bevorzuge Aufgaben, die viel Verantwortungs- bewußtsein verlangen	33%	17%
Habe gelernt, logisch und analytisch zu denken	35%	18%
Traue mir zu, bei Streitigkeiten die verschiedenen Standpunkte unvoreingenommen und sachlich abzuwägen	44%	35%
Grundsätzlich trete ich den Dingen kritisch und problembewußt gegenüber	52%	43%
Ich finde es schwierig, mir selbständig ein Urteil oder eine Meinung zu bilden	7%	12%
Es fällt mir oft schwer, anderen meine Ansichten zu erklären und zu begründen	18%	27%

Männer haben offensichtlich den Eindruck, zielstrebiger, kritischer und problembewußter zu sein. Bei Auseinandersetzungen trauen sie sich eher ein objektives und sachliches Urteil zu. Sie übernehmen bereitwilliger Verantwortung, fühlen sich für leitende Positionen geeignet. Zusammenfassend gewinnt man den Eindruck, daß sich Männer eher zutrauen, sachliche, komplexe Probleme zu lösen. Frauen lassen hingegen Zeichen von Unsicherheit erkennen.

Männer haben Lust nach Abenteuern

Der größere Hang der Männer, sich aktiv mit der Umwelt auseinanderzusetzen, läßt sich aus den Antworten von Jugendlichen ablesen, wenn man sie fragt, welche besonderen Erlebnisse sie sich wünschen. Während Mädchen von romantischen Reisen in ferne Länder schwärmen (Südsee, Hawaii, Paris bei Nacht...), reizen Knaben eher Erlebnisse, bei denen Nervenkitzel Teil des Vergnügens ist: Teilnahme an Auto- und Motorradrennen, an einer Großwildjagd oder einem Weltraumflug...

Die Frage nach Lieblingsfernsehsendungen und bevorzugten Büchern bestätigt diese Vorlieben. Frauen bevorzugen Medien, in denen Kommunikation das tragende Element des Inhalts ist. Männern geht es vor allem um „action" (siehe 119).

Knaben werden zur Durchsetzungsfähigkeit erzogen

Daß Männer und Knaben in vieler Hinsicht so zuversichtlich sind, wird teilweise auf die Erziehung zurückzuführen sein. B. Fagot (64 und 65) zeigt beispielsweise, daß Eltern den Söhnen beim Spielen mehr Freiraum lassen als den Töchtern. Sie mischen sich bei Knaben einfach weniger ein, sind dafür aber eher bereit, sich als Partner an Spielen der Buben zu beteiligen (wobei sich kein erkennbarer Unterschied zwischen Vater und Mutter feststellen läßt). Auch dürften die Eltern im allgemeinen ihren Söhnen gegenüber Leistung, Wettbewerb, Gefühlskontrolle und Unabhängigkeit stärker betonen. In dieser Hinsicht sind Väter strenger als Mütter.

Auch der österreichische Familienbericht streicht hervor, daß die Grundsätze, die man Kindern weitergeben möchte, bei Knaben und Mädchen unterschiedlich stark betont werden. Besondere Bedeutung für Knaben haben: Disziplin, Beherrschung, Härte, Durchsetzungsvermögen, Streben nach Neuem (150).

Knaben setzen sich stärker von den Erwachsenen ab

Die stärkere Ausrichtung der Knaben auf Selbständigkeit und eigenen Freiraum, auf Initiative und Wunsch zu gestalten wirkt sich auch auf ihre Beziehung zu den Erwachsenen aus. Soweit Untersuchungen zu diesem Thema vorliegen (siehe dazu 53), lassen sie den Schluß zu, daß Knaben häufiger versuchen, einen eigenen Leistungsmaßstab zu entwickeln, der sich von dem der Erwachsenen absetzt. Daher sind Burschen auch in stärkerem Ausmaß auf Gleichaltrige ausgerichtet, deren Urteil für sie einen besonderen Stellenwert hat.

Das hat zur Folge, daß es für Mädchen vielfach keine allzu großen Konflikte zwischen Beliebtheit bei gleichaltrigen Kameraden und Einordnung in die von der Erwachsenenwelt erwünschten Verhaltensweisen gibt. Knaben hingegen fällt es schwerer, in beiden Welten gut anzukommen. Sie scheinen eher vor der Wahl zu stehen, sich entweder für Verhaltensweisen zu entscheiden, die die Zustimmung der Erwachsenen finden, oder aber solche zu entwickeln, die sie bei gleichaltrigen Kameraden beliebtmachen. Im allgemeinen dürften Buben letzteres anstreben. Daraus läßt sich schließen, daß sich Knaben von Kindheit an mit der „übermächtigen Welt der Großen" auseinanderzusetzen haben.

3.2.3 Brutalität, die pervertierte Form der Aggressivität

Waren bei Frauen die Ängstlichkeit und die Passivität der Depression die übersteigerten Formen der an sich positiven Eigenschaft, sich an Veränderungen anpassen zu können, so beobachten wir beim Mann die Gewalttätigkeit als perverse Form der Aggressivität. Diese Fehlform kann sich bis hin zur Lebenszerstörung steigern.

Männer sind viel häufiger kriminell

Eine Hauptform, in der diese Perversion der männlichen Aggressivität auch nach außen deutlich zum Ausdruck kommt, ist die Kriminalität. Wie unterschiedlich diesbezüglich Männer und Frauen abschneiden, zeigen die Statistiken der Interpol (105). Die größten Unterschiede zwischen den Geschlechtern trifft man bei den Delikten schwerer Diebstahl und Raub an (siehe 80, Tabelle 14). Sie sind durch die Anwendung der Gewalt gegen Personen und Sachen gekennzeichnet. Menschen, die solche Delikte begehen, haben erfahrungsgemäß eine lange Geschichte krimineller Vergehen hinter sich. Dieser Personenkreis kann im allgemeinen als Verbrecher schwersten Kalibers angesehen werden.

Als nächstes kommt Mord, wenn man die Delikte nach dem Überwiegen der männlichen Delinquenten reiht. Auch hier spielt Gewaltanwendung offensichtlich eine Rolle. Allerdings werden Morde doch vielfach im Affekt begangen und sind somit nicht im selben Maße wie die schweren Eigentumsdelikte Ausdruck einer dauernd ausgelebten feindseligen Haltung.

Näher auf die Kriminalstatistik einzugehen, will ich mir an dieser Stelle ersparen, jedoch festhalten, daß im internationalen Durchschnitt auf eine verurteilte Frau nicht weniger als acht kriminelle Männer kommen. (Soweit Zahlen für die Entwicklungsländer verfügbar und ernstzunehmen sind, weisen sie noch höhere Relationen, also ein noch deutlicheres Überwiegen der männlichen Kriminalität auf).

Es paßt durchaus in dieses Bild, wenn S. Weitz (214) auf große Unterschiede in der Aggressivität von Mann und Frau in allen Kulturen hinweist: Krieg und Gewaltverbrechen seien nahezu ausschließlich eine männliche Angelegenheit. Als einzige Ausnahme in der Geschichte — von der jedoch nicht belegt ist, ob sie tatsächlich existiert hat — sind die Amazonen (was griechisch „brustlos" — also ohne weibliches Merkmal — heißt) zu bezeichnen. Selbst als Begleiterinnen im Kampf trifft man Frauen nur bei ganz wenigen Völkern an, beispielsweise bei den frühen Germanen oder den Mongolen. Daß Frauen selbst in den Kampf ziehen, ist nahezu unbekannt.

Kommen wir zum Abschluß noch einmal auf eine Äußerung von E. Fromm zurück:

> „Nur der Mensch scheint Lustgefühle zu empfinden, wenn er Leben grundlos und nur um der Zerstörung willen vernichtet. Allgemeiner ausgedrückt scheint allein der Mensch über das Ziel der Selbstverteidigung oder der Befriedigung seiner Bedürfnisse hinaus destruktiv zu sein." (77, S. 166)

Betrachtet man diese Aussage unter dem Blickwinkel ihrer Bedeutung für Mann und Frau, so müssen wir — als Männer bedauernd — feststellen, daß mit dieser besonderen Perversion der Aggressivität weitgehend nur das männliche Geschlecht gemeint ist.

3.3 Die unterschiedliche Ausrichtung auf den Innen- bzw. Außenraum

Beim Spielen gestalten Mädchen den Innen-, Knaben den Außenraum

Das Spielverhalten von jeweils 150 Knaben und Mädchen beobachtete der amerikanische Entwicklungspsychologe E. Erikson (59) in folgender Untersuchungssituation: Die Kinder wurden aufgefordert, sich wie Regisseure beim Film zu verhalten und mit Spielzeug und Bausteinen Szenen wie im Film zusammenzustellen. Dabei zeigte sich, daß Knaben und Mädchen den verfügbaren Raum anders nutzten und mit demselben Material ganz andere Szenen aufbauten. Mädchen konzentrierten sich meist auf die Gestaltung von Innenräumen; sie bauten Szenen, die im Inneren von Räumen und Umzäunungen spielten (über unterschiedliches Spielverhalten siehe auch 6.3.2.).

Knaben wiederum waren mehr auf das Äußere bedacht, gestalteten eher Außenfassaden von Bauwerken. Die Tiere, die sie in ihren Szenen auftreten ließen, hielten sich gewöhnlich im Freien, außerhalb von Einzäunungen auf. Vielfach wurden bewegte Szenen und Unglücksfälle dargestellt.

Auch die von W. Roth (181) zum Thema Spielverhalten zusammengestellte Literatur läßt ähnliche geschlechtstypische Verhaltensweisen erkennen: Knaben versuchen eher Gebäude, Gebäudeteile, Transportmittel und Maschinen zu bauen oder darzustellen, während sich Mädchen eher für die Darstellung von Lebewesen bzw. das Bauen von Einrichtungsgegenständen begeistern.

Auch die Wünsche, die Wiener Kinder bezüglich ihrer Vorstellungen über Ferienspiele äußerten (siehe 152), lassen solche Unterschiede erkennen. Mädchen wünschten sich eher kultivierte Innenbetätigungen: Theater- und Opernbesuch, bei ganz kleinen Babys sein, Tiere in der Biologischen Station am Wilhelminenberg betreuen, usw.... Knaben hingegen wollten es eher mit der Außenwelt zu tun haben, etwa einen Tag bei der Polizei verbringen... In eine ähnliche Richtung wiesen auch die Antworten auf die Frage, welche Gegenstände man gerne hätte: Mädchen wünschten sich eher Dinge für „Indoor"-Aktivitäten (Bücher, Bastelsachen, Musikinstrumente), während Buben eher von Dingen schwärmten, die man im Freien nützen kann (Räder, Sportgeräte). Mit zunehmendem Alter wurden diese Vorlieben übrigens stärker ausgeprägt.

Im Gruppenspiel dominieren die Knaben

Untersuchungen, die das Verhalten von Kindern in größeren Gruppen zu erfassen versuchen, kommen zu dem übereinstimmenden Ergebnis, daß die Knaben mehr nach Vorherrschaft, nach Dominanz streben (siehe 48 und 75).

Folgende Merkmale kennzeichnen das Gruppenverhalten: Im allgemeinen schließen sich Buben zu größeren Gruppen zusammen als Mädchen, wobei diese Gruppen mit zunehmendem Alter größer werden. Bei ihren Spielen nützen die Knaben den Raum großflächiger, während man bei Mädchen feststellt, daß sie sich mit wenig Platz zufriedengeben. Besonders auffallend ist aber, daß Knaben ihrer Stellung in der Gruppenhierarchie eine weitaus größere Bedeutung beimessen. Daher sind sie in gemischten Gruppen auch durchwegs die Anführer — vor allem auch dann, wenn es darum geht, durch körperliche Stärke hervorzustechen. Schließlich läßt sich noch feststellen, daß Jungen häufiger miteinander balgen, um aneinander ihre körperlichen Kräfte zu messen:

„Das körperliche In-Beziehung-Treten, etwa das spielerische Kämpfen, das Händchen Halten oder sich gegenseitig Bälle Zuwerfen, nahm bei beiden Geschlechtern mit dem Alter zu. Nicht unerwartet zeigten Knaben mehr Aggression und Körperkontakt jeglicher Art mit dem jeweils nächststehenden Partner — und zwar in allen Altersstufen. Im Gegensatz dazu war für Mädchen eher kennzeichnend, daß sie mit dem bevorzugten Partner vor allem sprachen. Außerdem war diese physische Auseinandersetzung bei Knaben nicht nur mit einem, sondern mit den drei bevorzugten Partnern zu beobachten, während sich das intensive Plaudern der Mädchen meist auf die beste Freundin beschränkte." (75) *

Diese Beobachtungen deuten insgesamt darauf hin, daß schon bei Kindern eine gewisse geschlechtstypische Ausrichtung auf Bevorzugung entweder des Innen- oder des Außenraumes anzutreffen ist. Daß bei dieser unterschiedlichen Ausrichtung auch soziale Einflüsse und die Erziehung eine Rolle spielen, ist keine Frage. Man erkennt es allein schon aus dem Umstand, daß sich die Unterschiede mit zunehmendem Alter stärker ausprägen. Allerdings dürfte auch eine gewisse Veranlagung vorliegen, die sich einerseits im größeren (weiblichen) Interesse am Hegen und andererseits in dem größeren (männlichen) Bedürfnis nach Bewegung, nach Austoben und mit anderen in Konkurrenz Treten ausdrückt.

---

* Dominanzstreben der Männchen ist ein Kennzeichen, das auch das Verhalten der Primaten kennzeichnet. Kloehn (119) meint, daß bei den höheren Primaten die Männchen eine angeborene Bereitschaft haben, sich Artgenossen, schwächeren Männchen und den Weibchen gegenüber hervorzutun. Bei Pavianen, Gorillas oder Schimpansen ist die Männerherrschaft über die Weibchen eindeutig. Die Imponierlust des Männchens hat im Tierreich den Sinn, andere Individuen auf Abstand zu halten. Die Revierabgrenzung ist für Primaten nicht so einfach, da sie ständig umherziehen. Diese Abgrenzung geschieht durch die Männchen, wobei die rangniedrigsten am Rand der Horde dahinziehen. Die ranghöchsten, starken und erfahrenen schützen die Weibchen und die Kinder im Zentrum der Horde. Sie bestimmen den Aufbruch, den Weg und das Ende von Wanderungen und fungieren als Ordnungshüter. Die Sterblichkeit unter den jungen, rangniedrigen Tieren an der Peripherie ist wegen der häufigen Auseinandersetzungen, denen sie ausgesetzt sind, sehr hoch. Das fördert einen Ausleseprozeß, in dem sich die sichersten, zielstrebigsten und raffiniertesten durchsetzen. Sicher ist es unzulässig, aus Tierbeobachtungen Schlußfolgerungen für sinnvolles Verhalten von Menschen zu ziehen. Dennoch ist zu erkennen, daß das Dominanzstreben vorteilhaft für die Auslese der Kräftigsten für die Verteidigung und für die Sorge um Ordnung innerhalb der Gruppe ist.

3.3.1 Unterschiedliche Interessen bei Erwachsenen im westlichen Kulturkreis

Männer erhoffen sich mehr von der Politik

Recht deutlich sind die Geschlechtsunterschiede auch in Fragen der Einstellung zur Politik: L. Rosenmayr (176) unterscheidet in einer Arbeit zu diesem Thema fünf typische Haltungen: Inaktive, Konformisten, Reformisten, Aktivisten und Protestierende. Fragt man nach der Geschlechtsverteilung innerhalb dieser Gruppen, zeigt sich folgendes: Männer überwiegen (in den fünf Ländern*, für die Daten vorliegen) bei den Reformisten und Aktivisten (einzige Ausnahme: in den USA gibt es mehr weibliche Aktivisten); Frauen dominieren hingegen in den drei anderen Kategorien.

Fragt man danach, was diesen Geschlechtsunterschied kennzeichnet, so könnte man die verschiedenartige Bereitschaft zum Engagement als Merkmal hervorheben. Männer wären demnach eher bereit, das gesellschaftliche System durch Aktivitäten oder Reformen in seiner Entwicklung voranzutreiben oder zu verändern (je nach Temperament). Man könnte auch sagen, daß sie sich etwas vom Agieren im Außenbereich, auf gesellschaftlicher Ebene versprechen. Frauen scheinen diesbezüglich skeptischer zu sein, was sich in ihrem Verzicht auf Engagement auf dieser Ebene (inaktive), Bereitschaft, die Dinge hinzunehmen (Konformisten) oder verbales Dagegensein (Protestierende) äußert. Die Verteilung ist in den fünf Ländern überraschend einheitlich.

Nicht nur in der Einstellung, sondern auch in der Beteiligung an politischen Aktivitäten verzeichnet Rosenmayr Geschlechtsunterschiede. Das gilt sowohl für unkonventionelle Betätigungen, wie Besetzen von Gebäuden, wilde Streiks oder Demonstrationen, als auch für die gängigen Formen, sich mit Politik auseinanderzusetzen, wie Teilnahme an politischen Versammlungen, mit Politikern sprechen, den politischen Teil der Zeitungen lesen. Von diesem Unterschied kann sich ja jeder überzeugen, der einen Blick auf die Zusammensetzung der politischen Entscheidungsgremien wirft.

Männer sind außerhäuslich mehr engagiert

Recht unterschiedlich sind auch die Interessen von Mann und Frau, wie sich beispielsweise aus der Beantwortung der Frage: „Welche Bereiche sind für Sie besonders wichtig?" ablesen läßt (siehe 3). Die deutschen

Männer betonen stärker Freizeit und Erholung, Beruf und Arbeit, Politik und öffentliches Leben. Frauen heben demgegenüber stärker als Männer die Bedeutung von Verwandtschaft, Religion und Kirche hervor. Männer sind doppelt so oft Mitglieder in Sportvereinen, und noch häufiger (23% gegenüber 4%) bei der Gewerkschaft. Männer interessieren sich auch viel mehr für Fußball, gehen häufiger zu Sportveranstaltungen und betreiben selbst häufiger Sport. Ihre Interessen sind vorwiegend außerhäuslich: Autos, Politik, Filmen, Fotografieren.

Sehr häuslich ausgerichtet sind hingegen die wichtigsten Interessensgebiete der Frauen: Bücher Lesen, Garten, Wohnung und Einrichtung, Kochen, Mode, Gesundheit, Handarbeiten, Kinder und Erziehung, Plaudern und Kaffeekränzchen, sowie Haushalts- und Schönheitspflege.

Ich will gar nicht bestreiten, daß da einiges sehr nach Klischee klingt. Es geht auch gar nicht darum, hier zu werten und zu sagen, so soll es sein und muß es bleiben. An dieser Stelle kommt es mir einzig darauf an, herauszuarbeiten, daß hinter all diesen Vorlieben — zum Teil auch nur in mittelbarer Form — eine unterschiedliche Ausrichtung der Geschlechter auf den Außenbereich der Gesellschaft (eher beim Mann) und auf den Innenraum von Familie, Verwandtschaft und Wohnbereich (bei der Frau) zum Ausdruck kommt.

Auch wenn man der Frage nachgeht, wie Männer und Frauen ihre Zeit einteilen, werden dieselben Unterschiede deutlich (204). Besonders kennzeichnend ist der Vergleich der Zeitbudgets von Alleinstehenden, die sich bezüglich ihrer Lebensgewohnheiten am ehesten vergleichen lassen: Frauen kümmern sich viel mehr um innerhäusliche Aktivitäten, also Kochen, Wäsche Waschen (dafür wenden Männer nur halb so viel Zeit auf) und Einkaufen. Männer widmen sich viel eher ihrem Garten (wenden dafür dreimal mehr Zeit auf). Immerhin treten diese Unterschiede in 12 Ländern auf.

Auch bei den außerhäuslichen Kontakten finden wir ein ähnliches Bild: Immer sind es die Männer, die sich dafür mehr Zeit nehmen. Besonders deutlich ausgeprägt ist der Unterschied, wenn man Männer mit berufstätigen Frauen vergleicht. Diese Vergleiche machen übrigens deutlich, wie sehr die berufstätige Frau von ihrer Doppelbelastung überfordert wird.

Erwähnt seien schließlich noch die Daten über die Beschäftigungsstruktur. Trotz eines enormen und bis in die letzten Jahre anhaltend steigenden Anteils der Frauen an der Gesamtzahl der Beschäftigten besteht immer noch ein Geschlechtsunterschied im beruflichen Engagement außer Haus. Auch er bringt den nach wie vor bestehenden

Unterschied in der Ausrichtung auf den Innen- und Außenraum zum Ausdruck. So waren etwa in Österreich die Anteile bei den Unselbständigen 63,5% (Männer) und 36,5% (Frauen) (Zahlen für 1979 in 24).

Noch deutlicher wird dieser Unterschied, wenn man sich vor Augen hält, wie sich Mann und Frau bei den Selbständigen die Aufgaben teilen. Bei dieser Gruppe ergibt sich eine Relation von 71% männlichen zu 29% weiblichen Personen, während bei den mithelfenden Familienangehörigen das Verhältnis genau umgekehrt ist: 25% Männern stehen 75% Frauen gegenüber. Offensichtlich sind die wirtschaftlichen Einheiten nach wie vor so organisiert, daß die Aufgabe des Außenvertreters (des Selbständigen) meistens vom Mann wahrgenommen wird, während die Funktion des nicht nach außen legitimierten, eher im Innenbereich wirkenden Familienangehörigen im allgemeinen von der Frau übernommen wird.

3.3.2 Interkultureller Vergleich der Ausrichtung

Der Geschlechtsunterschied in der Ausrichtung auf den Innen- und Außenraum ist nicht eine Sondererscheinung der westlichen Zivilisation, worauf unter anderen auch die Anthropologin M. Mead hinweist. Ihren Beobachtungen zufolge wirkt der Mann im allgemeinen in der Gesellschaft, die Frau hingegen im Heim.

Mead weist in diesem Zusammenhang darauf hin, daß nicht so sehr der Inhalt der Tätigkeit, sondern die Art ihrer Ausübung den Unterschied ausmacht:

„...Beherrschung und Unterwerfung nehmen eine Fülle verschiedener Formen in den unterschiedlichen Gesellschaften an. Aber Leistung ist männlich und öffentliches Leben ist männlich und war es eigentlich immer. Nun mag öffentliches Tun im Elefantenjagen, Reden Halten oder Puppen Anziehen bestehen. Und tatsächlich habe ich Völker studiert, bei denen das wohl bedeutendste öffentliche Tun, die ehrwürdigste Handlung für einen Mann darin bestand, daß er eine Puppe anzog. Wenn er aber solches tat, so war es Leistung. Die andere Feststellung aber ist, daß alles Tun, das mehr mit häuslicher Nähe verbunden war, so weit wir in die Geschichte zurückschauen, den Frauen zugeordnet wurde: Denn mit einem Baby auf der Hüfte herumgehen ist nicht so angenehm, und man wird dies wohl kaum mit Elefantenjagd verbinden." (Mead zitiert in 111)

Vielfach werden die Bereiche streng auseinandergehalten. Das betrifft nicht nur das öffentliche Auftreten der Frau, sondern auch die

Bewegungsfreiheit im Wohnbereich. So ist beispielsweise bei manchen afrikanischen Stämmen den Männern der Zutritt zur Kochstelle verwehrt.

Bei vielen Kulturen richtet sich der Wohnort nach dem Mann

Aufgrund von Beobachtungen aus 565 ethnischen Einheiten untersuchten W. Rudolph und E. Tschohl (182), nach welchen Regeln die Abstammung und der Wohnsitz bestimmt werden. In beiden Bereichen überwiegen die Regelungen, die sich am männlichen Geschlecht ausrichten: Bei der Abstammung überwiegen sie mit 80%, bei der Wohnsitzregelung mit 65%. Bei den meisten Kulturen richten sich somit die Rahmenbedingungen für die Lebensgestaltung nach den Gegebenheiten des Mannes.

Männer sind meistens außerhäuslich tätig

Geschlechtsunterschiede werden auch bei der Betätigung festgestellt. Sie sind bei jenen Kulturen, die in der Form der Subsistenzwirtschaft leben, also für alle ihre Bedürfnisse selbst aufkommen, besonders ausgeprägt. Die männlichen Tätigkeiten lassen sich folgendermaßen kennzeichnen: Sie sind anstrengender, erfordern häufiger Kooperation und große Beweglichkeit. Es handelt sich somit meistens um Tätigkeiten wie Jagen, Fischen, Herden hüten, Ackerbau Vorbereiten, Materialien Bearbeiten (Holz, Metalle, Steine, die nur mit Kraftaufwand nutzbar gemacht werden können) und Häuser Bauen.

Frauen sind stärker örtlich gebunden

Die Tätigkeiten der Frauen sind stärker örtlich gebunden, weniger physisch anstrengend, und sie werden häufig allein durchgeführt. Dazu gehören in erster Linie: Ackerbau, Verarbeitung von Nahrungsmitteln, Betreuung der Unterkünfte, Anfertigung von Kleidern, Matten, Körben und deren Reparatur, Arbeiten mit Schnüren und Fäden. In gewisser Hinsicht nehmen somit die Männer eher die in den Raum ausgreifenden, Frauen eher die den Innenraum betreffenden Agenden wahr.

Daß eine vollkommene Abwendung von solchen Aufgabenteilungen zwischen Mann und Frau nur schwer durchzuhalten ist, zeigen Erfahrungen, die in China und in Israel gemacht wurden:

„In diesem Zusammenhang können Beobachtungen *Spiros* aus einer Feldforschung in der quasi experimentellen Situation eines israelischen Kibbuz angeführt werden. Die dort herrschende geschlechtliche Gleichheitsideologie konnte wirtschaftlich nicht verwirklicht werden, weil wegen offensichtlicher biotischer Gründe nicht alle Tätigkeiten gleichmäßig auf die Geschlechter aufgeteilt werden konnten. Viele Frauen hatten die sogenannten produktiven Tätigkeiten aufzugeben, um Dienstleistungstätigkeiten aufzunehmen. Erstere Tätigkeiten wurden von Männern aufgenommen, und in letzteren befaßten sich die Frauen wieder mit den traditionellen Frauenarbeiten. Da das aber spezialisiert, nicht kombiniert vor sich ging, war es langweiliger und unbefriedigender als die übliche Hausfrauenarbeit. Diese und weitere Gründe hatten eine weitverbreitete Enttäuschung beteiligter Frauen zur Folge, sich niederschlagend in vielen Äußerungen und dem Verlassen des Kibbuz durch Ehepaare, wobei so gut wie immer ein Gefühl des Unglücklichseins der Frauen der Grund war. Über ähnliche Erfahrungen mit Bestrebungen zu einer strikten wirtschaftlichen Gleichstellung der Frauen berichtet *Huang* aus China." (182)

Die Allgemeingültigkeit, die sich aus solchen interkulturellen Vergleichen zu ergeben scheint, erweckt den Eindruck, als wären gewisse Rollen aus Gründen der Veranlagung von Mann und Frau unvermeidlich. Daher möchte ich hier auf die eingangs gemachte Feststellung zurückkommen. Der Mensch ist nicht festgelegt. Manche Entwicklung wird durch vorgegebene — aber beeinflußbare — Anlagen mehr begünstigt.

In der Erziehung werden diese Anlagen vielfach verstärkt, wie auch Untersuchungen aus Österreich zeigen (154). Schon im Kindes- und Jugendalter werden ganz eindeutig Mädchen vermehrt zur Hausarbeit herangezogen. Mit steigendem Alter wächst dann dieser Unterschied zwischen den Geschlechtern. Insoweit Jugendliche überhaupt etwas im Haushalt leisten müssen (überraschend wenig übrigens), ergibt sich auch hier wieder das Schema innerhäuslich — außerhäuslich: Mädchen verrichten vorwiegend Arbeiten im Haus, Knaben solche außerhalb der Wohnung, Mülleimer ausleeren, Auto waschen....

Viele Kulturen nützen somit die Sonderbegabungen der Geschlechter, indem sie die Anlagen durch Erziehung verstärken, um so Mann und Frau für unterschiedliche Aufgaben vorzubereiten. Nochmals möchte ich es betonen, weil diesbezüglich heute die Empfindlichkeit in unserer Gesellschaft sehr groß ist, daß dies kein Muß ist. Durch Erziehung und andere gezielte Maßnahmen kann der Mensch auch anders ausgerichtet werden. Über die Sinnhaftigkeit solcher Bemühungen wollen wir in den Kapiteln 8 und 9 Überlegungen anstellen.

3.3.3 Der Einfluß der Bildungssysteme

Daß die soziale Prägung bei der Ausrichtung von Mann und Frau auf den Innen- bzw. Außenraum eine wichtige Rolle spielt, zeigt auch eine nähere Betrachtung der Entwicklung des Bildungswesens im abendländischen Kulturraum. Dabei fällt auf, daß das System der Ausbildung seit jeher Knaben und junge Männer stärker auf Gemeinschaftsaufgaben ausgerichtet hat. Auch von der Warte der Ausbildung her betrachtet kommt man zu dem Ergebnis, daß die Gestaltung des gesellschaftlichen, außerfamiliären Raums durchgehend als Domäne des Mannes angesehen wurde.*

Bildungseinrichtungen erfassen zunächst nur Knaben

Bildungseinrichtungen wurden im allgemeinen erst dort vorgesehen, wo größere staatliche Einheiten entstanden. Diese bedurften nämlich der Wahrnehmung bestimmter Gemeinschaftsfunktionen. Sie wurden im allgemeinen den Männern zugewiesen. Daher dienten die Bildungsstätten, die auf solche Gemeinschaftsaufgaben vorbereiten sollten, ursprünglich auch nur der Schulung von Knaben. Als solche Gemeinschaftsfunktionen lassen sich die Verteidigung, die Wahrnehmung kultischer Aufgaben, die Abwicklung wirtschaftlicher Tätigkeiten, die über die autarke Versorgung hinausgehen (also Handel, Gewerbe, Industrie...), sowie die Führungs- und Koordinierungsaufgaben der Gemeinschaft (Politik, Rechtssprechung, Kult) erkennen.

Bevor eine Gemeinschaft institutionelle Bildungsstätten einrichtet, erfolgte die Ausbildung im Schoß der Familie. Zumindest im Kindesalter spielte dabei die Erziehung durch die Frau sicher die größte Rolle. Sobald aber die Knaben älter geworden waren, übernahm meistens der Vater bzw. die Männerwelt die weitere Erziehung.

Wurden Bildungseinrichtungen eingeführt, so dienten sie zunächst der Vermittlung von Fähigkeiten, die dem Schutz und der Organisation der Gemeinschaft dienten. Vielfach änderten sie aber im Zuge der Entwicklung ihren Charakter: Sie wurden zu Orten der Menschenbildung. Damit dienten sie aber nicht mehr unmittelbar der Gemeinschaft, sondern der Persönlichkeitsentwicklung des einzelnen. Damit wurde der Besuch solcher Einrichtungen aber zum Privileg, das — bedingt durch die ursprüngliche Intention der Anstalt — den Knaben vorbehalten blieb. Durch die Verlagerung seiner Ausrichtung verlor dieser Vorbehalt jedoch seine Berechtigung.

---

* Gegenstand der Untersuchung war die Entwicklung der Bildungssysteme im europäischen Raum seit der Antike. (Näheres siehe 80)

In der Neuzeit entstanden allerdings neben solchen, vor allem auf Persönlichkeitsbildung ausgerichteten Schulen (den sogenannten höheren Schulen) die Grundschulen. Sie hatten die Aufgabe, jene Fähigkeiten zu vermitteln, die allmählich für das Funktionieren der immer komplizierter werdenden staatlichen Einheiten unerläßlich wurden: das Lesen, Schreiben und Rechnen. Fähigkeiten, die früher einige Menschen im Dienste der Allgemeinheit ausgeübt hatten (und die daher früher Aufgaben auch für die Gemeinschaft waren), wurden somit zu Fertigkeiten, ohne die man im Alltag kaum mehr zurecht kam. Daher gab es auch schon sehr früh Bestrebungen, die Grundschule auch für Mädchen zugänglich zu machen.

Je komplexer die Gesellschaft wurde, je länger die notwendige Ausbildung dauerte, je mehr sich der Schwerpunkt des Lebens in die Sphäre der außerhäuslichen Berufstätigkeit verlagerte, umso größer wurde auch die Beteiligung der Mädchen an der Ausbildung auf allen Ebenen.

3.4 Zusammenfassung

Schwerpunktmäßig finden wir bei Mann und Frau zwei unterschiedliche Zugänge des Umgangs mit der Umwelt: Männer haben überwiegend die Tendenz, durch Eingriff zu agieren, während es Frauen im allgemeinen vorziehen, durch Anpassung zu reagieren. Diese unterschiedliche Veranlagung wird in vielen Gesellschaften dazu genutzt, Mann und Frau durch Maßnahmen der Erziehung auf unterschiedliche Aufgabenbereiche vorzubereiten: Den Männern werden dabei eher Aufgaben für die größeren sozialen Einheiten, Aufgaben, die Kraft und Durchsetzungsvermögen erfordern, übertragen, während Frauen eher auf den Innenbereich von Familie und Haus, in dem Anpassungsfähigkeit (vor allem auch im Umgang mit Menschen, siehe dazu Kapitel 6) erforderlich ist, ausgerichtet werden.

4. Mann und Frau nehmen vieles unterschiedlich wahr

4.1 Die unterschiedliche Begabung bei den Sinnen

Obwohl Macoby und Jacklin (129) zu dem Ergebnis kommen, daß die von ihnen über Sinneswahrnehmung gesammelten Untersuchungen keine deutlich erkennbaren Unterschiede zutage fördern, läßt eine genauere Durchsicht der Literatur doch Schwerpunktbegabungen erkennen.* Diese vielleicht nicht ganz so signifikanten Unterschiede lassen sich übrigens sehr gut in Zusammenhang mit übrigen, in dieser Arbeit herausgearbeiteten Merkmalen bringen (siehe dazu 6.3.1).

Mädchen haben einen empfindsameren Tastsinn

Was den Geschmacks-, Geruchs- und Tastsinn anbelangt, deuten jedoch auch die Ergebnisse der oben erwähnten Autorinnen an, daß eine Tendenz zu größerer Empfindsamkeit beim weiblichen Geschlecht anzutreffen ist. Recht eigenartig anmutende Untersuchungen mit Neugeborenen zeigen, daß Mädchen schon ganz früh im Leben eine empfindlichere Haut aufweisen: Sie reagieren nämlich stärker auf das Entfernen ihrer Bettdecke und zeigen eine niedrigere Reaktionsschwelle, wenn man ihren Bauch mit einem Föhn anbläst (siehe 171). Zwischen 2. und 5. Lebenstag mißt man bei Mädchen eine größere Hautleitfähigkeit und registriert, daß sie im 2. und 3. Lebensmonat stärker auf Berührung reagieren.

Die größere Empfindsamkeit des Tastsinns registriert auch F. Merz (138). Zwar sei die Haut bei Mädchen nicht sehr viel empfindlicher, der Unterschied reiche aber vermutlich aus, um Auswirkungen auf die Beziehung zwischen Mutter und Kind zu haben (siehe dazu auch Abschnitt 6.3). Auch sei der Geruchs- und Geschmackssinn bei neugeborenen Mädchen allem Anschein nach feiner: Sie beginnen, wenn man ihrem Getränk ein wenig Süßstoff beimischt, intensiver zu saugen, als sie dies vorher ohne den Zusatz getan hatten. Bei Jungen hingegen ist

---

* Es sei hier vermerkt, daß Macoby und Jacklin, bedingt durch ihr Vorverständnis zur Frage der Unterschiede zwischen den Geschlechtern, die Latte für statistisch signifikante Differenzen sehr hoch legen.

keine Veränderung festzustellen. Sie trinken, als ob sich nichts geändert hätte.

Mädchen hören, Knaben sehen besser

Merz weist auch auf Unterschiede bei den beiden anderen, wohl den wichtigsten Sinnen hin: Knaben scheinen besser auf visuelle, Mädchen besser auf akustische Signale anzusprechen. Ähnliche Befunde findet man in Untersuchungen von C. Hutt (102) und J.S. Watson (213).*

Geschlechtsunterschiede in der Genauigkeit oder Schärfe des Sehens sind auch bei Erwachsenen sowohl für feststehende als auch für bewegte Objekte gut abgesichert (siehe dazu 25 und Roberts zitiert in 48). Das ergaben Sehtests, die in großer Zahl einerseits mit Sehtafeln, wie sie bei Augenärzten verwendet werden, andererseits mit speziellen Versuchsanordnungen, um das Sehvermögen von Autofahrern zu erfassen, durchgeführt wurden. Getestet wurden Personen im Alter zwischen 16 und 92. Die Geschlechtsunterschiede wurden mit zunehmendem Alter deutlicher.

Visuelle Auslösung sexueller Erregung eher beim Mann

Die größere Ansprechbarkeit des Mannes auf visuelle Reize wird auch im Zusammenhang mit der sexuellen Erregbarkeit deutlich. Inwieweit das unterschiedliche Verhalten der Geschlechter in dieser Hinsicht kulturbedingt ist, ist in der Literatur umstritten. Jedenfalls ist im westlichen Kulturkreis die sexuelle Ansprechbarkeit der Frau auf visuelle Reize im allgemeinen gering. Im Gegensatz dazu wird die Ansprechbarkeit des Mannes systematisch von der weiblichen Art, sich zu kleiden und zu schmücken, angeregt (siehe dazu auch 115 und 116): Make-up, Schmuck und Mode versuchen ja bestimmte weibliche

---

* Am Beispiel der Untersuchung von *Watson* sei illustriert, wie solche Versuche mit Kleinkindern durchgeführt werden. Er untersuchte zunächst Kinder im Alter von 14 Wochen, indem er ihnen zwei weiße Kreise darbot. Dann wurde beobachtet, welcher der Kreise fixiert wurde, und das Fixieren eines der beiden Kreise wurde entweder durch ein visuelles oder durch ein auditives Signal „belohnt". Die visuelle Belohnung bestand darin, daß ein schematisiertes Gesicht in das Blickfeld des Kindes projiziert wurde. Das Auditive bestand im Erklingen eines sanften Tons von 1000 Hertz. Damit erreichte Watson, daß die jeweils belohnten Kreise länger angeblickt wurden. Unerwarteter Weise fand er dabei einen deutlichen Geschlechtsunterschied. Mädchen lernten besser bei auditiven, Jungen besser bei visuellen Signalen. In einer zweiten Untersuchung mit nur 10 Wochen alten Kindern lernten nur noch die Mädchen bei dieser Versuchsanordnung. Sie unterschieden sich allerdings auch nur bei Verwendung des auditiven, nicht aber des visuellen Signals.

Körperpartien, wie den Busen, besonders ins Blickfeld zu rücken. Untersuchungen von G. Schmidt und V. Sigusch (189) deuten auf eine Geschlechtsanpassung in der visuellen Stimulierbarkeit in den letzten Jahren hin.

Jedenfalls läßt sich auch feststellen, daß eine große Mehrheit der Männer sich von der Beobachtung einer unbekleideten Frau oder sexueller Aktivitäten angezogen fühlt. Es gibt jedoch wenige Beispiele, weder in der Beobachtung im Rahmen von Beratungstätigkeit noch in der medizinischen oder psychiatrischen Literatur, daß weibliche Personen sich ähnlich verhalten. Auch der schon erwähnte Umstand, daß Voyeure nahezu ausschließlich unter Männern zu finden sind, deutet in diese Richtung.

Frauen sind lärmempfindlicher

Was das Hören anbelangt, zeigen Untersuchungen von M.L. Reymert und M. Rotman (174), daß Knaben besser tiefere Töne, Mädchen besser höhere hören. Bei Beobachtungen an 10- bis 18jährigen stellte er eine Zunahme des Unterschieds mit dem Alter und der Tonhöhe fest. D. McGuiness (133) wiederum beobachtete bei Frauen eine höhere Lärmempfindlichkeit, ein Ergebnis, das C.D. Elliott (56) für Mädchen (im Vergleich zu Knaben) bestätigt. Demzufolge vertragen Frauen eine Lautstärke von 75 Dezibel, Männer hingegen eine von 83 Dezibel.

4.2 Frauen sind eher verbal, Männer eher mathematisch begabt

Frauen sind sprachlich begabter

Einer der wissenschaftlich wohl am besten gesicherten Unterschiede ist die größere Sprechbegabung der Frau. Schon ab dem 3. Lebensmonat äußert sich die weibliche Überlegenheit zunächst darin, daß Mädchen früher zu plappern beginnen und später rascher und besser reden lernen (siehe 129). Auch hier wiederum werden die Unterschiede mit zunehmendem Alter deutlicher und treten vor allem ab dem 10. Lebensjahr besonders in Erscheinung.

Auch das verbale Gedächtnis der Frau ist besser, wie Versuche zeigen, in denen man sich Worte oder Details aus Erzählungen zu merken hatte (10 von 22 Untersuchungen in 129). Daß diesbezüglich auch eine enge Beziehung zur Art der Wahrnehmung besteht, zeigen J. Cioffi und G.L. Kandel (34). Sie ließen Kinder ausgeschnittene

Figuren, die für die Versuchspersonen nicht zu sehen waren, mit den Händen betasten. Bei diesen Figuren handelte es sich um Buchstaben, die miteinander ein Wort ergaben. Nun gelang es Mädchen weitaus häufiger, die Figuren als Worte zu erkennen, während Knaben sie eher nur als Gestalten wahrnahmen.

Worin drückt sich diese besondere Begabung des weiblichen Geschlechts aber aus? Im Vorschulalter, wie gesagt, dadurch, daß Mädchen früher zu sprechen beginnen, besser artikulieren und einen gekonnteren Satzaufbau verwenden. In der Schulzeit kommt eine bessere Rechtschreibung dazu und zunächst eine Überlegenheit in der Grammatik und beim Lesen. Allmählich erfolgt in dieser Hinsicht eine Angleichung der Jungen. Bei 10- bis 12jährigen Mädchen stellt man wiederum einen größeren Wortschatz und eine größere Wortgewandtheit fest (siehe 126).

Keine Geschlechtsunterschiede der Intelligenzquotienten

Heiß umstritten in der Literatur ist die Frage, ob eines der beiden Geschlechter intelligenter als das andere ist. Sowohl P. Hofstätter (99) als auch U. Lehr (126) vermerken, daß Intelligenztests so geeicht sind, daß die sich ergebenden Durchschnittswerte keine Geschlechtsunterschiede aufweisen. Beim Intelligenzkoeffizienten handelt es sich nämlich um ein Gesamtmaß, bei dem Schwächen auf bestimmten Gebieten durch Vorteile auf anderen ausgeglichen werden.

Allerdings treten in den Untertests von Intelligenzmessungen Unterschiede zutage, mit denen wir uns im folgenden beschäftigen wollen. Dabei sei gleich festgehalten, daß diese Unterschiede im allgemeinen nicht sehr ausgeprägt sind. Welche Tendenzen lassen sich aber feststellen? Männer sind im allgemeinen bei rechnerischem Denken, bei Konstruktionstests sowie bei Mosaik- und Labyrinthtests überlegen. Frauen schneiden besser bei Wortanalogien, bei Tests für das Gedächtnis, sowie für Wort- und Gedankenflüssigkeit ab (siehe 96).

Männer sind bei räumlichem Denken überlegen

Etwas näheren Einblick in diese Dimensionen bietet eine Auswertung von Tests der Berufsberatung beim Wiener Landesarbeitsamt (siehe E. Schmidt in 80): Stark ausgeprägt ist die männliche Überlegenheit bei Aufgaben, deren Lösung ein gutes räumliches Vorstellungsvermögen verlangt (beispielsweise Zusammenfügen von geometrischen Figuren). Gleiches gilt für die Lösung von mathematischen und solchen Aufgaben, die vor allem analytisches Denken erfordern.

Daß diese Ergebnisse einen allgemeinen Trend widerspiegeln, zeigt der Überblick von Macoby und Jacklin (129). Ziemlich einheitlich sind die Befunde, die eine bessere räumliche Vorstellungsgabe und Orientierungsfähigkeit beim männlichen Geschlecht feststellen. Auch hier akzentuieren sich die Unterschiede ab der Pubertät. In insgesamt 100 einschlägigen Untersuchungen wird 34mal eine deutliche männliche Überlegenheit festgestellt, jedoch nur 5mal eine weibliche (wobei diese Beobachtungen sich auf Kinder in den ersten Lebensjahren beziehen). In dieselbe Richtung weisen auch jene Untersuchungen, die sich mit dem Umgang mit Zahlen und der Fähigkeit, quantitative (mathematische) Probleme zu lösen, beschäftigen. Gibt es bis zur Pubertät kaum Geschlechtsunterschiede, so tritt von dieser Lebensphase an eine deutliche Überlegenheit des männlichen Geschlechts zutage: 16 von 35 Untersuchungen kommen zu diesem Ergebnis.

Schon die große Zahl von Arbeiten, die sich mit dem Bereich des mathematischen, räumlichen und logischen Denkens auseinandersetzen, zeigte, welch allzu großer Stellenwert diesem zweifellos wichtigen, allerdings einseitigen und somit ergänzungsbedürftigen intellektuellen Zugang zur Problemlösung heute beigemessen wird. Daher möchte ich an dieser Stelle den Hinweis wiederholen, daß diese Sonderbegabung des Mannes eben nicht mit höherer Intelligenz gleichzusetzen ist. Das geht schon allein daraus hervor, daß, wenn es überhaupt sinnvoll ist, von größerer Intelligenz eines Geschlechts zu sprechen, dies bis zum Alter von 13 Jahren für die Mädchen gilt. Sie sind einfach durch ihre raschere Entwicklung bis zu diesem Alter gleichaltrigen Knaben überlegen (was sich besonders in der Babyphase und den Jahren zwischen 7 und 13 nachweisen läßt).

Knaben sind besser in Mathematik

Etwa ab dem 10. Lebensjahr wird die größere mathematische Begabung der Knaben deutlich. J. M. Ross und H. R. Simpson (178) kommen zu dem Ergebnis, daß dies vor allem auf eine Art „Stehenbleiben" der Entwicklung mathematischer Fähigkeiten bei den Mädchen zurückzuführen ist. Dabei tritt eine enge Beziehung zwischen mathematischen Fähigkeiten und der räumlichen Vorstellungsgabe zutage (worauf auch R.D. Bock und J. Kolakovski (17) hinweisen).

Gleiches ist auch das Ergebnis eines acht Jahre lang laufenden Tests an amerikanischen Junior High Schools, bei dem die mathematisch am meisten begabten Schüler der USA erfaßt werden sollten: Doppelt so viele Knaben wie Mädchen wiesen dabei 500 und mehr Punkte auf, woraus die Autoren folgern:

„Wir unterstützen die Vermutung, daß Geschlechtsunterschiede in der mathematischen Leistungsfähigkeit und in der Einstellung zur Mathematik von einer größeren mathematischen Begabung herrühren. Sie mag ihrerseits in Beziehung zur männlichen Überlegenheit im räumlichen Denken sein... Wir müssen allerdings zugeben, daß unsere Daten auch mit zahlreichen anderen Hypothesen übereinstimmen könnten. Dennoch ist die Vermutung, daß unterschiedliche Ausbildung eine Rolle spielt, nicht begründet. Es scheint auch, daß der Versuch, die Unterschiede nur auf die unterschiedliche Sozialisierung zurückzuführen, bezüglich der Geschlechtsunterschiede in Mathematik voreilig ist." (162)

Frauen sind kreativer

Stellt sich natürlich die Frage, welche Art von Zugang zu Problemen den Frauen eher als den Männern liegt. Da zeigen zunächst die Tests, die Kreativität zu erfassen versuchen, daß Frauen in dieser Dimension Vorteile aufweisen, die sich ebenfalls erst ab der Pubertät deutlich abzeichnen. Untersuchungen, die in (129) zu diesem Thema zusammengetragen wurden, ergeben ein eindeutiges Bild: Von 10 Arbeiten trifft man 5mal auf höhere Werte bei Frauen (nur einmal bei Männern). Macoby und Jacklin vermuten, daß eine Querbeziehung zur besonderen verbalen Begabung der Frau bestehen könnte.

Auch was die assoziativen Fähigkeiten anbelangt, zeigen Frauen eine größere Begabung. Ein typisches Beispiel für die Art, wie dieser Zugang getestet wird, ist die Lösung von Anagrammen. Dabei gilt es, aus den Buchstaben eines vorgegebenen Wortes neue Worte zu bilden. Um eine solche Aufgabe zu lösen, sind analytische Fähigkeiten kaum hilfreich. Hier geht es nicht um das Zerlegen eines Problems in lösbare Detailaspekte, sondern viel mehr um Schaffung von Neuem, also auch um Kreativität.

Sprachliche und räumliche Begabungsunterschiede sind fundamental

Die in diesem Abschnitt dargestellte unterschiedliche Art, mit Information umzugehen, dürfte doch einigermaßen grundsätzlich das Besonderssein von Mann und Frau betreffen, wie die Arbeit von E. Cohen und F. Wilkie (36) zu erkennen gibt: Alte Leute weisen offensichtlich immer weniger deutlich in Erscheinung tretende Geschlechtsunterschiede auf (was sicher in Beziehung mit den im Alter weniger ausgeprägten Unterschieden im Hormonhaushalt von Mann und Frau steht*). Die einzige Dimension, in der die Autoren zu einigermaßen gut gesicherten Besonderheiten kommen, ist die eben beschriebene Polarität von verbaler und räumlicher Begabung.

4.3 Frauen nehmen umfassend, Männer selektiv wahr

Wie unterschiedlich ein und dasselbe Geschehen von verschiedenen Personen wahrgenommen wird, kann man leicht erkennen, wenn verschiedene Personen über ein gemeinsames Erlebnis berichten. Je länger es zurückliegt, umso unterschiedlicher wird die Darstellung. Jedem hat sich etwas anderes eingeprägt, für jeden waren andere Aspekte wichtig. Solche Unterschiede in der Wahrnehmung lassen sich auch zwischen den Geschlechtern feststellen. Das zeigen Tests, bei denen es darum geht, Gestalten aus einem relativ undeutlich gehaltenen Hintergrund herauszulösen.** Bei solchen Aufgaben schneiden im allgemeinen die Männer besser ab, weil sie eher imstande sind, sich auf Details zu konzentrieren. Frauen fällt es schwer, vom Gesamten abzusehen. Rahmen und Aufgabe werden von ihnen stärker als zusammengehörig empfunden, was bei der Lösung dieser Aufgaben stört.

Im englischen Sprachraum kennzeichnet man die Art, wie Frauen wahrnehmen, als „field-dependent cognitive style", was so viel wie „abhängig vom Umfeld" heißt (siehe Silverman zitiert in 172). Männer sind eher imstande, sich ein, für eine besondere Fragestellung störendes, Umfeld wegzudenken, um sich dadurch auf bestimmte Details besser konzentrieren zu können (siehe auch 119).

Nimmt man die Ergebnisse von Silverman (zitiert in 172) ernst, so ist dieser Unterschied schon im frühesten Kindesalter festzustellen. Schon in der zweiten Hälfte des ersten Lebensjahres nehmen Mädchen eher als Knaben das gesamte Muster an Reizen wahr, die ihnen geboten werden. Die Knaben hingegen unterscheiden besser. Auf die Allgemeingültigkeit dieser Kennzeichnung im Erwachsenenalter lassen dann die in (129) gesammelten Untersuchungen schließen: 5 bis 12 Arbeiten weisen auf ein breiteres Aufmerksamkeitsspektrum bei Frauen hin. Es ist durch die bessere Wahrnehmung von Nebensächlichkeiten

---

* Auf die Tatsache, daß eine Beziehung zwischen der räumlichen Wahrnehmungs-fähigkeit, der verbalen Begabung und der Menge der männlichen Geschlechts-hormone besteht, weist A.C. Pedersen (163) hin.
** Solche Tests sind: Embedded figure test, rod and frame test, Gottschaldt figures, Koks block test ...

gekennzeichnet und trägt zu einem besseren zufälligen Lernen bei. Frauen sind somit in ihrer Aufmerksamkeit weniger spezifisch auf bestimmte Schlüsselreize ausgerichtet.

Zu diesen Beobachtungen paßt auch die schon erwähnte größere Schmerzempfindlichkeit der Frauen. Sie ist eine Form, in der sich die umfassende weibliche Aufmerksamkeit ausdrückt, gestattet sie doch, Phänomene zu registrieren, die der Mann mangels Sensibilität einfach nicht bemerkt. Erwähnt sei auch noch, daß bei Mädchen eine größere Wahrnehmungsgeschwindigkeit festgestellt wird. Sie drückt sich in einer Überlegenheit beim Buchstabieren, bei der Schreibgeschwindigkeit und beim Kodieren von Information aus (siehe 44).

Rückschlüsse auf die Art der Wahrnehmung lassen auch jene Untersuchungen zu, die erfassen, in welcher Art Knaben und Mädchen eher komplizierte Figuren nachzuzeichnen versuchen (siehe 212). Im allgemeinen werden nur geringfügige Unterschiede beobachtet. Soweit sie jedoch auftreten (vor allem bei 5- und 11jährigen), stellt man fest, daß Knaben eher die Konturen, also das Ganze, hervorheben, Mädchen aber eher die Details wiedergeben. Geht man davon aus, daß die Kinder das zeichnen, was sich ihnen beim Anblick der komplizierten Figuren am stärksten einprägt, so könnte man daraus schließen, daß den Buben eher das Grundmuster auffällt, während das breitere Wahrnehmungsspektrum der Mädchen dazu führt, daß sie im größeren Ausmaß Details registrieren und wiedergeben.

Mädchen haben ein breiteres Spektrum an Interessen

Sowohl in der Schule (113) als auch bei älteren Jugendlichen (81) stellt man weiters ein breiteres Interessensspektrum beim weiblichen Geschlecht fest. So interessieren sich Mädchen mehr für Musikerziehung und Religion, Bastel- und Handarbeiten, Lesen und Aufpassen auf kleine Kinder. Schon allein deswegen, weil man sich bei all dem körperlich eher ruhig verhält, sind sie für Knaben weniger attraktiv. Ähnliches gilt für ältere Jugendliche: Auch hier mehr weibliches Interesse für Zeichnen, Malen, Erlernen eines Musikinstruments, Dichten, Gestalten, Schauspielern, und nur wenig musisches Interesse bei Burschen. Ihr Hauptinteresse konzentriert sich auf naturwissenschaftliche und technische Probleme und Diskussionen darüber, sowie über Politik.

Männer sind mehr auf Sexualakt konzentriert

Schließlich sei noch ein letztes Indiz für die breitere Aufmerksamkeitsspanne der Frau erwähnt: Sie ist bei sexueller Betätigung leichter abzulenken, etwa durch das Schreien ihres Babys (siehe 115 und 116). Männer sind durch psychische Faktoren bei der sexuellen Betätigung stärker stimuliert. Sie können daher vom Sexualakt nicht so leicht wie Frauen abgelenkt werden.

Überblickt man die hier vorgebrachten Beobachtungen, so ergibt sich zusammenfassend eine ähnliche Charakterisierung, wie sie Silverman (zitiert in 171) anbietet: Kennzeichnend für Männer sind mittlere Schwellen der Sinneswahrnehmung, das Reagieren auf Einzelheiten aus größeren Gesamtzusammenhängen, das Analysieren und wieder Zusammenbauen von Details und das Vernachlässigen von Nebensächlichkeiten, die für ein bestimmtes Problem unwichtig erscheinen. Im Gegensatz dazu neigen Frauen eher zu folgendem: Sie weisen niedrigere Schwellen der Sinneswahrnehmung auf, antworten eher auf das Gesamte einer Konstellation als auf ihre Details, reagieren mit nicht analytischen Antworten und tun sich eher schwer, von Nebensächlichkeiten abzusehen.

4.4 Unterschiede in der Art zu lernen

Was versteht man eigentlich unter Lernen? Zu diesem Thema gibt es — wie zu fast allem heute — eine schier unüberblickbare Literatur, auf die ich nicht eingehen kann und will. Daher möchte ich mich zur Einleitung dieses Abschnitts auf ein paar Bemerkungen beschränken. Lernen ist Erfahrung sammeln. Es dient der Veränderung des eigenen Verhaltens, das infolge des größeren Erfahrungsschatzes zu angemessenerem Verhalten in einer vielfältigen Umwelt führt. Lernprozesse werden entweder von außen oder von innen gesteuert, erfolgen bewußt oder unbewußt, führen zur Einsicht in Ursache-Wirkung-Zusammenhänge oder zur Anpassung an gleichbleibende, jedoch undurchschaute Konstellationen.

Männer zeigen weniger Lernbereitschaft

Einige schon in Abschnitt 3.2.2 erwähnte Beobachtungen haben erkennen lassen, daß sich das Lernverhalten der Geschlechter in der Tendenz unterscheidet. Diese Beobachtungen seien hier kurz in Erinnerung gerufen: Bei Tests, in denen die Versuchspersonen zwangsläufig bei der Problemlösung scheitern müssen, erweisen sich Mädchen bei der eigenen Beurteilung ihrer Leistung und ihrer Fähigkeiten als viel kritischer (53); Frauen sind eher bereit, eigene Schwächen einzugestehen, und besser imstande, negative Informationen über sich selbst zu verarbeiten, während Männer in dieser Hinsicht viel gleichgültiger sind (54) und negative Rückmeldungen vielfach überhaupt ignorieren; erleben männliche Studenten Mißerfolge, so versuchen sie eher, ihren Zorn auf einen Gegenstand zu richten, um sich an ihm ihr Mütchen zu kühlen (15), während Frauen eher Fehler bei sich suchen; Männer neigen dazu, Tatsachen nicht zur Kenntnis zu nehmen und in Konflikten objektiv gegebene eigene Schuld auf andere abzuschieben und sich an ihnen abzureagieren (E. Schmidt in 80).

Frauen nützen Lernhilfen besser

Offensichtlich legen also Frauen eine größere Lernbereitschaft an den Tag als Männer. Ähnliches zeigen auch die Arbeiten von E. Löschenkohl (128): Kinder wurden eingeladen, nach Plänen Modelle mit Lego-Bausteinen zu konstruieren (5- bis 10jährige). In allen Altersklassen erbrachten zwar die Knaben die besseren Leistungen und konnten offensichtlich den Plan besser in die Realität umsetzen (was mit der in 4.2 dargestellten besseren räumlichen Begabung des männlichen Geschlechts zusammenhängen dürfte). Hingegen führte ein an diesen Versuch angeschlossenes Lernhilfeprogramm zu deutlich größeren Leistungssteigerungen bei den Mädchen.

In dieselbe Richtung, daß Frauen von Lernhilfen mehr profitieren, weisen die Erfahrungen mit einem in der Literatur häufig zitierten Experiment hin. Darin geht es um die Lösung eines recht kompliziert formulierten Rechenbeispiels (Maier und Mitarbeiter zitiert in 112). Frauen kommen dabei viel häufiger zu einer falschen Lösung. Bei dem Versuch, diesen Unterschied zu erklären, benutzten Priest und Hunsaker (zitiert in 112) mehrere Abwandlungen dieses Tests und änderten unter anderem die Versuchsbedingungen so, daß mehr Zeit für die Lösung und bessere Instruktionen gegeben wurden. Unter diesen Voraussetzungen kam es zu Leistungsverbesserungen — allerdings nur bei Frauen. Offensichtlich profitierten sie mehr von den für das Problem bedeutsamen Instruktionen.

Mädchen lernen in der Schule besser

Diese Beobachtungen deuten auf eine höhere Lernbereitschaft bei Frauen hin, vor allem in Bereichen, in denen sie entweder weniger begabt sind oder an denen sie weniger Interesse haben. Aus dieser Sicht ist es auch nicht überraschend, daß die meisten Untersuchungen, die Schulleistungen zum Gegenstand haben, darauf hinweisen, daß Mädchen besser als Knaben abschneiden (siehe 129). Dabei sei auch noch festgehalten, daß Lehrer bei Befragungen im allgemeinen angeben, mehr Zeit für die Burschen als für die Mädchen aufwenden zu müssen.

Einen Hinweis auf Hintergründe dieser größeren Lernbereitschaft bzw. -fähigkeit liefert L. Kemmler (113). Sie kennzeichnet die Begabung der Geschlechter schwerpunktartig, wie folgt: Jungen weisen sehr gute Rechenleistungen auf, einen breiten Wissensbesitz, eine umfassende Orientierung im anschaulichen Bereich, eine größere Feldunabhängigkeit; Mädchen sind hingegen bezüglich Genauigkeit, Ordnungssinn, Konzentrationsfähigkeit, Schnelligkeit und Anpassungsfähigkeit überlegen.

Knaben und Männer lernen durch Analyse

Betrachtet man die besonderen Begabungen, so zeichnet sich folgende Hypothese ab: In der Tendenz sind Knaben und Männer besser mit jenen Fähigkeiten ausgestattet, die eine analytische Informationsverarbeitung erleichtern (siehe auch Abschnitt 4.2). Männer sind somit eher für jenen Lösungsansatz, mit dem wir in unserem westlichen Kulturraum typischerweise an Probleme herangehen, begabt. Denn wir sind nach wie vor hauptsächlich darauf ausgerichtet, Gesamtzusammenhänge in Teilprobleme zu zerlegen und zu zergliedern, bis die Teile einfach genug sind, um rational bewältigt werden zu können.

Mädchen haben bessere Lernmethode

Im Gegensatz dazu entsteht der Eindruck, daß es beim weiblichen Geschlecht eine Überlegenheit in der Methodik gibt. Genauigkeit, Ordnungssinn, Konzentrationsfähigkeit sind Eigenschaften, die den Umgang mit Information erleichtern. Ergänzt man dies durch die weibliche Überlegenheit bei der umfassenden Wahrnehmung, so ergibt sich ein vom männlichen unterschiedlicher Zugang zur Information.

Die bisher angeführten Beobachtungen und Überlegungen lassen sich etwa folgendermaßen zusammenfassen: Das männliche Geschlecht ist in der Tendenz eher intellektuell-analytisch begabt, während das weibliche eine Überlegenheit bei der Methodik der Problemlösung und im ganzheitlichen Zugang aufweist.

Auch L. Carter-Saltzmann (33) kennzeichnet die Unterschiede in der geschlechtstypischen Art, Information zu verarbeiten, aufgrund einschlägiger Untersuchungen folgendermaßen:

„Soweit sich ein Unterschied in der Strategie der Geschlechter erkennen läßt, könnte es sein, daß Frauen eher einen allgemeinen, weniger spezialisierten Zugang für vielfältige Arten, zu Erkenntnis

84

zu gelangen, haben. Männer könnten ein stärker von der Person geprägtes Schema aufweisen, das vorzüglich für bestimmte Arten von Erkenntnisprozessen (etwa dreidimensionale, räumliche Vorstellung) geeignet ist."

Eine der Ursachen für den eher allgemeinen Zugang der Frau und den eher spezifischen des Mannes könnte in einer Beobachtung der Entwicklungspsychologen zu finden sein: Demnach entwickeln Knaben einen starken Realitätsbezug, erfahren in der Pubertät eine deutliche Steigerung in der Fähigkeit, formal zu denken, zu planen und zu organisieren. Bei Mädchen stellt man jedoch — trotz rascherer Reifung — ein längeres Verharren im magischen Denken fest.

Welche Schlußfolgerung könnten wir daraus für das Lernen ableiten? Schon die in Abschnitt 3.1 festgestellte größere Anpassungsfähigkeit und -bereitschaft von Mädchen und Frauen begünstigt sicher, daß unbewußt ablaufende Verhaltensänderungen durch Gewöhnung, Prägung und Identifikation eher bei Mädchen auftreten als bei Knaben. Insofern könnten auch die häufig geäußerten Vorwürfe, daß Frauen schon in ihrer Kindheit durch die Erziehung zu Lastträgern unserer gesellschaftlichen Probleme herangezogen werden, nicht unbegründet sein. Ihre größere Lern- und Anpassungsbereitschaft würde dazu beitragen. Sie könnte auch einen Einfluß darauf haben, daß Frauen im allgemeinen eine eher konservative Einstellung haben als Männer, stellen sie sich doch unbewußt eher auf die Wertvorstellungen der Erwachsenen ein.

Frauen lernen eher durch Versuch und Irrtum

Bezüglich des bewußten Lernens, des gezielten Eindringens in die Beziehungen in der Umwelt, ist wenig Information über geschlechtstypische Besonderheiten vorhanden. Untersuchungen von Maxwell (zitiert in 112) deuten darauf hin, daß bei der Lösung bestimmter Probleme weibliche Probanden deswegen überlegen sind, weil sie stärker als Männer die Versuch-und-Irrtum-Methode des Lernens anwenden. (Auch die weibliche Überlegenheit bei der Lösung kreativer Aufgaben könnte von dieser Sicht her verstanden werden.)

Sicher darf man diese Einzelbeobachtung nicht überbewerten. Sie lädt aber zur Spekulation über eine für Frauen typische Art des Lernens ein, die ja mit einer Fülle von bereits dargelegten Beobachtungen im Einklang steht. Lernen Frauen eher durch „trial and error"? Bevorzugen sie nicht etwa eine Methode, die in besonderem Maße das Offensein für die Umwelt, eine besondere Sensibilität erfordert?

Und würde es nicht auch durchaus in das bisher gezeichnete Bild passen, wenn wir vermuteten, daß Jungen und Männer eher zu einer Methode des Lernens durch Modellkonstruktion neigen? In dieser Hinsicht kämen ihnen mehrere geschlechtstypische Eigenschaften zustatten: ihre größere Neigung zum Eingriff in die Umwelt, ihre bessere räumliche Vorstellungsgabe, ihre stärker ausgeprägten analytischen Fähigkeiten, ihre stärker ausgebildete funktionale Ausrichtung (näheres siehe Kapitel 6).

Die Methode, durch Versuch und Irrtum zu lernen, ist der schonungsvollere Zugang des Eindringens in die Zusammenhänge der Umwelt als jener, Theorien zu entwickeln und ihre Gültigkeit durch nachfolgenden umfassenden Eingriff zu testen. Letzteres wäre eher dem männlichen Stil angepaßt. Wer sich der Methode von Versuch und Irrtum verschreibt, ist auch eher bereit, sich von Erfahrungen, die er mit der Umwelt gemacht hat, leiten zu lassen, sich an Gegebenheiten der Umwelt anzupassen. In dieser Vorgangsweise kommt an sich schon die größere Lernbereitschaft zum Ausdruck. Man baut das Sich-irren-Können schon in einem früheren Stadium ein, zielt weniger auf den Eingriff als auf die Erfahrung.

Untersuchungen von *Luchins* und von *Cunningham* (beide zitiert in 112) weisen auf eine männliche Überlegenheit beim „Aufbrechen" von einmal geformten Strukturen oder Lösungsansätzen („set breaking, restructuring") hin. Männer sind demzufolge eher fähig, geistige Rahmenbedingungen zu verändern und aufgrund von neuen Informationen neue Ordnungen herzustellen.

Am Beispiel der weiblichen Überlegenheit beim Lösen von Anagrammaufgaben und der männlichen Überlegenheit bei der Lösung von Aufgaben, bei denen ein geistiger Rahmen in Frage zu stellen und neu herzustellen ist, läßt sich noch einmal der vermutete unterschiedliche Zugang des Lernens bei Mann und Frau herausarbeiten: Innerhalb eines vorgegebenen Rahmens sind die Frauen beim Auffinden neuer kreativer Lösungen überlegen. Geht es darum, aus Erfahrungen Rückschlüsse auf die Gesamtstruktur einer Problemstellung zu ziehen, so haben eher die Männer Vorteile. Sie sind eher fähig, Strukturen zu verändern und neuen Erfahrungen entsprechend zu konzipieren. Hier könnten sich zwei unterschiedliche Zugänge zu Problemlösungen abzeichnen: Der weibliche Zugang wäre besser geeignet für die Bewältigung komplexer, schwer im Detail zu durchschauender Probleme, die besser mit Versuch und Irrtum, also mit Lernen aus Erfahrung, in den Griff zu bekommen sind. Dieser Ansatz wäre bei Aufgaben angemessen, bei denen die Unüberschaubarkeit der Zusammenhänge eher ein angepaßtes Verhalten als die Umgestaltung der Umwelt nahelegt.

Der männliche Zugang könnte sich besser für die Lösung einfacher Probleme eignen. Er wäre dort angemessen, wo man mit dem Instrument der Analyse alle wichtigen Aspekte einer Aufgabe weitgehend zu durchschauen vermag. Kennt man einmal alle wesentlichen Zusammenhänge, kann man auch allgemein verwendbare Regeln für die Problemlösung entwickeln, wodurch das Problem im wesentlichen beherrscht wird.

4.5 Zwei Arten, die Welt wahrzunehmen

Was wir bisher an Unterschieden im Lernen und Wahrnehmen erkennen konnten, hat zweifellos seinen Ursprung auch in der Erziehung und im Einfluß kultureller Prägungen. Sicherlich spielt aber auch die unterschiedliche körperliche Konstellation bei Mann und Frau eine Rolle. Das merkt man insbesondere am Verhalten jener Personen, bei denen hormonelle Störungen auftreten. An ihnen erkennt man, daß eine relativ enge Beziehung zwischen Wahrnehmungsstil und Hormonhaushalt beim Menschen besteht.

Hormone steuern auch die Wahrnehmung

Die bei manchen Frauen im Hormonhaushalt auftretenden Auffälligkeiten sind häufig darauf zurückzuführen, daß diese Frauen im Mutterleib eine zu große Menge von männlichen Geschlechtshormonen abbekommen haben.* Das hat zur Folge, daß bei den betroffenen weiblichen Personen eine deutliche Vermännlichung sowohl der körperlichen als auch der psychischen Eigenschaften zu beobachten ist. Das stellt man beispielsweise bei Intelligenztests fest, bei denen diese Frauen überdurchschnittlich hohe Werte in jenen Dimensionen erreichen, die sonst eher die Domäne der Männer sind. Es wird aber auch schon im Kindesalter an ihrem Spielverhalten deutlich. Ihre Mütter bezeichnen sie meistens als verpatzte Buben („Tomboys"), weil sie einen für Mädchen ungewöhnlichen Bewegungsdrang und auffallend viel Freude an körperlicher Betätigung an den Tag legen. Für Puppenspiel und Kleider interessieren sie sich nur wenig.

---

* Dazu gehören das Androgenitalsyndrom, sowie der progestin-induzierte Hermaphroditismus.

Auf der anderen Seite stehen jene Defekte, die darauf zurückzuführen sind, daß sich bei Knaben schon im Mutterleib die Wirkung der männlichen Geschlechtshormone nicht oder nicht voll entfalten kann.* Bei diesen männlichen Personen sind auch die Werte für geistige Fähigkeiten — soweit sie meßbar sind — in Richtung auf größere Begabung in den für Frauen typischen Dimensionen verschoben. Besonders kennzeichnend für diesen Zusammenhang zwischen Hormonspiegel und Wahrnehmung ist das Krankheitsbild bei der Eiweißmangelerkrankung Kwashiorkor. Sie ist eine Folge von Unterernährung mit besonders wenig Eiweißgehalt der Nahrung und führt zu einer Schädigung der Leber. Diese wirkt sich so aus, daß das auch beim Mann vorkommende weibliche Geschlechtshormon Östrogen nicht mehr unwirksam gemacht wird. Das sich ansammelnde Östrogen regt nun die männlichen Brustdrüsen zum Wachsen an.** Bei Personen, die von dieser Mangelerkrankung betroffen sind, tritt jedoch durch Hormoneinfluß nicht nur eine Verweiblichung des körperlichen Erscheinungsbildes auf, sondern auch eine dementsprechende Veränderung der Art wahrzunehmen: Die räumliche und numerische Begabung nimmt ab, die verbale zu, und es erweitert sich der Wahrnehmungsbereich.

Offensichtlich hängen also Hormonkonstellation und Art, die Umwelt wahrzunehmen, miteinander zusammen. Zu diesem Ergebnis kommen jedenfalls J.L. Reinisch, R. Gandelman und F.S. Spiegel aufgrund einschlägiger Untersuchungen:

„Es ist somit möglich, daß aufgrund von Unterschieden im Hormonsystem von Mann und Frau ... auch eine unterschiedliche Empfindsamkeit für Sinneseindrücke gegeben ist, vielleicht aber auch eine unterschiedliche Art, diese Information zu verarbeiten. Dieser genetische Unterschied ist eine Folge der genetischen, hormonellen und über die Geschlechtsdrüsen gesteuerten Geschlechtsfestlegung." (172)

Mehrere Beobachtungen sprechen dafür, daß die Art, auf bestimmte Gerüche zu reagieren, bei erwachsenen Frauen anders ist als bei Männern und Mädchen. Geruchs- und Geschmackssinn dürften also in Beziehung zur Hormonsituation stehen (was beispielsweise auch in der weiblichen Vorliebe für Süßes oder in dem häufig zu beobachtenden veränderten Geschmack von Schwangeren zutage tritt). Damit könnten

---

* Zu diesen Erscheinungen gehören das Turner- und Klinefeltersyndrom, sowie die Androgenunempfindlichkeit. Auch das 5α-Reduktasedefizit ist diesen Erkrankungen zuzurechnen.
** Es entsteht Gynäkomastie.

durchaus dieselben Gegebenheiten der Außenwelt für Mann und Frau unterschiedliche Bedeutung haben:

> „Es ist daher möglich, daß Hormone das Verhalten dadurch beeinflussen, daß sie den Wert oder den Informationsgehalt von Einwirkungen aus der Umwelt verändern..."(172)

Mann und Frau reden anders

Ähnliches legt auch eine Untersuchung von N. Barron (7) nahe. Sie stellte nämlich geschlechtstypische Merkmale in der Ausdrucksweise fest. Barron hatte männliche und weibliche Lehrkräfte in den USA mittels Video- und Tonbandgerät während ihres Unterrichts beobachtet. Als sie nun verglich, wie die einzelnen Vortragenden ein und dasselbe Fach darstellten, erkannte sie, daß männliche und weibliche Professoren anders an ihren Gegenstand herangingen. Bei Frauen zeigte sich, daß sie bei ihren Darlegungen häufiger Anteilnahme zum Ausdruck brachten und mehr Interesse am inneren, psychischen Zustand von handelnden Personen bekundeten. Bei Männern wiederum fiel auf, daß sie mehr Interesse an Handlungen und deren Folgen zeigten. Sie neigten eher zu objektiver Darstellung, hoben mehr die Objekte von Handlungen hervor.

Aufgrund ihrer Beobachtungen kommt Barron zu der Schlußfolgerung, daß Mann und Frau in der Tendenz eine andere Art zu sprechen haben, Unterschiedliches betonen, ihre Aussagen anders strukturieren und schließlich im Inhalt ihrer Aussage unterschiedliche Schwerpunkte setzen:

> „Es ist jetzt aufgrund dieser Ergebnisse offenkundig, daß Männer und Frauen unterschiedlich sprechen — mit unterschiedlicher Betonung, unterschiedlichem Inhalt und verschiedenartigen Merkmalen. Außerdem sind diese Geschlechtsunterschiede bei sehr verschiedenen sozio-ökonomischen und rassischen Verhältnissen die gleichen... Die unterschiedlichen Erfahrungen, die für Mann und Frau kennzeichnend sind, erwecken in ihnen die Neigung, sich auch unterschiedlich mit den vielfältigen Bedeutsamkeiten auseinanderzusetzen. Die verschiedenen Schwerpunkte, die sie dabei setzen, äußern sich in ihrer Sprechweise... Es bestehen Unterschiede in der Kommunikation." (7)

Wie jeder sicher schon im Umgang mit seinen Mitmenschen festgestellt hat, gibt es immer wieder Verständigungsschwierigkeiten mit anderen

Personen. Nicht nur mangelnde Ausdrucksweise, oberflächliches Zuhören und böser Wille sind dafür verantwortlich. Nur allzu oft mußte ich feststellen, daß derselbe Vorgang für einen anderen Menschen einfach einen anderen Stellenwert gehabt hat als für mich. In solchen Situationen wird man sich einer Grunderfahrung bewußt: Das Geschehen rund um uns ist nun einmal keine objektiv registrierbare Kette von Ereignissen. Die Bedeutung von Ereignissen steht vielmehr in Beziehung zur Person desjenigen, der sie wahrnimmt. Und jeder von uns hat eine andere Art, die Dinge zu beobachten und wahrzunehmen.

Die eben erwähnten Untersuchungen lassen erkennen, daß diese von Person zu Person unterschiedliche Art der Wahrnehmung und der Informationsverarbeitung geschlechtstypische Besonderheiten hat. Schon allein der weiter oben erwähnte Umstand, daß Männer sich eher auf Details konzentrieren können, zeigt, daß im allgemeinen die Vielfalt dessen, was bei einem Ereignis wahrgenommen wird, bei Mann und Frau unterschiedlich sein wird. Aber nicht nur die Wahrnehmungsbreiten unterscheiden sich, auch die Bedeutung der wahrgenommenen Inhalte dürfte für Mann und Frau besondere Akzente aufweisen.

Mythen wußten um Wahrnehmungsunterschiede

Wenn heute aufgrund von wissenschaftlichen Untersuchungen derartige Unterschiede auch zahlenmäßig erfaßt werden können, wird damit jedoch durchaus nichts Neues ans Tageslicht gefördert. Vielmehr ist das Wissen um solche unterschiedliche Ausrichtung von Mann und Frau eine in den mythischen Grundvorstellungen vieler Völker verankerte Einsicht (siehe dazu 146). So wurde das aktive Bewußtseins-Ich (also jene Teile der Persönlichkeit, die für das bewußte Handeln verantwortlich sind) seit jeher bei beiden Geschlechtern durch eine männliche Symbolik dargestellt. Im Gegensatz dazu wurde die Ganzheit des Unbewußten durch eine weibliche Symbolik erfaßt. Ähnlich wie E. Neumann (146) die Symbolik den Geschlechtern zuordnet, ordnet auch H. G. Graber (85) die Einsichten der Pränatalen Psychologie. Für ihn ist das embryonisch Unbewußte gleichzeitig das ewig Weibliche. Auch bei ihm wird die Polarität von Psyche-Geist und bewußt-unbewußt mit den Besonderheiten von Mann und Frau in Beziehung gesetzt.

Zusammenfassung

Zusammenfassend lassen sich die Besonderheiten von Wahrnehmung und Informationsverarbeitung etwa wie folgt darstellen:

Frauen nehmen umfassender wahr und haben niedrigere Schwellen der Aufmerksamkeit und Sinneswahrnehmung. Besonders ansprechbar sind sie über das Gehör und den Tastsinn. Frauen interpretieren Informationen eher verbal und zeigen größere Lernbereitschaft. Sie verfügen über den besseren Zugang bei Problemlösungen. Ihr Lernen ist eher durch die Versuch-und-Irrtum-Methode gekennzeichnet. Frauen interessieren sich mehr für die Beziehungen zwischen Personen und Objekten und für das Besondere an Erscheinungen. Sie sind anpassungsfähiger innerhalb eines vorgegebenen Rahmens.

Männer können bei vielfältiger Information eher vom Nebensächlichen absehen, sich auf Details konzentrieren und Information strukturieren. Sie denken daher auch eher in Strukturen. Sie sind visuell besonders ansprechbar. Männer verfügen über ein besseres Potential zur Problemlösung und haben Vorteile im Hinblick auf Theorienbildung. Sie haben mehr Interesse für das Allgemeine und neigen zu objektiver Darstellung. Männer sind eher dazu geneigt, die Rahmenbedingungen einer Konstellation in Frage zu stellen.

5. Innere und äußere Vielfalt

5.1 Unter den Männern herrscht größere Vielfalt

Der Grundtypus ist weiblich

Betrachtet man die biologische Entwicklung des Menschen, so entsteht der Eindruck, daß der Grundtypus weiblich ist. Damit ein männliches Wesen entsteht, muß — wie J. Money das formuliert — etwas Zusätzliches geschehen.

> „... zur Herausbildung eines männlichen Wesens muß zusätzlich etwas geschehen — es muß etwas hinzugefügt werden. Fehlen etwa die Keimdrüsen vollständig,... wird sich das Kind im Mutterleib zu einem Mädchen entwickeln... Fehlt das männliche Geschlechtshormon Androgen, wird sich das Kind im Mutterleib äußerlich wie ein Mädchen entwickeln, unabhängig von seiner Geschlechtsbestimmung durch die Chromosomen... Im Gegensatz dazu wird bei ausreichender Einwirkung von Androgenen sogar ein XX (also ein weiblicher)-Fötus sich äußerlich männlich entwickeln." (141)

Dieses Prinzip, daß etwas hinzukommen muß, damit die Entwicklung männlich ist, hat, wie schon ausführlich im Kapitel 2 gezeigt wurde, zur Folge, daß die männliche Konstellation instabiler, risikoanfälliger ist. Die positive Kehrseite dieses eher negativen Aspekts ist die größere Vielfalt der männlichen Ausprägungen. Die zusätzlich wirksamen Einflüsse führen zwangsläufig — durch das unterschiedliche Ausmaß ihrer Einwirkung — zu größerer Vielfalt des Ergebnisses.

Weil eben Steuerung verschiedenster Art erforderlich ist, ist es auch nicht verwunderlich, daß beim männlichen Geschlecht eine langsamere Reifung festzustellen ist als beim weiblichen. Diesbezüglich sind die Befunde ziemlich einheitlich: Sowohl psychisch als auch körperlich entwickeln sich Mädchen und Frauen rascher.

Mädchen entwickeln sich viel rascher

Mädchen kommen schon mit einem Entwicklungsvorsprung von etwa 4 Wochen auf die Welt. Mit spätestens 19 Jahren erreichen sie den

Abschluß der Periode ihres Längenwachstums. Bei Burschen hingegen wird äußerstenfalls sogar bis zum 25. Lebensjahr noch ein Wachstum beobachtet. Auch die Pubertät tritt bei Mädchen im Durchschnitt um rund 2 Jahre früher als bei Knaben ein. Hingewiesen sei auch auf die bereits erwähnte Überlegenheit der Mädchen bei Intelligenztests im Vergleich zu gleichaltrigen Buben, was damit in Beziehung steht, daß Mädchen früher als Knaben bei Intelligenzmessungen das Erwachsenenniveau erreichen.

Auch wenn die Sprechfähigkeit von Kindern getestet wird, zeigt sich die raschere weibliche Entwicklung: Mädchen sind auch in dieser Hinsicht früher dran. Die größten Unterschiede zwischen den Geschlechtern treten im Alter zwischen 6 und 7 Jahren sowie zwischen dem 10. und 11. Lebensjahr auf. Erst mit Anbruch der Adoleszenz verringert sich der Unterschied auf jenes Maß, das auch im Erwachsenenalter als weibliche Überlegenheit erhalten bleibt.

Das weibliche Gehirn reift rascher

Weil ja die Entwicklung vom zentralen Nervensystem gesteuert wird, ist zu vermuten, daß die raschere weibliche Entwicklung auch etwas mit der Entwicklung des Gehirns zu tun hat. Auch diesbezüglich deuten Beobachtungen an, daß sich beim weiblichen Geschlecht alles rascher entwickelt als beim männlichen*. So treten beispielsweise bestimmte epileptische Anfälle üblicherweise nur in der Kindheit auf. Beim Mädchen werden solche Anfälle schon ab dem 2. Lebensjahr, bei Knaben jedoch erst ab dem 4. seltener, was auf eine frühere Reifung des weiblichen Gehirns schließen läßt (siehe 211). Auch der Umstand, daß die Geschlechtsreife bei Mädchen früher eintritt als bei Burschen, läßt einen Schluß auf das Reifen des Gehirns zu.

Was ließe sich nun aus dieser Beobachtung, daß Männer die längere Reifungszeit durchmachen, schließen? Eine der Folgen könnte sicher die sein, daß sich aus einer längeren Entwicklung auch eine größere Wahrscheinlichkeit für die Ausprägung größerer Unterschiede zwischen den Individuen ergibt. Je länger die Zeit währt, in der ein Wesen beeinflußt werden kann, umso eher können Außeneinflüsse eine prägende, gestaltende Wirkung ausüben, umso eher finden sie ihren Niederschlag.

---

* Unterschiedlich rasche Entwicklung des Gehirns bei Männchen und Weibchen zeigen auch sehr grausame Versuche an Affen. Den Tieren werden an bestimmten Gehirnpartien Verletzungen beigebracht und die Folgen verglichen. Dabei zeigen sich Unterschiede nach dem Geschlecht, die allerdings auf ein langsameres Reifen gewisser Hirnpartien bei weiblichen Affen schließen lassen (siehe dazu auch 211).

Was heißt denn eigentlich Entwicklung? Damit meint man eine Phase der Existenz, in der manche Merkmale eines Ganzen noch veränderbar sind, in der eine Struktur noch nicht festgefügt ist, noch keine endgültige Form angenommen hat. Solange also eine Struktur (im konkreten Fall die Merkmale einer Persönlichkeit) noch nicht festgelegt ist, besteht die Möglichkeit, sie von außen her zu beeinflussen, sie möglichst gut an gegebene Umweltbedingungen anzupassen.

Da nun offensichtlich die Entwicklung bei Knaben länger dauert, heißt das nichts anderes, als daß sie länger in ihrer Persönlichkeitsstruktur beeinflußbar sind. Das bedeutet aber auch, daß ihre Persönlichkeitsstruktur länger dem prägenden Einfluß der sie umgebenden Umwelt ausgesetzt ist. Männer würden demnach länger von ihrer Umgebung geformt und somit spezifischer geprägt. Es ist zu vermuten, daß ihre Persönlichkeitsmerkmale sowohl einem längeren als auch einem spezifischeren Einfluß von außen unterliegen. Daraus ergibt sich, aller Wahrscheinlichkeit nach, eine größere Merkmalvielfalt beim Mann.

Bedenkt man außerdem, daß einige Anzeichen dafür sprechen, daß die längere Reifungszeit auch das menschliche Gehirn betrifft, könnte man folgende Fragen stellen: Wirkt sich die in der Jugend an den Menschen herangetragene Bildung — die ja heute in besonderem Maß durch den analytischen Zugang geprägt ist — nicht möglicherweise auch strukturierend auf die Funktion des Gehirns aus? Immerhin beeinflußt sie dieses Organ ja in einer Phase, in der es noch im Reifen begriffen, also in seiner Struktur noch nicht restlos festgelegt ist. Könnte nicht darin auch eine der Ursachen dafür zu suchen sein, daß gerade beim Mann die typischen Merkmale einer Kultur besonders stark ausgeprägt sind?

Einen Anhaltspunkt dafür, daß diese Fragen durchaus nicht aus der Luft gegriffen sind, bieten Untersuchungen von A.C. Petersen (163). Sie versuchten, eine Beziehung zwischen dem Grad der körperlichen Reifung und der Leistung bei verschiedenen Tests zur Erfassung der intellektuellen Fähigkeiten herauszufinden. Dabei zeigten jene Personen (bei beiden Geschlechtern), die körperlich weniger reif waren, vor allem bei Tests der räumlichen Wahrnehmung die besseren Fähigkeiten. Aus diesem Ergebnis schließt Waber (212), daß, wer früher körperlich reif ist, einen geringeren Grad der Gehirndifferenzierung vollzogen hat.

Damit ließe sich aber eine Beziehung auch zur geschlechtstypischen Entwicklungsgeschwindigkeit herstellen. Frühe sexuelle Reife wäre dann mit geringerer „männlicher" Intelligenz, also mit jener Art von Intelligenz, die in unserer Kultur sehr stark gefördert wird,

94

verbunden. Langsamere Reifung würde somit mit längerer kultureller Prägung einhergehen. Auf diesen Zusammenhang verweist auch Waber:

> „Ounsted und Taylor (156) argumentieren, daß eine langsamere Reifung es ermöglicht, daß ein Wesen im Zustand der Unreife länger der Umwelt ausgesetzt ist, wodurch seine genetische Ausstattung vollständiger zum Ausdruck kommt. Ihrer Hypothese zufolge ist eine der wichtigen Aufgaben des Y-Chromosoms die, das Tempo der Reifung herabzusetzen und damit die Ausbildung extremer Erscheinungsformen beim männlichen Geschlecht zu begünstigen. So wachsen Knaben zwar langsamer als Mädchen, werden aber letztlich als Erwachsene größer. Vielleicht ist so ein genetischer Mechanismus auch für die Unterschiede in der Organisation der höheren Gehirnfunktionen verantwortlich." (212)

Knaben sind störungsanfälliger

Und tatsächlich zeigt auch eine Fülle von Beobachtungen, daß die Unterschiede in den Merkmalen beim männlichen Geschlecht viel größer sind als beim weiblichen. Am unteren Ende von Merkmalskalen findet man eher Knaben und Männer. Das zeigen die schon weiter oben erwähnten Beobachtungen: Knaben haben häufiger Lernschwierigkeiten (siehe 113), sie werden häufiger vom Schulbesuch zurückgestellt (T. Kürthy 121), sie versagen häufiger in der Schule (mehr Sitzenbleiber, mehr Sonderschüler), sie weisen viel mehr Entwicklungsstörungen auf (96), etwa Stottern und Bettnässen.

Die größere Störungsanfälligkeit tritt auch in Form der höheren männlichen Jugendkriminalität auf, die ein in allen Ländern durchgängig zu beobachtendes Phänomen ist. Häufiger sind auch die Schwierigkeiten, die männliche Jugendliche mit ihrer Sexualität haben, was am Beispiel der Masturbation deutlich wird. Bei Heranwachsenden bis zum 15. Lebensjahr berichten vier Fünftel der befragten männlichen Jugendlichen über einschlägige Erfahrung, hingegen nur ein Drittel der weiblichen (siehe 147).

Auch bei Höchstleistungen stechen Knaben hervor

Auf der anderen Seite der Skala, bei den Höchstleistungen, sind ebenfalls mehr Knaben als Mädchen anzutreffen. Das gilt zunächst für die meisten körperlichen Leistungen. Das zeigen aber auch die in

Abschnitt 4.2 erwähnten Daten über die mathematisch am meisten begabten US-Schüler. Greift man aus all den erfaßten Schülern die Gruppe mit den höchsten Werten heraus und vergleicht, wie innerhalb dieser Gruppe die Leistung der Burschen und der Mädchen streut, so erkennt man, daß die Unterschiedlichkeit bei Knaben eindeutig höher ist. Interessanterweise trifft diese Beobachtung nicht nur auf die Ergebnisse der Mathematik-Tests zu, sie tritt auch bei den Sprachtests zutage. Auch bei diesen — Sprache ist ja bekanntlich als Domäne der Mädchen anzusehen — ist die Schwankung der männlichen Leistungen größer als die der weiblichen. Trotz deutlich höherer durchschnittlicher Leistung der Mädchen werden die Spitzenleistungen von Knaben erbracht (siehe 163). Auf die unterschiedliche Streuung der intellektuellen Fähigkeiten beim männlichen und weiblichen Geschlecht verweisen übrigens auch Macoby und Jacklin (129).

Weniger vielfältige weibliche Ausbildung

Mag sein, daß diese größere Streuung der Begabungen beim männlichen Geschlecht auch darin ihren Niederschlag findet, daß der gesellschaftliche Einsatz des Mannes vielfältiger ist. Dies läßt sich etwa anhand der Verteilung der Lehrberufe in Österreich illustrieren: Mehr als 75 Prozent der Mädchen lernen nur 3 Berufe: Handels- oder Bürokaufmann und Friseur. Bei männlichen Jugendlichen ist die Streuung im Vergleich dazu weitaus breiter, was unter anderem auch der Frauenbericht der Bundesregierung beklagt:

> „Fast 90% aller weiblichen Lehrlinge erlernen Berufe, in denen Frauen mit einer zwei Drittel-Mehrheit oder noch stärker dominieren . . . " (151)

Ähnliches wird im selben Bericht auch für die Absolventinnen der höheren Schulen diagnostiziert:

> „Mindestens die Hälfte aller Mädchen verläßt das Ausbildungssystem mit einer Qualifikation, die für Frauen charakteristisch ist." (151)

Solche typische Ausbildungswege sind Handelsschulen, frauen- und sozialberufliche Schulen sowie lehrer- und erzieherbildende Schulen. Selbst auf Universitätsebene läßt sich eine geringere Streuung der Ausbildung von weiblichen Studenten feststellen.

Solche Beobachtungen sind vor allem in einer Zeit bemerkenswert, in der der Zutritt zu den verschiedenen Bildungswegen mittlerweile auch de facto beiden Geschlechtern in gleicher Weise offensteht.

Kulturvergleiche zeigen jedenfalls, daß die größere Vielfalt der Rollen im allgemeinen den Männern zugebilligt wird (siehe 124). Diese Erscheinung ist umso deutlicher zu erkennen, je konformistischer eine Kultur im allgemeinen ausgerichtet ist.

5.2 Frauen haben eine größere innere Fülle von Möglichkeiten

In einer persischen Sage werden unter den Ingredienzien, aus denen die Frau zusammengesetzt sein soll, die Härte des Diamanten, die Süße des Honigs, die Grausamkeit der Tigerin, der warme Schein des Feuers, die Kühle des Schnees aufgezählt. Damit wird eine Reihe von scheinbar unvereinbaren Eigenschaften als für die Frau kennzeichnend aufgezählt. Sie scheinen ein Fundament der weiblichen Psychologie abzubilden: In der Frau sind gleichzeitig Anlagen zum Mitleid und Anlagen zu besonderer Grausamkeit vorhanden. J. Evola (62) hebt beispielsweise hervor, daß die einzelne Frau gleichzeitig barmherziger und grausamer als der Mann sein kann, weil ihre Fähigkeit zu liebendem und beschützendem Mitleid oft Unbarmherzigkeit und zerstörerischer Willkür gegenüberstehen kann.

Frauen haben breitere Gefühlspalette

Auch E. Harding, eine Schülerin des Psychoanalytikers C.G. Jung, kennzeichnet die Anima, den weiblichen Archetypus, in ähnlicher Weise (siehe 94). Auch sie verweist auf die Doppelgesichtigkeit, die besonders auf der ersten, der naiven Stufe der Anima-Frau deutlich ausgeprägt ist. Dieses Nicht-festgelegt-Sein ziehe die Männer magisch an, weil dadurch die Ursprünglichkeit der Frau zum Ausdruck komme. Sie sei dadurch gewissermaßen „nur Natur", mit einer ausgeprägten Polarität von gut und böse, sanft und grausam.

Diese Polarität der Frau äußert sich auch im sexuellen Bereich. So zitiert Evola eine Psychoanalytikerin, die folgendes feststellt:

„Es ist recht selten, daß Männer in einer erotischen Situation kalt bleiben. Aber es gibt unzählige Frauen, die ein Sexualleben führen und gleichzeitig kalt wie ein Börsenmakler sind. Die Kälte und Hartherzigkeit der Göttin Luna sind ein Symbol für diesen Aspekt der weiblichen Natur." (62)

Daß gerade das sexuelle Erleben der Frau weitaus vielfältiger als das des Mannes ist, zeigen Untersuchungen an Wiener Spitälern (201). Eingehende Interviews ließen erkennen, daß das Auffallende nicht so sehr das unterschiedliche Erleben der verschiedenen befragten Personen, als vielmehr die Verschiedenartigkeit der Erlebnisse jeder einzelnen Frau war. Und diese Verschiedenheit des Erlebens betrifft nicht nur die unterschiedliche körperliche Lokalisation des Orgasmus.

Das hat, wie H.J. Eysenck (63) zeigt, überhaupt nichts mit Vielfalt der Sexualpraktiken zu tun. Diesbezüglich legen nämlich die Frauen weitaus weniger Wunsch nach Abwechslung an den Tag als Männer. In dieser Hinsicht unterscheidet sich daher auch das Verhalten zwischen den Frauen weniger. Hingegen ist bei Frauen eben der Erfahrungshorizont jeder einzelnen Person viel weiter gespannt.

Hier zeichnet sich eine Querbeziehung zu der schon mehrfach erwähnten größeren Empfindsamkeit der Frau, zu ihrer Fähigkeit, ein weiteres Spektrum an Erfahrungen aufzunehmen und zu verarbeiten, ab. Hingewiesen sei in diesem Zusammenhang auch auf die Vielfalt der Erfahrungen, die mit den Schwankungen im Hormonspiegel während des Zyklus einhergehen oder die infolge einer Schwangerschaft auftreten. In all diesen Fällen machen Frauen mit ihrem Körper Erfahrungen, für die es bei Männern nichts Entsprechendes gibt. Sie sind somit von ihrer Konstitution her gewissermaßen auf größere Stimmungsvielfalt programmiert und dementsprechend gefühlsbetonter.

Schließlich sei noch ein Aspekt erwähnt, der darauf hinweist, daß Frauen in ihrer inneren Struktur weniger festgelegt sein dürften als der Mann. Douvan und Adelson (zitiert in 57), zwei Entwicklungspsychologen, weisen darauf hin, daß die weibliche Persönlichkeitsentwicklung anders als die des Mannes verläuft: Die Persönlichkeitsfindung der Frau geschieht in einer einigermaßen endgültigen Form im allgemeinen erst in der Ehe. Die Identität der Frau wird nämlich in stärkerem Maß von der ihres Mannes beeinflußt, als dies umgekehrt der Fall ist. In ähnlicher Weise lassen sich auch die Ausführungen von Harding interpretieren:

„Für den Mann gehört die Ehe zum Privatleben. Sie hat verhältnismäßig wenig mit seiner gesellschaftlichen Stellung oder mit seiner Beziehung zum Beruf zu tun. Für die Frau aber liegt die Sache ganz anders: Für sie ist die Heirat ein viel bedeutungsvolleres Ereignis. Ihr ganzes Leben erfährt dadurch eine Umwälzung, ihre gesellschaftliche Stellung wird völlig anders als bisher." (94, S. 144)

Das Bild der großen Mutter in allen Kulturen

Die zu Beginn dieses Abschnittes festgestellte größere Spannweite der weiblichen Charaktereigenschaften drückt sich nicht nur in dem erwähnten persischen Märchen aus, sondern findet sich in den Bildern wieder, die vom Urtypus des Weiblichen in den verschiedenen Kulturen entworfen worden sind. Die große Mutter oder Urmutter ist ein psychologisch-kulturhistorisches Motiv, das zu allen Zeiten und bei allen Völkern und Kulturen eine Rolle gespielt hat. In den ältesten Kulturen der Welt, in Sagen und Mythen, Märchen und Schöpfungsberichten tritt die große Mutter auf. Sie ist ebenso wie Animus und Anima ein Archetyp. Gleichgültig nun in welcher Gestalt die Urmutter sich manifestiert, die Elemente des Gebärens, des Umschließens und des Verschlingens sind in ihr enthalten. Auch hier wieder die große Spannbreite des Weiblichen: einerseits gebären und Leben schenken, andererseits verschlingen und Leben nehmen.

In eine ähnliche Richtung gehen die Feststellungen von H.G. Graber (86): Er spricht vom ewig Weiblichen als elementarem Bestandteil der Psychologie der Frau, die er als Wesen ansieht, das dazu neigt, sich in das Dunkel des Geheimnisses zu hüllen. Sie ist von jeher der Mensch, der die Nachtseite des Daseins vertreten hat. Aufgabe des Mannes sei es, das Geheimnis, das um das Wesen der Frau liegt, zu enthüllen. Für Graber führt der Weg der Selbsterkenntnis über das ewig Weibliche, das seiner Meinung nach das Tiefste und das Höchste im Leben des Menschen ist.

Vielleicht sollte ich an dieser Stelle eine Bemerkung einflechten, die mir wichtig erscheint. Diese Art von Information ist zweifellos nicht wissenschaftlich gesammelt und drückt sich in einer besonderen, für unsere Zeit nur schwer verständlichen Form aus. Manchem wird ein Bild wie das der Urmutter, hinter dem jahrtausendealte Erfahrung vieler Kulturen steckt, etwas suspekt erscheinen. Ich meine, daß hinter solchen Bildern mindestens ebenso viel Erfahrung steckt und somit Aussagekraft wie hinter den langen Datenketten, an die wir heute gewöhnt sind und denen wir meistens allzu blind vertrauen. Wahrscheinlich sind sie sogar aussagekräftiger, wenn es darum geht, zu kennzeichnen, wer der Mensch ist.

Die weiße und die schwarze Mutter

Am deutlichsten wird die Polarität wohl in den Bildern der schwarzen und der weißen Mutter. Letztere stellen die lichte Seite der weiblichen Möglichkeiten dar: Liebliche Mädchen, gute Feen, hilfreiche Schwestern und die gute Mutter, die Leben spendet und ihr Kind dann in Freiheit entläßt, sind die entsprechenden Figuren in Märchen, Sagen und Erzählungen. In der Mythologie sind es Gottheiten, die Weisheit, Licht, Leben und Fruchtbarkeit vermitteln.

Diesen Bildern stehen jene Figuren gegenüber, die die Schattenseite des weiblichen Daseins darstellen. Hier ist besonders die Gestalt der Hexe zu erwähnen: Die alte Hexe tritt als erdrückende, verschlingende Mutter in Erscheinung. Die junge Hexe wiederum verlockt den Mann, um ihn nachträglich zu töten. In vielen Kulturen sind solche Verführerinnen zur Hälfte mit einem Tierleib dargestellt worden: die Nixe als Fisch, die Sirene als Vogel, die Sphinx als Löwe. So gibt die Sphinx beispielsweise dem Mann Rätsel auf, die dieser nicht lösen kann, um ihn nach seinem Mißerfolg zu verschlingen.

An diesen Bildern zeigt sich somit das tiefe Wissen der Kulturen um die große Bandbreite der Möglichkeiten der Frau, die vom Lebenspenden zum Töten reicht.

6. Personale und funktionale Ausrichtung

Zwei Arten, Begegnungen zu betrachten

6.1 Begriffsbestimmung

Ein Großteil unseres Lebens wird durch Begegnungen bestimmt. Wir treten mit anderen Menschen, mit Lebewesen und mit Gegenständen in Beziehung. Nun gibt es jedenfalls zwei Möglichkeiten, diese Beziehungen zu betrachten. Ich möchte die Unterscheidung am Beispiel des Umgangs mit anderen Menschen deutlich machen: Jede Beziehung von Personen kann entweder von einer personalen oder von einer funktionalen Warte her beobachtet werden.

Wenn das Besondere zählt

Beginnen wir mit der personalen Betrachtungsweise: Hier steht das Besondere an der Beziehung im Vordergrund des Interesses. Die Aufmerksamkeit richtet sich auf den Umstand, daß hier Begegnung stattfindet. Es geht den Beteiligten vor allem um die Person des Partners. Unter dem personalen Aspekt einer Begegnung sind die Personen nicht austauschbar. Typisches Beispiel für eine solche Beziehung ist das Mutter-Kind-Verhältnis: Ein in einer großen Menschenmasse verlorenes Kleinkind weint nach seiner Mutter, ist nicht beruhigt, wenn sich irgendeine weibliche Person seiner annimmt. Oder ein anderes Beispiel: Verliebte. Da genügt es dem Mädchen nicht, daß es beim vereinbarten Rendezvous den Bruder seines Verlobten antrifft.

Ähnlich (allerdings ist dann die Bezeichnung „personal" weniger treffend) gibt es auch besondere Beziehung zu Unbelebtem: Man sucht einen bestimmten Urlaubsort auf, weil er einem zur zweiten Heimat geworden ist, man erfreut sich an einem bestimmten Möbelstück, man hängt an einem von der Großmutter ererbten Schmuckstück ... Immer geht es um Besonderes, nicht Austauschbares.

Wenn das Zweckhafte wichtig ist

Auch die funktionale Betrachtungsweise möchte ich am Beispiel der Beziehung von Menschen deutlich machen. Betrachtet man die Dinge funktional, so steht nicht so sehr die Besonderheit der beteiligten Persönlichkeiten als vielmehr das Zweckhafte der Beziehung im Vordergrund. Man betrachtet dann die Personen mehr im Hinblick auf ihre Fähigkeiten, ihre Eignung, bestimmte Leistungen erbringen zu können, Bestimmtes zu erreichen. Es wird also nicht das Spezifische betont. Vielmehr stehen allgemein bei Menschen anzutreffende Merkmale im Vordergrund des Interesses. Zwischen die Menschen schieben sich Dinge und Zwecke. Das Funktionieren des anderen ist wichtig. Der Partner wird austauschbar.

Wie schon gesagt, kann jeder Vorgang zwischen Menschen von beiden Warten her betrachtet werden. Auch dafür möchte ich ein Beispiel bringen: das Einnehmen einer Mahlzeit. Sieht man es von seinem funktionalen Aspekt her, so wird man den Erfolg des Geschehens danach beurteilen, inwieweit die Beteiligten satt geworden sind, wieviele Kalorien sie zu sich genommen haben. Eine andere Art, eine Mahlzeit funktional zu betrachten, könnte bei einem Arbeitsessen gegeben sein: Den Erfolg des Essens würde man dann danach bewerten, ob das anstehende Problem erfolgreich gelöst worden ist, auf welchen Betrag sich der angestrebte Geschäftsabschluß belaufen hat.

Anders ist der Blickwinkel, wenn die Mahlzeit als Rahmen für eine persönliche Begegnung angesehen wird. Dann wird der Erfolg nicht mehr von der Sättigung oder dem erzielten Ergebnis abhängen, sondern davon, ob eine Stimmung der gegenseitigen Offenheit, des herzlichen Meinungsaustausches vorgeherrscht hat oder ob nur über Banalitäten gesprochen wurde, die man mit jedem Beliebigen ebenso hätte austauschen können.

Frauen sind eher personal, Männer funktional ausgerichtet

Die Unterscheidung der Begriffe personal und funktional ist im Rahmen unserer Überlegungen deswegen wichtig, weil eine Unmenge von Beobachtungen dafür spricht, daß Frauen in der zwischenmenschlichen Begegnung weitaus stärker die personale Dimension betonen. Sie sind auch für personale Begegnung mehr begabt und zeigen für diesen Aspekt auch mehr Interesse. Bei den Männern hingegen steht eindeutig das Funktionale stärker im Vordergrund. Sie sind eher sachlich, zweckorientiert und auf Allgemeines ausgerichtet.

Konkurrieren wollen – ein Zeichen für Funktionalität

Weil mir die Klarstellung dieses Begriffspaares so wichtig erscheint, möchte ich noch eine Überlegung anschließen: Macoby und Jacklin

(129), die ich schon so oft zitiert habe, verwenden ebenfalls den Begriff „personal", aber mit einem anderen Bedeutungsinhalt. Sie meinen, daß Männer stärker personenorientiert seien, weil sie beispielsweise in ihrer Leistung stark durch die Anwesenheit von Konkurrenten angespornt werden. Ganz allgemein wäre, ihrer Sichtweise zufolge, das Kontakthaben mit anderen Personen, das Reagieren auf andere kennzeichnend für eine personale Ausrichtung.

In der vorliegenden Arbeit wird „personal" jedoch anders verstanden. Hier soll damit die inhaltliche Qualität von zwischenmenschlichen Beziehungen gekennzeichnet werden. Nicht die Zahl der Kontakte, auch nicht einfaches Reagieren auf andere Menschen soll für das Personale kennzeichnend sein. „Funktional" und „personal" unterscheiden, ob persönliche Begegnung oder sachliche Problemlösung in einer Beziehung im Vordergrund stehen. Und das von Macoby und Jacklin beschriebene Konkurrenzverhalten ist typisch für eine Situation, wo es nicht um das Besondere des Konkurrenten, sondern um den Leistungsvergleich geht. Jeder möchte besser abschneiden, wer immer der andere auch sei. Nicht die Persönlichkeit, sondern die Leistung steht im Vordergrund. Und daher ist der Umstand, daß Konkurrenz die Leistung von Männern erhöht, ein Hinweis auf ihre größere funktionale Ausrichtung.

6.2 Das Besondere an der Beziehung von Mutter und Kind

Schwangerschaft und Geburt – geschlechtsspezifische Erfahrungen

Habe ich mich bisher stets bemüht, Merkmale als geschlechts*typisch* — also als nicht ausschließlich bei einem Geschlecht auftretend — zu bezeichnen, so wird im folgenden ausführlich von einer geschlechts*spezifischen* Erscheinung zu sprechen sein. A. Dally (41) verweist darauf, daß Schwangerschaft, Geburt und Stillen zentrale und das Leben der Frauen prägende Erfahrungen darstellen. Es ist ganz offensichtlich, daß Männer dies nicht nachempfinden können.

Zwischen der Mutter und ihrem Kind besteht eine Nähe, für die es in der menschlichen Erfahrung nichts Vergleichbares gibt. Während der Schwangerschaft ist die Beziehung so eng, daß die Mutter ihr Kind physisch umschließt. In den darauffolgenden Entwicklungsstufen kann man von einem Zustand des psychischen Umschließens sprechen. Dally unterscheidet drei Phasen der Entwicklung in der Mutter-Kind-Beziehung:

Zunächst können Mütter ihre Kinder als Teil von sich selbst erleben. Biologisch ist dies die Zeit der Schwangerschaft. Sie endet mit der Geburt, wird aber psychologisch in der Baby- und Kleinkindphase fortgesetzt. In diesem Zeitraum ist für das Kind das Erlebnis, geborgen zu sein, ganz entscheidend.

In der zweiten Phase erlebt die Mutter ihr Kind als Anhängsel der eigenen Person. Biologisch fällt dies in die Kleinkindphase, in der sich das Kind schon selbst bewegt, aber immer noch die Nähe der Mutter sucht. Psychisch dauert diese Phase, solange das Kind schutzbedürftig ist.

In der dritten Phase geschieht die Abgrenzung. Die Mutter lernt zu akzeptieren, daß ihr Kind eine eigene Person ist. Das Selbständig-werden muß von der Mutter zunehmend zur Kenntnis genommen und verarbeitet werden.

Schon diese wenigen Hinweise zeigen, wie sehr es bei der Beziehung von Mutter und Kind um das Aufeinanderzugeordnetsein von besonderen, nicht austauschbaren Personen geht, also um eine intensive personale Beziehung. Im folgenden soll gezeigt werden, daß diese Zuordnung kein ideologisch verordnetes Anketten der Frauen an ihre Kinder ist. Vielmehr können wir eine Fülle von biologisch sinnvoll geordneten Prozessen beobachten, die das Entstehen einer besonders intensiven Beziehung begünstigen. Selbstverständlich lassen sich einzelne der Funktionen auch anders regeln: Flasche statt Mutterbrust, Kinderwagen und Kinderbett statt Körperwärme, Kinderkrippe statt mütterlicher Nähe ... Gerade die modernen Erfahrungen zeigen aber, daß alle diese Ersatzlösungen sich nicht besonders positiv auf die Persönlichkeitsentwicklung der Kinder auswirken. Wahrscheinlich tun sie auch den Frauen nicht gut.

Der Mensch kommt „zu früh" zur Welt

Das menschliche Neugeborene kann gewissermaßen als „Frühgeburt" angesehen werden. Das Kind wird nämlich geboren, wenn sein Gehirn noch nicht seine endgültige Größe erreicht hat, bereits aber so groß ist, daß sein Kopf noch den Geburtskanal passieren kann. Daher muß es auch den Reifungs- und Entwicklungsprozeß, den etwa Säugetiere noch im Mutterleib abschließen, nach der Geburt vollziehen. Somit ist die Schwangerschaft eigentlich mit der Geburt noch nicht wirklich beendet. Sie wird vielmehr außerhalb des Körpers der Mutter fortgesetzt. Das Überleben und die Entwicklung des Kindes hängen daher von einer intensiven Betreuung nach der Geburt ab. Sie wird auf vielfältige Art biologisch begünstigt.

Nicht nur die Mutter-Kind-Beziehung ist wichtig

An dieser Stelle scheint mir eine Bemerkung angebracht, bevor Sie, liebe Leserin, verärgert das Buch zur Seite legen und sich denken, da rede schon wieder einer nur von der Bedeutung der Mutter und vergesse ganz, daß wir ja schon längst in einer weitgehend vaterlosen Gesellschaft leben. Diese Tatsache ist mir bewußt. In den westlichen Industrieländern kann gar nicht genug darauf hingewiesen werden, daß Kinder zu ihrer Entwicklung auch den Vater brauchen und daß der derzeitige Zustand unhaltbar ist: Viele Väter wissen heute mit ihren Kindern überhaupt nichts mehr anzufangen, nehmen sich kaum Zeit für sie und treten bestenfalls als strafende Instanz auf. Ja, oft wissen sie nicht einmal mehr, was sie mit ihren Kindern reden sollen. Ihre Beziehungen haben praktisch zu bestehen aufgehört.

Es ist mein Anliegen, zur Beseitigung dieses Mißstandes beizutragen und gerade die Bedeutung des Väterlichen für das Leitbild des Mannes klar herauszustellen (näheres siehe 9.1). Das darf uns aber nicht davon abhalten, die ganz besondere Bedeutung der Beziehung von Mutter und Kind (sie ist für die Entwicklung des Kindes noch wichtiger) klar aufzuzeigen. Auch sie ist doch immer mehr gefährdet, stellt aber derzeit noch das letzte Bollwerk gegen die totale Funktionalisierung des Menschen vom Beginn seines Lebens an dar. Jedenfalls darf aus den folgenden Ausführungen nicht geschlossen werden, daß das Aufziehen von Kindern nur die Mütter etwas angehe.

Mutter-Kind-Beziehung ist besonders intensiv

Kehren wir zu den kurz unterbrochenen Überlegungen zurück: Da die Schwangerschaft außerhalb des Mutterleibes fortgesetzt wird, ist die Aufrechterhaltung der Mutter-Kind-Beziehung besonders wichtig, und es ist daher zu erwarten, daß auch einige biologische Mechanismen sie begünstigen. Daß solche Mechanismen bei der Frau zum Tragen kommen, ergibt sich schon allein daraus, daß sie in das Geschehen der Fortpflanzung ja unvergleichlich stärker eingeschaltet ist. Biologisch haben Männer, was die Fortpflanzung anbelangt, nur eine angeborene „Orientierungsrichtung", nämlich eine sexuelle, die sie zu der Frau hinzieht. Neben dieser ist bei den Frauen jedoch auch eine stark ausgeprägte Ausrichtung auf Kinder anzutreffen.* Das Vatersein

---

* Tierversuche zeigen ganz deutlich, worauf Rohracher immer wieder hingewiesen hat, daß Weibchen auf junge Tiere viel intensiver ansprechen als Männchen. Versuche mit Ratten zeigen, daß der Muttertrieb eine größere motivierende Kraft

hingegen ist weitgehend kulturell programmiert. Das bedeutet nicht, daß es unwichtig ist. Es wird nur eben anders gesteuert (siehe dazu 38).*

Erste Beziehung geht über die Haut

Die ganzheitliche Erfahrung einer vollkommenen Geborgenheit (wie im Mutterleib) kann dem Kind selbstverständlich nach der Geburt nicht in derselben Intensität weiterhin vermittelt werden. Umso wichtiger ist es aber, daß es das Gefühl der Nähe der Mutter weiterhin möglichst intensiv und in geeigneter Weise vermittelt bekommt. Zunächst geschieht dies durch Hautkontakt. Die erste psychische Beziehung des Neugeborenen zu seiner menschlichen Umwelt

> „...geschieht nicht erst durch Vermittlung des Auges, sondern schon ehe das Kind aktiv umherblickt, hat es durch Vermittlung anderer Sinne Kontakt gewonnen. Tast- und Hörsinn spielen dabei jedenfalls die Hauptrolle." (23)

Als Kontaktform unterscheidet Ch. Bühler neben der Gefühlsübertragung, der Präsenzwirkung und dem Sehkontakt mit Blickbewegung im Anlächeln und Anlallen deshalb vor allem noch den Berührungskontakt und stellt fest:

> „Der erste Kontakt des Kindes mit der Mutter ist ein so enger, daß man besser sogar von Wesenseinheit als von Kontakt spricht."

Das Kind sucht zuerst eine sich langsam vertiefende Beziehung zur Außenwelt mit den Lippen. Berührt man die Gegend der Lippen, so löst man beim Neugeborenen folgendes Verhalten aus: Es öffnet den Mund und wendet den Kopf dorthin, woher die Anregung ausgeht. Werden beide Lippen des Kindes berührt, versucht es, den Auslöser des Reizes, normalerweise die Brust der Mutter, zu erfassen. Das Kind drängt sich an die Mutterbrust, sucht mit Mund und Nase nach ihr, sobald es angelegt wird oder aufgrund einer Stimulierung vermutet, daß dies nun geschieht. Dieses Suchen und Erfassen beim Saugen stellt die erste Annäherung des Neugeborenen an die Außenwelt dar. Später beginnt das Kind, Finger und Hände auf die Brust zu legen, sie zu kneten und festzuhalten. Darin sieht R. Spitz (zitiert in 143) den „Vorläufer und die Urform der Zuwendung zu einem Objekt".

---

hat als Durst und Hunger. Auch hier muß man sich wieder über die Brutalität der Versuchsanordnung wundern: Getestet wurde die Bereitschaft, ein stromführendes Gitter zu überqueren, um entweder Hunger und Durst zu stillen oder zu den eigenen schreienden Jungen zu gelangen.
* Bei den Menschenaffen ist väterliches Verhalten überhaupt nicht anzutreffen.

Stillen bringt für Neugeborene eine Vielfalt von Vorteilen mit sich: So fördert beispielsweise das Kolostrum, auch Vormilch genannt, das die Mutterbrust nur während der zwei ersten Tage erzeugt, das Wachstum der für die Verdauung wichtigen Bakterien. Diese sehr eiweißhältige, dickliche Flüssigkeit unterdrückt andererseits die Entwicklung schädlicher Bazillen im Verdauungstrakt. Damit wird das Kind mit Abwehrstoffen versorgt, die ihm etwa sechs Monate hindurch Immunität vermitteln. Es ist dadurch so lange geschützt, bis es selbst imstande ist, Abwehrstoffe zu bilden.

Nach dem Kolostrum wird etwa acht Tage hindurch die Erstmilch erzeugt. Sie dient als geeigneter Übergang zur reifen Milch, die anschließend für die Ernährung des Kindes sorgt. Diese abgestufte Ernährung baut die Verdauung des Säuglings systematisch auf und entspricht genau der physiologischen Entwicklung des kindlichen Verdauungstraktes. Man beobachtet somit, daß es hier auf physiologischer Ebene eine perfekte Abstimmung zwischen zwei besonderen Menschen gibt.

Stillen tut der Mutter gut

Daß Stillen für die Entwicklung — nicht nur die körperliche — des Kindes gut ist, spricht sich ja, Gott sei Dank, heute wieder herum. Untersuchungen (98, 114, 168) weisen nach, daß gestillte Kinder weniger krank sind, sich physisch und psychisch besser und rascher entwickeln. Dabei spielt nicht nur der Umstand eine Rolle, daß Muttermilch die überlegene Ernährung darstellt. Wesentlich ist vor allem auch, daß sich beim Stillen die Mutter dem Kind in vollkommener Weise zuwendet.

Nun lassen sich aber Vorteile nicht nur für das gestillte Kind feststellen, sondern auch an der leiblichen Mutter werden positive Auswirkungen registriert: Wenige Minuten nach der Niederkunft soll der Mutterkuchen abgelöst und ausgestoßen werden. Danach sollten die zerrissenen Gefäße der Gebärmutter zu bluten aufhören. Diese sollte auch allmählich wieder ihre normale Größe annehmen. Wird das Kind nun unmittelbar nach seiner Geburt an die Brust der Mutter gelegt, so werden alle diese Vorgänge durch sein Saugen beschleunigt. Dadurch wird die Hypophyse (die Hirnanhangsdrüse) zu verstärkter Erzeugung von Oxytocin, eines Hormons, angeregt, das folgende Wirkungen auslöst: Muskelfasern und Gefäße der Gebärmutter ziehen sich zusammen, die Gebärmutter beginnt sich zu verkleinern, der

Mutterkuchen löst sich von der Gebärmutterwand und wird durch Bewegungen der Gebärmutter ausgestoßen. Außerdem wird durch Oxytocin die Tätigkeit der Brust angeregt.

Stillen intensiviert also physiologisch die „Mütterlichkeit" der Frau, deren Freude, ihr Kind zu umsorgen, wächst. Psychologisch dient diese Verstärkung wiederum dazu, die Verbindung zwischen beiden zu festigen (siehe 143).

Vermutet wird auch das Bestehen einer Beziehung zwischen Mütterlichkeit und sexueller Erfüllung, wobei in beiden Fällen Oxytocin eine Rolle spielt (siehe 180, 192).

Mütter sind die idealen primären Bezugspersonen

Zwischen der Mutter und ihrem Kind gibt es also eine Reihe von Beziehungen, die die leibliche Mutter zur idealen primären Bezugsperson für ihr Kind machen. Es ist keine Ruhmestat der modernen Zivilisation, daß wir dies heute erst wieder mühsam entdecken müssen. Welche sind nun diese Beziehungen?

1. Auf einem rein physiologischen Niveau bewirkt das Schreien des Kindes Oxytocin-Ausschüttung bei der Mutter, was Aufrichten der Brustwarzen als Vorstufe des Stillens zur Folge hat. (145)
2. Ohne daß es ihnen bewußt wäre, tragen die meisten Mütter ihre Kinder auf der linken Körperseite, ob sie nun Rechts- oder Linkshänder sind. Sie nützen damit den Beruhigungseffekt des mütterlichen Herzschlags aus, den die Kinder von ihrer vorgeburtlichen Existenz her kennen (siehe 85). Archäologische Funde zeigen, daß diese Haltung seit Menschengedenken vorherrscht.
3. Legt man Müttern unmittelbar nach der Geburt ihr nacktes Baby an die Seite, zeigen sie gleichartige Reaktionen, wie Filmaufnahmen zeigen (siehe 117).
4. Auch die Art, wie Mütter mit ihren Babys sprechen, ist in allen Kulturen gleich: weit offene Augen, hochgezogene Brauen, Vokaldehnung, kurz ein Verhalten, das bizarr wirken würde, wenn es nicht einem Kind entgegengebracht würde. Ohne ihr Kind vor Augen können Frauen dieses Verhalten nur schwer nachahmen (siehe 199).
5. Früher Hautkontakt zwischen Mutter und Kind fördert auch die Mütterlichkeit (siehe Leifer zitiert in 143). Mütter von zu früh geborenen Kindern, die in den Brutkasten müssen, zeigen mehr mütterliches Interesse, wenn sie nach der Geburt auch nur kurze Zeit hindurch mit ihrem Kind Körperkontakt hatten, als solche, denen dies untersagt wird.

6. Welche Bedeutung die leibliche Mutter für ihr bereits geborenes Kind hat, läßt auch die von A. Tomatis (zitiert in 187) entwickelte Psychotherapieform erkennen: Man spielt beziehungsgestörten Patienten die Stimme ihrer Mutter auf einem Tonband vor. Und zwar wird die Stimme so wiedergegeben, wie sie vor der Geburt im Mutterleib geklungen haben muß. (Man erreicht diesen Effekt durch gezielte Filterung.) Das so Gehörte erweckt im Kranken Erinnerungen an sein vorgeburtliches Dasein. Man vermutet nun, daß Heilungen durch das Wachrufen des Glücksempfindens eintreten, das diese Phase der Mutter-Kind-Beziehung fast durchwegs prägt. Dadurch wird das Verlangen des Patienten nach Beziehungen geweckt. Entscheidend ist der Umstand, daß allein die Stimme der eigenen Mutter positive Wirkungen hat.

Hormone spielen wichtige Rolle

All diese Beobachtungen lassen erkennen, daß Frauen mit gutem Grund besonders personal ausgerichtet sind — und zwar zunächst auf die besondere Person ihres Kindes. Ein wichtiger Faktor, der dieses Verhalten beeinflußt, ist die Hormonkonstellation. Das zeigten ja die oben erwähnten Wirkungen des Oxytocins. Das wird aber auch aus der Beobachtung von Personen mit Störungen im Haushalt ihrer Geschlechtshormone deutlich: Mädchen, die vorgeburtlich zu hohen Dosen männlicher Geschlechtshormone ausgesetzt waren, zeigten weitaus weniger Interesse an Kindern, Mutterschaft und Heirat. Das schloß übrigens nicht aus, daß sie dennoch heirateten und Kinder bekamen. Umgekehrt zeigten Knaben, deren Körper nicht auf männliche Hormone angesprochen hatte und die daher äußerlich als Mädchen zur Welt kamen, eine starke Ausrichtung auf Mütterlichkeit.

Woher kommen die vielen Störungen?

Wenn nun auf der körperlichen Ebene so viele sinnvolle Mechanismen wirken, so fragt man sich unwillkürlich, woher die so häufig zu beobachtenden Probleme und Depressionen nach der Geburt kommen. Vielfach wird angenommen (siehe etwa 159 und 179), daß die Rückkehr aus dem Spital in eine häusliche Situation, wo die Frau total isoliert ist, wo ihr niemand beiseite steht, ein Hauptgrund für die nachgeburtliche Depressivität so vieler Frauen in unserer Gesellschaft ist. Der Mensch funktioniert eben nicht nur biologisch, wie eine gut konzipierte

Maschine. Seine psychische Situation, die stark von seiner menschlichen Umgebung beeinflußt wird, spielt eben in allem eine nicht zu übersehende Rolle.

Frauen werden alleingelassen

Die Isolation ist sicher ein Grund für die Probleme. Ein zweiter liegt wohl darin, daß die Frauen unseres Kulturkreises relativ rasch nach dem ersten Kind schon das zweite erwarten. Ein Abstand von weniger als zwei Jahren stellt an die Frau aber enorme emotionale und körperliche Ansprüche. Wenn dann außerdem — wie dies in unserer Gesellschaft meist geschieht — die Mutter bei der Betreuung ihrer Kinder ganz auf sich gestellt ist, der Mann Kinder und Haushalt als alleinige Domäne der Frau ansieht, kein Kontakt zur Nachbarschaft besteht, die übrige Familie anderswo wohnt, dann muß es ja schiefgehen. Wer sollte sich da noch wundern, daß diese sonst so lebensträchtige Mutter-Kind-Beziehung plötzlich als unzumutbare Zwangsjacke empfunden wird?

Dieses Alleingelassensein stellt aber eine Sonderentwicklung unserer Gesellschaft dar. Weder in unserer Geschichte, noch in anderen Kulturen findet man ähnliches. Überall war und ist die Mutter selbstverständlich die primäre Bezugsperson ihrer Kinder, und sie wird dieser Aufgabe relativ leicht gerecht, solange sie in ein funktionierendes Netz von zwischenmenschlichen Beziehungen eingebettet ist.

Kinder erfahren zuwenig Geborgenheit

Für den Großteil der Geschichte wurde die Trennung von Mutter und Kind einfach dadurch unmöglich gemacht, daß das Kind möglichst lang gestillt werden mußte. In vielen Jäger- und Sammlergesellschaften werden Kinder lange herumgetragen, in Tücher gewickelt am Körper getragen und während mehrerer Jahre gestillt. In unserer Gesellschaft hat sich diesbezüglich innerhalb sehr kurzer Zeit ein außergewöhnlicher Wandel ergeben: Wurden in den späten zwanziger Jahren noch 80% der Erstgeborenen gestillt, so ist diese Zahl in den frühen sechziger Jahren auf nur mehr 25% abgesunken (siehe 97). Und selbst diese Zahl dürfte nicht die ganze Veränderung und Misere widerspiegeln, denn die ersten Kinder werden sicher noch am ehesten gestillt.

Während des größten Teils der Menschheitsgeschichte hatten Kinder engen Körperkontakt mit ihren Müttern. Er betrug bei Säuglingen etwa 70% des Tages und wurde in der Mitte des 2. Lebensjahres auf etwa 30% herabgesetzt. Heutzutage haben Säuglinge schon während der ersten Wochen nach der Geburt weniger als 25% der Tageszeit Körperkontakt mit einer anderen Person, und selbst dieser ohnedies niedrige Prozentsatz fällt rasch auf nur 5% ab.

Darf man sich wundern, daß unter solchen Bedingungen nicht nur die Frauen depressiv, sondern auch die Menschen zunehmend neurotisch werden? Machen sie doch in entscheidenden Phasen ihres Lebens nicht die Erfahrung der Geborgenheit. Zahlreiche Beobachtungen zeigen ja, daß Liebesfähigkeit, soziale Intelligenz und Einstellung zur Sexualität von fehlendem Hautkontakt in der Kindheit negativ beeinflußt werden (siehe 143).

All das macht deutlich, wie entscheidend wichtig die Beziehung zwischen Mutter und Kind für die Beteiligten ist. Jede Überlegung über das Leitbild der Frau muß von dieser fundamentalen Gegebenheit ausgehen. Je mehr diese Beziehung vernachlässigt, ja als gesellschaftlich minderwertig angesehen wird, umso zahlreicher werden die Störungssymptome sein. Es ist heute an der Zeit, das Konzept der Lockerung der Mutter-Kind-Beziehung und der Propagierung von Ersatzlösungen zu revidieren.

6.3 Unterschiede treten schon bei Kindern auf

6.3.1 Begabungsunterschied bei den Sinnen

Die stärkere Ausrichtung auf Personen, von der ich behauptet habe, daß sie bei Frauen festzustellen sei, ergibt sich selbstverständlich nicht nur aus ihrer besonderen Beziehung zu ihren Kindern. Neben dieser geschlechtsspezifischen Erscheinung beobachten wir vielmehr eine Fülle von Merkmalen, die auf die stärkere geschlechtstypische personale Ausrichtung des weiblichen Geschlechts schließen lassen.

Empfindlicherer Tastsinn der Mädchen

Solche Beobachtungen lassen sich sogar schon bei Kleinkindern machen: An erster Stelle sei in diesem Zusammenhang die unterschiedliche Begabung von Knaben und Mädchen bei den einzelnen Sinnesorganen erwähnt (siehe auch Abschnitt 4.1). Da ist zunächst daran zu erinnern, daß bei Mädchen ein empfindlicherer Tastsinn festgestellt wird (siehe 11, 106, 129). In welcher Beziehung steht nun aber ein solcher Unterschied mit personaler und funktionaler Ausrichtung?

Wie wir gerade bei der Betrachtung der Mutter-Kind-Beziehung festgestellt haben, spielen sich die ersten Kontakte des Kindes mit seiner Umgebung über die Haut, also über den Tastsinn ab. Dieser ist gewissermaßen der erste Informationskanal des kleinen Menschen. Die größere weibliche Empfindsamkeit könnte durchaus dazu beitragen, daß Mädchen schon in den ganz ersten Lebensphasen intensiver auf die Gegenwart der Mutter ansprechen.

Mädchen hören und Knaben sehen besser

Unterschiedlich ist auch die Art, wie Mädchen und Knaben auf Signale reagieren, die entweder ihr Gehör oder ihr Sehvermögen ansprechen. Mädchen zeigen eine größere Lernbereitschaft, wenn sie mit Geräuschsignalen, Knaben hingegen, wenn sie mit visuellen Signalen belohnt werden (siehe 213). Dieser Unterschied läßt sich schon bei ganz kleinen Kindern feststellen und bleibt über das Leben erhalten (siehe 4.1). Auch er hat Auswirkungen in der Dimension personal-funktional. Denn die Augen sind zweifellos das wichtigste Sinnesorgan des Menschen, wenn es gilt, sich in der Umwelt zurechtzufinden, also mit der unbelebten Umgebung in Beziehung zu treten. Man denke nur, wie schwer es Blinde haben, sich an einem Ort, der ihnen nicht sehr vertraut ist, fortzubewegen; wie schwer es ihnen fällt, umherliegende Dinge zu finden. Ein tauber Mensch hat bei all dem keinerlei Schwierigkeiten.

Dafür aber wird gerade am Tauben deutlich, welche Bedeutung der Gehörsinn für die zwischenmenschliche Beziehung hat. So gut sich ein Schwerhöriger in der unbelebten Umwelt bewegen kann, so schwer fällt es ihm, mit seinen Mitmenschen in Beziehung zu treten. Daran wird ersichtlich, daß das Gehör einer der entscheidenden Sinne für die Kommunikation mit anderen Menschen ist.

Was die Ausstattung der Sinnesorgane anbelangt, lassen sich somit die geschlechtstypischen Sonderbegabungen auch unter dem Aspekt ihrer Auswirkungen auf die personale und funktionale Ausrichtung begreifen: Die Sinne für den personalen Umgang sind eher bei Mädchen, die für den funktionalen eher bei Knaben stärker ausgeprägt.

6.3.2 Mädchen und Knaben spielen anders

Mädchen bevorzugen Puppen, Knaben Bausteine

Eine stärker personale Ausrichtung der Mädchen läßt sich weiters aus dem Spielverhalten von Kindern erschließen. Es ist nicht nur allgemein bekannt, sondern wird auch durch zahlreiche Untersuchungen bestätigt, daß Mädchen eben länger und lieber mit Puppen, also personalen

Spielzeugpartnern, spielen als Knaben, die ihrerseits wieder Fahrzeuge und Bausteine bevorzugen. Solche Unterschiede werden recht früh im kindlichen Leben festgestellt (siehe Becker zitiert in 44).

Erwähnt seien auch noch die Ergebnisse von B. Fagot (64), die nicht aus Versuchen, sondern aus der Beobachtung von Kindern zwischen 18 und 24 Monaten in ihrer vertrauten häuslichen Umgebung gewonnen wurden. Auch sie zeigen eine Vorliebe der Knaben für Klötze, Geschicklichkeitsspiele, Güterwagen oder Waggons, während sich die Mädchen mehr mit Puppen und weichem Spielzeug abgaben.

Daraus wird ersichtlich, daß es Vorlieben beim Spielen schon in einem Alter gibt, in dem die Kinder das eigene Geschlecht nicht einmal sicher angeben können. Sich mit der eigenen Geschlechtsrolle zu identifizieren, ist also keine notwendige Voraussetzung für das Auftreten der Verhaltensunterschiede. In allen diesen Fällen läßt sich feststellen, daß Knaben eher an der funktionalen, Mädchen eher an der personalen Betätigung interessiert sind.

Knaben geht es mehr um das Spiel, Mädchen um den Partner

Die bei Kleinkindern beobachtete Vorliebe kann selbstverständlich auch beim Spielen von älteren Kindern festgestellt werden, wenn sie sich bei diesen auch anders äußert. D.G. Freedman (75) beobachtete 3- bis 9jährige beim Spielen in Schulen und Kindergärten: Knaben schlossen sich zu größeren Gruppen zusammen als Mädchen. Mit zunehmendem Alter wurden die Spielgruppen größer. Während Mädchen sich auf kleinräumige Spiele beschränkten, weiteten die Buben ihr Spielen großflächig aus. Sie ließen sich auch weitaus häufiger als Mädchen in körperliches Gerangel ein. Daß dies allgemein anzutreffende Verhaltensmerkmale sind, zeigt die Sammlung von Untersuchungen, die Macoby und Jacklin (129) zu diesem Thema zusammengestellt haben: 12 von 28 Untersuchungen weisen auf das größere Bezugssystem der Knaben, 9 von 20 auf den unmittelbaren Kontakt zum Spielpartner bei Mädchen hin; aus 11 von 28 Arbeiten wird ersichtlich, daß Mädchen intensivere Bindungen an diesen Partner haben.*

Je älter die Knaben werden, umso mehr kommt es zu körperlichem Gerangel und zum Kräftemessen. E. Kloehn (119) stellt dazu fest, daß es den Jungen beim Spiel in Gruppen vor allem um die Sache selbst und um das Ausfechten von Rangordnungssystemen geht. Ganz allgemein

---

* Die anderen Untersuchungen weisen im allgemeinen keine eindeutigen Ergebnisse auf. Bezüglich der intensiveren Bindungen gibt es jedoch zwei Untersuchungen, die ein größeres Naheverhältnis bei Knaben verzeichnen.

entsteht der Eindruck, daß nicht so sehr die Person des Partners von Bedeutung ist. Es kommt vielmehr auf seine Funktion im Spiel an — und natürlich auf seine Leistung. Macoby und Jacklin:

> „... seinen Spielgefährten zu mögen oder nicht, ist im Grunde genommen nicht das Enscheidende. Es geht doch um das Spiel!" (129)

Für Mädchen steht im Gegensatz dazu beim Gruppenspiel die gegenseitige Zuneigung und die persönliche Intimität der Beziehungen im Vordergrund. Für sie ist das Element der Begegnung wichtig. Schon allein der Umstand, daß Mädchen in kleineren Gruppen miteinander spielen, begünstigt die Zuwendung.

Baukästen faszinieren vor allem Buben

Auch beim Bauen mit verschiedenen Baukastensystemen zeigen sich geschlechtstypische Merkmale: Knaben interessierten sich ganz allgemein mehr dafür, sie bauten länger und nach Aussagen der Kindergärtnerinnen auch die schöneren und größeren Dinge. Sollten die Kinder Modelle nach vorgegebenem Plan bauen, so stellten sich die Knaben bei gleichem Alter, gleicher Intelligenz, gleicher Schulbildung und gleicher sozialer Herkunft geschickter an als Mädchen (siehe 95 und 128). Hingewiesen sei allerdings darauf, daß die niedrigere Leistung der Mädchen nicht zuletzt auf ihr deutlich geringeres Interesse an den zu bauenden Modellen zurückzuführen war. Wurden Dinge gebaut, die den Mädchen mehr lagen (Kinderwagen mit Familie, Spital beispielsweise) verringerten sich die Leistungsunterschiede.

Schon aus dem Spielverhalten der Kinder läßt sich somit eine Vorliebe der Knaben für den Umgang mit der unbelebten Umwelt und für das funktionale Inbeziehungtreten zu Spielgefährten erkennen. Schon recht früh zeigt das männliche Geschlecht ein größeres Interesse für Gegenstände, vor allem wenn es sich bei ihnen um technische Artikel handelt.

Bei Mädchen zeichnet sich hingegen eine stärkere Ausrichtung auf das Personale ab. Das erkennt man auch am Sprachverhalten der Kinder: M.S. Fischer (69) verglich die Äußerungen von 2- bis 5jährigen und stellte fest, daß Mädchen deutlich öfter über andere Menschen reden als Knaben. Diese äußern sich wieder häufiger über Gegenstände. Ähnliches zeigt auch die Auswertung von Zeichnungen (siehe 167): Man hatte Mädchen und Jungen eingeladen, Bilder zu malen und sie nachher zu deuten. Das Ergebnis: Die meisten Mädchen hatten Menschen gemalt, die Jungen (mit einer Ausnahme) Autos, Züge....

6.4 Frauen haben eine besondere Begabung, mit Menschen in Beziehung zu treten

Als Einleitung zu diesem Abschnitt möchte ich weitere Ergebnisse der bereits (siehe Abschnitt 3.2.2) erwähnten Untersuchung am Landesarbeitsamt Wien einbringen (siehe 80). Zur Erinnerung sei nochmals kurz die Fragestellung skizziert: Im Rahmen mehrerer Eignungstests wurden den Klienten des Amtes Geschichten vorgelegt, die eine Konfliktsituation zwischen einem Vorgesetzten und einem Untergebenen darstellen. Aufgabe der Befragten war es nun, eine Lösung für diesen Konflikt anzubieten.

Da fällt zunächst auf, daß Frauen weitaus häufiger zu einem Verhalten neigen, das in der Arbeit Konzilianz genannt wird und das man als entgegenkommend bezeichnen könnte. Es äußert sich darin, daß die Vorgesetzten Verständnis für eine (gelegentliche) Fehlleistung ihres Mitarbeiters an den Tag legen, bzw. daß Untergebene sich für einen begangenen Fehler angemessen, nicht übertrieben entschuldigen und die Absicht äußern, eine Wiederholung des Fehlers zu vermeiden. Gerade was das Anbieten solcher Lösungen anbelangt, unterscheiden sich die Geschlechter sehr deutlich. Männer neigen im Gegensatz dazu auffallend öfter zu einer Lösung, in der der Vorgesetzte den Mitarbeiter bestraft, während dieser die Absicht äußert, sich dafür später zu rächen.

Frauen zeigen mehr Verantwortungsbewußtsein

Geschlechtsunterschiede werden auch bei jenem Lösungsansatz festgestellt, der als Verantwortungsbewußtsein gekennzeichnet ist. Auch dieses Verhalten wird bei den Frauen viel häufiger angetroffen. Es entspricht einer Konfliktlösung, bei der Vorgesetzte Dritten gegenüber für Fehler ihres Mitarbeiters eintreten und auch die Bereitschaft erkennen lassen, an der Schadenswiedergutmachung mitzuwirken. Die Untergebenen versuchen wiederum, aus eigener Initiative den begangenen Fehler gutzumachen.

6.4.1 Frauen sind redebegabter

Ziemlich eindeutig sind die Befunde, aus denen die weibliche Überlegenheit sowohl bei der verbalen Ausdrucksfähigkeit als auch beim verbalen Denken zu erkennen ist. Die Geschlechtsunterschiede in dieser Dimension treten schon ziemlich früh auf (ab dem 3. bis 6. Lebensmonat) und bleiben im Erwachsenenalter erhalten. Sie wurden ausführlich im Abschnitt 4.2 behandelt.

Hier soll zusammenfassend nur noch einmal wiederholt werden, worin sich die Überlegenheit ausdrückt: im sprachlich kreativen Verhalten, im Verständnis für Symbole, im Finden von Analogien, Ähnlichkeiten und Unterschieden, soweit sie mündlich oder schriftlich in Worten ausgedrückt werden, im Wortschatz und im verbalen Gedächtnis. Damit wird deutlich, daß die verbale Begabung der Frau mehr ist als das, was man weibliche Klatschsucht nennt.

Erwähnt seien hier auch die Beobachtungen, über die W.D. Fenz und B.R. Fogle (66) berichten: Sie unterwarfen freiwillige Versuchspersonen gezielt einer Streßsituation, die darin bestand, eine Zeitlang gänzlich von der Außenwelt abgeschlossen zu sein. Die Personen wurden in Räume gebracht, in die weder ein Geräusch noch irgendein optischer Reiz eindringen konnte. Bemerkenswert war nun die unterschiedliche Art, wie Männer und Frauen auf diese psychische Belastung reagierten: Männer wiesen in weitaus höherem Maß körperliche Streßsymptome auf als Frauen. Diese bewältigten die Belastung offensichtlich dadurch besser, daß sie sich ihren Kummer einfach von der Seele redeten, indem sie anderen ihre Erfahrung mitteilten.

„In Streßsituationen, wie sie etwa durch Entzug von Sinneswahrnehmungen entstehen, reagieren Männer eher physiologisch (oder biochemisch), Frauen hingegen eher durch Selbstmitteilung. Es ist sehr leicht möglich, daß die weibliche Neigung, sich zu beklagen, ein Mechanismus des Zurechtkommens mit Belastungen oder der Entlastung ist, der den Vorteil geringerer körperlicher Erregung bewirkt." (66)

Vielleicht beruht auch auf dieser Einsicht die weithin verbreitete Praxis, weibliche Strafgefangene nicht in Einzelzellen zu sperren, da man sie damit des für sie notwendigen Ventils der Mitteilung berauben würde. Frauen sind somit offensichtlich stärker auf Mitteilung angelegt.

Berücksichtigt man darüber hinaus die in Abschnitt 6.3 erwähnte höhere Ansprechbarkeit der Frau auf akustische Signale und auf Reize, die auf die Haut ausgeübt werden, so ergibt sich insgesamt, daß sie durch ihre körperliche Ausstattung in besonderem Maße für zwischenmenschliche, also personale Beziehung begabt ist.

6.4.2 Frauen sind eher bereit, auf andere einzugehen

Mädchen lächeln leichter

Als Freedman das Spielverhalten von Kindern im Kindergarten untersuchte (siehe Abschnitt 6.3), interessierte er sich auch für die

Rangordnung, die die Kinder in der Gruppe einnahmen. Dabei stellte er fest, daß die Mädchen durchwegs die unteren Ränge in der Klassenhierarchie einnahmen. Sie neigen nämlich dazu, sich eher nach den Knaben zu richten, als dies umgekehrt der Fall ist. Der Autor meint, daß sich die Anpassungsbereitschaft auch in der größeren Bereitschaft der Mädchen zu lächeln ausdrückt. Die „niedrigere Schwelle" für Lächeln im Umgang mit anderen Menschen trifft man schon im Babyalter an: ein reflexartiges Lächeln mit geschlossenen Augen. Besser angepaßt sind die Mädchen auch in ihrer Beziehung zur Welt der Erwachsenen, wie zahlreiche Untersuchungen nachweisen (siehe 129). Die größere weibliche Bereitschaft, sich auf andere Personen einzulassen, kommt auch darin zum Ausdruck, daß Frauen viel eher als Männer die Hilfe anderer in Anspruch nehmen (siehe Langsam zitiert in 112). All das sind Beispiele für die in Abschnitt 3.1 allgemein beschriebene größere Anpassungsfähigkeit der Frau.

Frauen zeigen mehr Interesse an Mitmenschen

Folgt man den Ausführungen von D. McClelland (134), so kommt man zu der Einsicht, daß Frauen nicht nur ein stärkeres Interesse an Menschen haben, sondern auch den zwischenmenschlichen Beziehungen mehr Augenmerk zuwenden. Sie kümmern sich einfach mehr um die Gefühle, die in der Beziehung zwischen Menschen bewußt oder unbewußt zum Ausdruck kommen. Das hängt vielleicht auch damit zusammen, daß sie anderen Menschen länger ins Gesicht schauen.

Ganz allgemein dürften Frauen auch ein besseres Gespür für die Reaktionen anderer Menschen an den Tag legen. Das kommt in einer Untersuchung des Soziologen J.R. Udry (208) deutlich heraus: Er bat Männer und Frauen, Fragebogen so auszufüllen, wie sie ihrer Meinung nach der Ehepartner oder der Verlobte ausfüllen würde. Die Auswertung der Antworten zeigte ein eindeutiges Ergebnis: Frauen schätzten die Antworten ihres Partners viel genauer ab.

Ähnliches zeigt sich erwartungsgemäß, wenn es um die Beziehung zu den eigenen Kindern geht, wie Untersuchungen in Kibbuzim in Israel erkennen lassen (siehe 205). Frauen sind in ihrer Fürsorglichkeit viel spontaner, sie reagieren rascher und intensiver als Männer, wenn es um Bedürfnisse des Kindes geht. Außerdem zeigen die Frauen — trotz der in der Kibbuzbewegung vorherrschenden Gleichheitsideologie — ein größeres Bedürfnis, ihre Kinder selbst zu betreuen.

Die größere Bereitschaft, sich auf andere einzustellen, das größere Verständnis und Einfühlungsvermögen der Frauen, die hier zum Ausdruck kommen, haben auf der anderen Seite die Wirkung, daß Frauen auch zu größerer Konformität neigen. Auf diesen Umstand weist A. Degenhardt (47) hin: Ab dem Jugendalter trifft man bei Mädchen ein sich verstärkendes Abhängigkeitsgefühl, ein höheres Maß an Passivität und an Konformitätsstreben. Diese Entwicklung geht allerdings einher mit einer gleichfalls in der Jugend einsetzenden größeren Kontaktbereitschaft, einem stärkeren Wunsch, in einer Gruppe Geborgenheit zu finden. Ja man kann sagen, daß Mädchen ab diesem Alter sich ganz allgemein stärker dem Mitmenschen zuwenden als ihre männlichen Altersgenossen.

„Auf die Frage, welche für sie die wichtigsten Probleme darstellen, nannten weibliche Jugendliche persönliche, zwischenmenschliche und familiäre Probleme, während Jungen eher über finanzielle und schulische Schwierigkeiten berichteten." (47)

Die Erziehung verstärkt den Unterschied

Insgesamt wird deutlich, daß weibliche Jugendliche weitaus stärker personen- als sachorientiert sind, was insbesondere ab der Pubertät sehr deutlich in Erscheinung tritt. Degenhardt vertritt die Überzeugung, daß diese Unterschiede vor allem das Ergebnis der bis in die Jugend gesammelten Erfahrungen sind. Sie vermutet, daß die Erwartungen der Erwachsenenwelt erfolgreich auf die jungen Menschen übertragen werden.

Daß die Erziehung diesbezüglich eine Rolle spielt, zeigen auch kulturvergleichende Untersuchungen: H. Barry, M.K. Bacon und I. I. Child (8) versuchten herauszufinden, welcher Stellenwert bestimmten Prinzipien in der Erziehung von Knaben und Mädchen bei verschiedenen Völkern zugemessen wird. Sie fanden heraus, daß die überwiegende Mehrzahl der Kulturen pflegerische Einstellung und Verantwortungsbewußtsein insbesondere in der Erziehung der Mädchen betonten. Nicht eine einzige Gruppe versuchte beispielsweise das Pflegeverhalten der Knaben stärker zu fördern als das der Mädchen. Was die Förderung des Verantwortungsbewußtseins anbelangt, ist die Situation nicht ganz so eindeutig, aber immerhin noch recht klar: 61% der 84 Gruppen betonten diese Haltung eher bei Mädchen und nur 11% eher bei den Jungen.

Genau umgekehrt ist es bei Betonung von Erfolgsstreben und Selbstvertrauen: In 85% der Kulturen versucht die Erziehung eher die Knaben auf diese Haltungen hin auszurichten. Eine einzige Gruppe betont das Erfolgsstreben für Mädchen mehr als für Jungen. Beide Haltungen können jedenfalls als funktionale Kategorien angesehen werden.

Mädchen sollen nett sein, Knaben durchsetzungsfähig

Wir müssen aber gar nicht in ferne Länder blicken, um auf Erziehungsunterschiede zu stoßen. Auch in Österreich legen Eltern (wie eine Umfrage des Fessel-Instituts zeigt) in der Erziehung von Knaben und Mädchen auf Unterschiedliches Gewicht. Von Mädchen erwartet man eindeutig häufiger ein nettes und ordentliches Verhalten. Vor allem die Väter machen da besonders große Unterschiede. Bei den Jungen hingegen wird größerer Wert auf Durchsetzungsvermögen gelegt. Nicht ganz so eindeutig, aber in das Bild passend, sind weitere Versuche, die Erziehung unterschiedlich zu gestalten: Mädchen werden vor allem gute Manieren, Folgsamkeit und die Bereitschaft, auf ihre Eltern zu hören, nahegelegt. Bei den Knaben wiederum versucht man eher Selbständigkeit und das Entwickeln eines eigenen Willens zu forcieren.

6.4.3 Wie Anlagen durch die Erziehung verstärkt werden

An dieser Stelle scheint es mir wieder angebracht, eine persönliche Bemerkung einzuflechten. Mancher wird sich beim Lesen der letzten Seiten gedacht haben: „Da ist aber vieles nur anerzogen! Das könnte doch auch alles ganz anders sein." Und damit sind wir bei der immer wiederkehrenden Diskussion über vererbte Anlagen und sozial vermittelte Eigenschaften angelangt. Im allgemeinen erschöpfen sich solche Debatten in dem letztlich unmöglichen Versuch ganz klarzustellen, ob das Ergebnis nur auf Vererbung oder nur auf Erziehung zurückzuführen sei. Mir geht es nicht so sehr um das fein säuberliche Trennen in Erziehung oder Vererbung. Ich meine nämlich, wie ich ja schon in der Einleitung festgestellt habe, daß beim heutigen Stand und bei der Entwicklung der biologischen Forschung auch Vererbung bald kein Grund mehr sein wird, um eine menschliche Gegebenheit als unabänderlich anzusehen. Denn meistens dient der Hinweis auf Vererbtes ja als Argument für Unveränderlichkeit.

Mir geht es eher um die Fragen: Wie sinnvoll sind Erziehung und Vererbung aufeinander abgestimmt, und welchen Beitrag kann das dabei entstehende Ergebnis zu einem sinnvollen, erfüllten Leben leisten? Und diesen Fragen wollen wir im weiteren nachgehen.

Daß Erziehung eine große Rolle bei der Herausbildung menschlicher Eigenschaften spielt, ist unbestritten. Bemerkenswert ist dabei, daß in manchen Dimensionen — wie gerade gezeigt wurde — in vielen Kulturen eine überraschend ähnliche Ausrichtung bei der Betonung von Geschlechtsunterschieden anzutreffen ist. Es scheint so, als fände in manchen grundlegenden Dimensionen weltweit eine ähnliche Schwerpunktsetzung statt. Dadurch geschieht es, daß biologisch grundgelegte Tendenzen kulturell verstärkt werden.

Es ist zu vermuten, daß ein solcher Prozeß der sozialen Verstärkung auf den biologisch angelegten, jedoch relativ geringfügigen Unterschieden der Geschlechter in der Sinneswahrnehmung aufbaut: Wie schon mehrfach erwähnt, sind Mädchen besser über Gehör und Tastsinn, Knaben eher über das Sehvermögen ansprechbar. Diese Unterschiede dürften nun auf die Beziehung zwischen Mutter und Kind Auswirkungen haben, worauf Beobachtungen von Moss (zitiert in 102) hinweisen. Er stellte nämlich fest, daß Mütter, die ihr erstes Kind bekommen hatten, in der 3. Lebenswoche Söhnen erheblich mehr Aufmerksamkeit zuwendeten als ihren Töchtern. Sie kümmerten sich mehr um sie, nahmen sie häufiger auf und spielten mehr mit ihnen. Das entsprach ganz dem, was das Verhalten der Kinder nahelegte: Die Buben störten nämlich eindeutig mehr, schliefen weniger, forderten mehr Fürsorge heraus.

Mütter sprechen mehr mit ihren Töchtern

Beim zweiten Untersuchungszeitpunkt, im Alter von drei Monaten, hatten sich die Verhaltensunterschiede der Kinder durchaus nicht verändert. Weiterhin waren die Buben unruhiger. Verändert aber hatte sich die Reaktion der Mütter. Immer noch wurden die Knaben mehr angefaßt, mit den Mädchen wurde aber weitaus häufiger gesprochen. Damit wird deutlich, daß Knaben und Mädchen durch ihr unterschiedliches Verhalten unterschiedliche Reaktionen in ihrer Umgebung auslösen. Die Ergebnisse von Moss zeigen, daß Mütter ihre Kinder nach dem Geschlecht unterschiedlich behandeln. Anscheinend sind sie von der mangelhaften Ansprechbarkeit der Knaben enttäuscht, während sie die akustische Ansprechbarkeit der Mädchen eher zu einer Zuwendung ermutigt, die ursprünglich in diesem Ausmaß nicht gewährt wurde.

Da die meisten zwischenmenschlichen Kontakte zum Kleinkind über Ohr und Haut vermittelt werden, kann man darin einen Vorläufer für die stärkere Beachtung sozialer Bedingungen durch Frauen sehen.

Mädchen reagieren eben stärker auf die Signale ihrer Mütter und verstärken dadurch wiederum die Bereitschaft der Mutter, mit ihnen zu reden. Dadurch entwickeln sich eher intensive personale Kontakte zwischen Mutter und Tochter, einfach weil bei dieser Kombination Sender und Empfänger von Signalen besser aufeinander abgestimmt sind, als dies bei Mutter und Sohn der Fall ist. Das hat wieder zur Folge, daß Mädchen durch die Beziehung zur Mutter stärker personal ausgerichtet werden.

In dieses Muster paßt auch die Beobachtung, daß Knaben selbständiger spielen. Ihre visuelle Begabung verlockt sie dazu, auf Erkundung auszugehen, und ihre geringere auditive Ansprechbarkeit läßt sie weniger die Nähe des Gesprächspartners suchen. Auf den Umstand, daß Buben eher beim Spiel alleingelassen werden, weist ja Fagot (64 und 65) hin.

Zusammenfassend sei festgehalten: Geschlechtsunterschiede, die man bei Erwachsenen beobachtet, dürften vielfach aus einem Zusammenwirken von relativ geringfügigen biologischen Unterschieden und recht komplizierten sozialen Verstärkungen entstehen. In ihrer Endausprägung sind sie dann weitaus größer, als dies aus den körperlichen Grundgegebenheiten allein naheliegend wäre.

6.5 Im Sexualbereich sind Männer eher funktional, Frauen personal ausgerichtet

Die beiden Begriffe Geschlechtlichkeit und Sexualität bezeichnen eigentlich dasselbe, ist doch Geschlechtlichkeit das deutsche Wort für den aus dem Lateinischen stammenden Begriff Sexualität. Sie beschreiben die Tatsache, daß der Mensch in zweifacher Ausprägung, eben als Mann oder als Frau lebt. Die Besonderheiten, die mit dieser zweifachen Erscheinungsform verbunden sind, werden als Geschlechtlichkeit bezeichnet. Allerdings hat sich heute zunehmend eine andere Verwendung des Begriffs Sexualität herausgebildet: Er wird fast nur mehr auf den körperlichen (oder noch eingeschränkter auf den kopulativen oder die Geschlechtsteile betreffenden) Bereich eingeschränkt.

J. Burri (29) bemerkt dazu:

„Diese sprachliche Eintwicklung... spiegelt die Krise des zeitgenössischen Menschen, mit seiner Geschlechtlichkeit zu leben, aber auch seine sprachliche Not im Umgang mit ihr." (S. 90)

Trotz dieser zweifellos richtigen Feststellung sei im folgenden der Begriff dennoch in diesem eingeschränkten Sinn verwendet.

Im folgenden Abschnitt soll gezeigt werden, daß im Bereich der Sexualbeziehungen dieselbe Polarität wiederzufinden ist, die wir in den weiter oben dargestellten Erscheinungen feststellen konnten: Männer sind eher funktional, Frauen eher personal ausgerichtet.

6.5.1 Männer sprechen stärker auf sexuelle Reize an

Männer reagieren auf visuelle Reize viel eher mit sexueller Erregung als Frauen, stellen J. Money und A. Ehrhardt (142) aufgrund einschlägiger Untersuchungen fest. Frauen sprechen dafür eher auf Berührung an. Wir finden hier die schon mehrfach festgestellten Unterschiede in der Sinneswahrnehmung wieder. Money und Ehrhardt vertreten die Ansicht, daß die männlichen Geschlechtshormone in der vorgeburtlichen Phase eine entsprechende Sensibilisierung des männlichen Gehirns bewirken. Diese führt dann in der Pubertät, die ja mit einem Hormonschub verbunden ist, dazu, daß das männliche Geschlecht deutlich stärker auf visuelle Reize anspricht.

Die visuelle Ansprechbarkeit betrifft Äußerlichkeiten

Es ist wert, ein paar Gedanken über die größere sexuelle Ansprechbarkeit des Mannes auf visuelle Reize anzustellen: Visuell angesprochen wird man von Äußerlichkeiten, von dem, was auf den ersten Anblick gesehen wird. Es werden dadurch vor allem jene Merkmale des anderen Menschen beachtet, die über die Besonderheit der Person des anderen so gut wie nichts aussagen: Man sagt, Männer schauen den Frauen zuerst auf die Beine oder auf den Busen ... erst dann ins Gesicht. Sicher ist das übertrieben, aber zweifellos ist es zutreffend, daß die größere visuelle Ansprechbarkeit des Mannes damit in Beziehung steht, daß die sekundären Geschlechtsmerkmale des Partners, also Merkmale, die bei jeder Person des anderen Geschlechts anzutreffen sind, seine größere Aufmerksamkeit erregen.

Positivere Einstellung von Burschen zu sexuellen Darstellungen

Schon Jugendliche sprechen auf sexuelle Darstellungen unterschiedlich an, wie eine Untersuchung von A. Husslein (100) unter 14- bis 19-jährigen Österreichern feststellen konnte. Unter vielen anderen Fragen versuchte Husslein auch herauszufinden, wie Burschen und Mädchen auf sexuelle Darstellungen in Filmen und Illustrierten reagierten.

Fast 50% der Burschen gaben eine positive Stellungnahme ab (interessant, anregend), wogegen der entsprechende Wert bei den

Mädchen nur bei 30% liegt. Im Gegensatz dazu ist der Anteil der Mädchen, die eine negative Stellungnahme abgeben („widerlich"), rund viermal so hoch wie der entsprechende Anteil bei den Burschen. Dazu auch Husslein:

> „Mehr Mädchen finden Illustrierte und Sexfilme gleichgültig bis widerlich, während mehr Burschen sie erregend bis interessant finden." (100, S.74)

Sexuelle Fehlformen als Ausdruck von Funktionalität

In diesem Zusammenhang sei auch nochmals auf die bereits behandelten Fehlformen sexuellen Verhaltens eingegangen (siehe auch Abschnitt 2.3.2): Wie gesagt, gibt es Voyeure praktisch nur unter Männern. Das bedeutet, daß die visuelle Beteiligung an der sexuellen Beziehung anderer offensichtlich nur für Männer erregend wirken dürfte. Auch hierin kommt wieder das unpersönliche Auslösen von Erregung durch Schauen zum Ausdruck. Ähnliches gilt für den Fetischismus, ein Phänomen, das ebenfalls fast nur bei Männern angetroffen wird (siehe Kinsey 116 und 117). Fetischismus ist gewissermaßen eine extreme Form des Absehens von der Persönlichkeit des Partners, hängt doch die sexuelle Erregung davon ab, daß bestimmte Gegenstände (Kleidungsstücke beispielsweise), die gar nichts mit der Persönlichkeit des Partners zu tun haben, für das Gelingen von sexuellen Beziehungen eine entscheidende Rolle spielen.

Schließlich kann auch noch das Transvestitentum unter diesem Aspekt betrachtet werden. Der Wunsch, die Kleidung des anderen Geschlechts zu tragen und das Verlangen, von der Gesellschaft als Angehöriger des anderen Geschlechts betrachtet zu werden, ist letztlich auch wieder ein Phänomen, das am Äußeren ansetzt. Auch hier scheint Sexualität auf Äußerlichkeiten reduziert, auf Oberflächliches.

Männer sind weniger wählerisch

Bedenkt man all diese Symptome, die das männliche Hängen an Äußerlichkeiten anzeigen, so wird verständlich, warum man in der sexualwissenschaftlichen Literatur immer wieder Hinweise darauf findet, daß Männer beinahe durch jedes weibliche Wesen sexuell erregt werden können. Daher ist auch Prostitution eine in der Geschichte immer wiederkehrende und in vielen Kulturen anzutreffende Erscheinung. Nachfrage nach käuflicher sexueller Betätigung entwickeln nahezu ausnahmslos nur Männer, denen es eben vielfach genügt, den Körper einer Person des anderen Geschlechts zur funktionalen Betätigung zu erwerben und von der Person des Partners abzusehen. Hierin drückt sich die geringere Selektivität des männlichen Geschlechts aus, die ja nicht nur beim Menschen beobachtet wird.*

Es gibt eigentlich nur Vielweiberei

In dieselbe Richtung weisen auch die Ergebnisse von Arbeiten, die sich auf Kulturvergleiche stützen. Murdock (zitiert in 182) stellte bei 565 von ihm untersuchten Völkergruppen einen hohen Anteil von Kulturen fest, die Polygamie, also Ehe eines Partners mit mehreren Personen des anderen Geschlechts, kannten: Er belief sich auf 75%. Bezeichnend ist das Verhältnis von Polygynie (also Ehe von einem Mann mit mehreren Frauen) zur Polyandrie (also Ehe von einer Frau mit mehreren Männern). Es beträgt nämlich 99 zu 1! Sicher äußert sich darin auch der Drang des Mannes, Macht auszuüben. Jedenfalls aber spiegelt dieser Umstand auch wider, daß sich viel eher Männer mit mehreren Personen des anderen Geschlechts — und daher oberflächlich — einlassen wollen.

Außereheliche Beziehungen eher bei Männern

Ähnliches kommt auch zum Ausdruck, wenn man der Frage nachgeht, wie einzelne Völker zum außerehelichen Geschlechtsverkehr eingestellt sind. Hier liefern Daten von C.S. Ford und F.A. Beach (70) geeignete Unterlagen: In mehr als der Hälfte der 139 untersuchten Gruppen wird außerehelicher Verkehr für beide Geschlechter geduldet. In rund 40% jedoch ist er nur für Frauen verboten. Nur in ganz wenigen Gruppen erstreckt sich dieses Verbot auch auf Männer.

Ein ähnliches Bild zeigen Untersuchungen über das Sexualverhalten in westlichen Industrieländern (siehe 116, 117, 195). Als Beispiel

---

*Im Tierreich ist die geringere Selektivität des männlichen Geschlechts eine weitverbreitete Erscheinung, wie N. Bischof in einer Einleitung zu einem Symposium über Geschlechtsunterschiede (16) feststellte:,,... im Artenvergleich (läßt sich) die höhere Selektivität des Weibchens als ein ziemlich durchgehendes Unterscheidungskriterium der Geschlechter erkennen. Dieser Tatbestand ist in der Ethologie relativ altbekannt. Er wurde bisher allerdings mehr als ein Epiphänomen, also eine abgeleitete Erscheinung auf der Basis einer bereits bestehenden Geschlechtertrennung, gedeutet ... "
Höhere Selektivität besagt aber nichts anderes, als daß das Besondere am anderen mehr beachtet wird. Auf die menschliche Ebene transferiert bedeutet das, daß es weiblichen Personen voraussichtlich stärker um das Besondere an der Persönlichkeit des Partners geht.

seien die Ergebnisse von P. Simon (195) über die Situation in Frankreich erwähnt: Dort gaben rund 30% der befragten Männer an, außereheliche Beziehungen gehabt zu haben. Bei den Frauen belief sich die entsprechende Zahl auf 10%. Die meisten Personen dieser Gruppe gaben an, nur gelegentlich untreu gewesen zu sein. Bei jenen, die häufig außereheliche Beziehungen praktizierten, verringerte sich zwar der Geschlechtsunterschied, er blieb jedoch erhalten: 4% bei den Männern gegenüber 3% bei den Frauen.

Auch hier ist natürlich ein Hinweis angebracht: Diese tatsächlich beobachteten Verhaltensunterschiede stellen natürlich keinerlei Rechtfertigung für eine Doppelmoral dar. Die Argumentation, daß dem Mann eben größere sexuelle Freiheiten zustünden, weil er nun einmal offensichtlich so veranlagt sei, ist nicht zulässig. Sie sieht nämlich davon ab, daß der Mensch eben nicht nur aus Veranlagung besteht, sondern vor allem als geistbegabtes Wesen aufgerufen ist, an der Entfaltung seiner Persönlichkeit zu arbeiten. Und das steht zweifellos nicht mit wahllosem Ausleben von Trieben im Einklang. Aber auf all das will ich erst später eingehen. Es sei hier nur zur Beruhigung jener erwähnt, die gewöhnt sind, daß solche Beobachtungen, wie wir sie hier gemacht haben, falsch interpretiert werden.

Festgehalten sei an dieser Stelle auch noch, daß vielfach in der modernen Sexualforschung keine große Vorliebe für das Bestehen von Geschlechtsunterschieden vorherrscht und es somit auch eine Reihe von Arbeiten gibt, deren Ergebnisse nahelegen, daß sexuelle Erregung bei beiden Geschlechtern in gleicher Weise ausgelöst werden könne (siehe 189 und 194). Vielfach berufen sich solche Aussagen jedoch auf Untersuchungen, die an Studenten durchgeführt wurden, die sich für Vorführungen und Experimente freiwillig zur Verfügung gestellt hatten. Eine solche Auswahl trägt jedoch sicher dazu bei, daß man Versuchspersonen mit einer sehr permissiven Einstellung bekommt und beobachtet. Ob gerade sie für das Verhalten des Bevölkerungsdurchschnitts kennzeichnend sind, mag angezweifelt werden.

Doch selbst unter diesen Voraussetzungen werden Unterschiede beobachtet (die von den Autoren allerdings nicht als signifikant eingestuft werden). Sie deuten auf geringere visuelle Ansprechbarkeit der Mädchen hin, die auch eher Abwehrreaktionen an den Tag legen.

6.5.2 Männer betonen das Funktionale in den Sexualbeziehungen stärker

Sexuelle Höhepunkte dürften für beide Geschlechter einen anderen Stellenwert haben. Beim Mann stehen sie (wenn auch W.H. Masters und

V.E. Johnson (131) Ausnahmen zu dieser Regel festgestellt haben) in einer weit unmittelbareren Beziehung zum Erfolg des Sexualaktes — und damit der Fortpflanzung — als bei der Frau. Vereinfacht ausgedrückt ist der Orgasmus eine funktionale Voraussetzung für die Fortpflanzung nur beim Mann.

Aus diesem Grund ist es biologisch gesehen sinnvoll, daß die Erregbarkeit des Mannes leichter (und damit der Erfolg der Fortpflanzung sicherer) ausgelöst werden kann und daß somit auch der Orgasmus — und damit auch der Samenerguß — rascher erfolgt als bei der Frau. Tatsächlich geschieht dies ja bei vielen sexuellen Begegnungen (siehe Kinsey 116 und 117). Daher bemühen sich viele Aufklärungsbücher, die Männer dahingehend zu beraten, ihren Orgasmus hinauszuzögern, damit ihre Partnerinnen ebenfalls zu diesem Erlebnis gelangen. Denn bei der Frau ist der sexuelle Höhepunkt kein notwendiger Bestandteil eines für die Fortpflanzung erfolgreichen Geschlechtsverkehrs.

Mit Alter und Zahl der Kinder steigt Intensität weiblichen Erlebens

Junge Frauen — vor allem wenn sie noch keine Kinder haben — haben im allgemeinen weniger intensive sexuelle Erlebnisse als junge Männer. M.M. Sherfey (182) sieht in Alter und Kinderzahl wichtige Faktoren, die die Intensität des sexuellen Erlebens der Frau positiv beeinflussen. Der Umstand, daß die weibliche sexuelle Erlebnisfähigkeit bei fortdauernder Ehe (die ja nach wie vor Grundlage der Geburt mehrerer Kinder ist) steigt, weist darauf hin, daß die Sexualität der Frau stärker von der personalen Beziehung geprägt ist.

Der Umstand, daß die Erregbarkeit und der Samenerguß des Mannes relativ rasch und leicht und durch bestimmte Schlüsselreize ausgelöst werden kann, zeigt, daß beim männlichen Geschlecht die Abfolge des Geschehens relativ starr programmiert ist. Dem Funktionieren kommt ein hoher Stellenwert zu (was übrigens nicht bedeutet, daß damit allein das Sexualleben des Mannes schon als erfüllt angesehen werden kann). Bei der Frau hingegen dürfte die Erregbarkeit in geringerem Maße körperlich und in stärkerem Maß psychisch grundgelegt sein. Für sie spielt das personale Element, die Dauer einer Beziehung eine besonders wichtige Rolle. Das zeigen übrigens auch Untersuchungen von C.S. Ford und F.A. Beach (70): Je länger eine Ehe dauert, umso größer ist der Anteil der Frauen, die sexuelle Höhepunkte erlebt haben. Zu ähnlichen Ergebnissen gelangt Kinsey (116 und 117).

Selbstbefriedigung kann sicher als die Einschränkung der sexuellen Betätigung auf ihren rein funktionalen, ja mechanischen Aspekt angesehen werden. Denn das Geschehen spielt sich ja ohne Partner, also ohne personale Begegnung ab. Befragungen in den USA ergeben nun (siehe 116 und 117), daß die Häufigkeit der Selbstbefriedigung bei männlichen Jugendlichen weit über der bei weiblichen liegt: Die Relation beträgt 10 zu 3. Obwohl sich auch hier, wie im gesamten sexuellen Verhalten, eine Anpassung der Geschlechter in den vergangenen Jahrzehnten ergeben hat, bleiben die Unterschiede dennoch erhalten. Die Tatsache, daß Masturbation eine beim männlichen Geschlecht grundsätzlich stärker anzutreffende Erscheinung ist, wird am deutlichsten illustriert am Verhalten gehirngeschädigter Jugendlicher: A. Rett (173) weist darauf hin, daß Selbstbefriedigung bei gehirngeschädigten weiblichen Jugendlichen viel seltener anzutreffen ist als bei männlichen.

Enge Beziehung von Leistung und Sexualität bei Männern

Unter Hinweis auf die Aussagen von A. Pietropinto und J. Simenauer (165) meint Kloehn (119), daß Männer häufig das Gefühl haben, ihr Recht auf Geschlechtsverkehr vor allem durch Leistungen verdienen zu müssen:

> „Für den Mann scheinen sich die beiden Gebiete Leistung, Karriere, Beruf auf der einen und Liebe, Sexualität auf der anderen Seite zu einer einzigen großen Herausforderung an seine ‚Männlichkeit‘ zu verbinden." (S. 80)

Ähnlicher Ansicht ist auch der Psychoanalytiker H.E. Richter:

> „Männer dagegen sehen Sexualität häufig unter dem Leistungsprinzip. Sie messen Sexualität an Maßstäben, die sonst in der Leistungswelt des Berufs gelten: Wie potent bin ich?" (Zeitmagazin 48/77)

Aus dieser Sicht versteht man auch die Beobachtung von Kinsey (116 und 117), daß rund ein Drittel der Frauen sich ein Lebensglück ohne sexuelle Betätigung vorstellen kann, während sich nur 8% der Männer für eine solche Vorstellung erwärmen können.

Aus all diesen Beobachtungen wird deutlich, daß die körperliche Befriedigung, das Erfolgsstreben, das Leisten für Männer in der sexuellen Begegnung eine größere Rolle spielt als für die Frau. Auch daraus läßt sich wieder eine stärkere funktionale Ausrichtung des männlichen Geschlechts ableiten.

6.5.3 Im Sexualleben ist für Frauen die personale Begegnung besonders wichtig

Selbst Frauenrechtlerinnen wie die Psychiaterin J.B. Miller (zitiert in 119) bringen zum Ausdruck, daß Frauen stets irgendwie das Gefühl haben, sich bei der sexuellen Begegnung zu verschenken. Vom Mann ist hingegen allein von der Durchführung des Sexualaktes her gesehen, bedingt durch die Notwendigkeit der Erektion und des Eindringens, ein aktives Verhalten verlangt.

Für Frauen ist Begegnung wichtig

Somit sind wohl Aktivität und Passivität, Hinordnung auf die Verrichtung und Ausrichtung auf die Begegnung, Pole einer lebendigen Spannung in der sexuellen Beziehung zwischen Mann und Frau. Auch die Aussagen von B. Bross, einer amerikanischen Sexualforscherin, weisen in diese Richtung:

> „Ich sage aus simplem Selbstinteresse, daß Frauen geben und geben und wieder geben müssen. Ich sage es, weil es für uns die einzige Möglichkeit ist, selbst glücklich zu werden."

Daß hier nicht nur die Ansicht einer einzelnen Person artikuliert wird, sondern daß es Frauen tatsächlich mehr um die Person des Partners geht als den Männern, zeigen auch Meinungsumfragen: Das Allensbacher Institut für Meinungsforschung befragte Männer und Frauen, welche Eigenschaften sie besonders an einer Person des anderen Geschlechts schätzten. Männern war die sexuelle Anziehungskraft des Partners am wichtigsten (65% gegenüber 45%). Frauen hingegen nannten Treue an erster Stelle und in der weiteren Reihenfolge durchwegs Merkmale, die den Charakter, die Person des Partners beschreiben: Wärme und Herzlichkeit, Ehrlichkeit, Humor und Ritterlichkeit. Männer hingegen nannten auch als zweit- und drittwichtigste Merkmale eher Äußerlichkeiten: Natürlichkeit und hübsches Aussehen.*

---

* Diese in Deutschland erhobenen Meinungen werden durch Befragungen in Österreich bestätigt.

Auch Jugendliche scheinen schon um die stärkere personale Ausrichtung des weiblichen Geschlechts Bescheid zu wissen, wie eine Befragung in Österreich erkennen läßt (siehe 101):

Tabelle 9
Einstellung österreichischer Jugendlicher zu Fragen der Sexualität
Nach: A. Husslein: „Voreheliche Beziehungen", verschiedene Tabellen

	Zustimmende Antworten	
	Mädchen	Knaben
Brauchen Mädchen Liebe und Zärtlichkeit eher als Verkehr?	94%	88%
Partner beim ersten Verkehr war zufälliger Bekannter	6%	19%
Liebe zum Partner als Grund für den ersten Verkehr	75%	50%
Geschlechtsverkehr ohne Liebe möglich	54%	65%
Haben Sie Verkehr mit Gelegenheitspartnern?	6%	24%

Auf die Grundtendenz der Polarität zwischen personaler und funktionaler Ausrichtung in der Sexualität weist auch E. Harding (94), eine Schülerin von C.G. Jung, hin. Dieser ist wohl einer der wenigen, die eine Psychotheorie der Unterschiede von Mann und Frau aufgestellt haben. Seiner Meinung nach trägt jeder Mensch in seinem Unbewußten eine Idealvorstellung vom anderen Geschlecht mit sich. Diese urtypischen Bilder oder Archetypen zeigen über alle Kulturen hinweg gemeinsame Merkmale: Animus und Anima (siehe S. 52).

Harding meint nun, daß der Mann in der geschlechtlichen Vereinigung versuche, sein Idealbild von der Frau (seine Anima) unter seine Gewalt zu bekommen. Bei der Frau hingegen habe die gefühlsmäßige Bindung der körperlichen Vereinigung vorauszugehen:

> „Die Sexualität ist für ihn (den Mann) der natürliche Weg zur wirklichen Vereinigung mit der Geliebten und gibt ihm zugleich die Hoffnung, jenes Trugbild, das er in der Frau als Trägerin seiner Animawerte erblickt, endlich in seine Gewalt zu bekommen... Wenn der Gefühlsstrom zwischen uns unterbrochen ist, so wird eine Umarmung ihn wiederherstellen... Die Frau aber weiß — ob sie es bewußt denkt oder nicht — aus dem Grund ihrer weiblichen Natur, daß jede Liebesumarmung, bei der das Gefühl sich versagt, eine Vergewaltigung bedeutet... Für sie ist es unbedingt wesentlich, daß die Gefühlsdifferenzen wieder in Ordnung kommen und alle Selbstsucht und Herrschsucht ausgeschaltet wird." (94, S. 117f.)

Insgesamt entsteht der Eindruck, daß die Sexualität eine Dimension ist, die harmonischer in die Persönlichkeit der Frau integriert ist, während sie beim Mann eher etwas Anatomisches, Funktionelles, von seiner Person „Getrenntes" darstellt (siehe 132). Das wird insbesondere auch bei alten Menschen deutlich. Wohl nimmt bei beiden Geschlechtern im Alter die sexuelle Aktivität ab (bei Frauen besonders im 6., bei Männern im 7. Lebensjahrzehnt). Bei Frauen geschieht dies jedoch in einer viel harmonischeren Weise. Denn Männer äußern noch bis ins hohe Alter sexuelle Bedürfnisse und Interessen, was häufig in krassem Widerspruch zu ihren tatsächlichen Möglichkeiten steht. Bei Frauen nehmen hingegen Interesse und Aktivität gleichmäßig ab.

6.6 Man merkt die personale und funktionale Ausrichtung im Lebensstil

Im folgenden sei — ganz ohne jeden Anspruch auf Vollständigkeit — eine Reihe von Beobachtungen angeführt, die zeigen, daß die verschieden starke Betonung von funktionalen und personalen Aspekten im Alltagsleben von Mann und Frau ihren Niederschlag finden.

6.6.1 Mann und Frau haben unterschiedliche Interessen

Auf die Interessen einer Person kann man dadurch schließen, daß man sie fragt, wie sie ihre Zeit einteilt. Daher können wir, wenn es uns um geschlechtstypische Interessen geht, Zeitbudgetanalysen zu Rate ziehen. Eine dieser Untersuchungen (204) erfaßt, wie sich die Bevölkerung in 12 Ländern der Welt im Durchschnitt ihre Tageszeit einteilt:*

Berufstätige Frauen haben mehr Zeit für ihre Kinder als Männer

Sehr unterschiedlich ist die Zeitdauer, die Männer und Frauen mit ihren Kindern verbringen. Vergleicht man die Situation von berufstätigen Männern mit der von berufstätigen Frauen, so erkennt man, daß selbst wochentags die berufstätige Frau im Durchschnitt dreimal so viel Zeit mit ihren Kindern verbringt wie der berufstätige Mann. Allerdings sei darauf hingewiesen, daß Hausfrauen doppelt so viel Zeit für ihre Kinder haben wie berufstätige Frauen. An freien Tagen ist das Bild nicht viel anders: Männer nehmen sich im internationalen Durchschnitt 1,6 Stunden für ihre Kinder Zeit, Frauen hingegen 2,7. Allein mit ihren Kindern sind Männer überhaupt eher selten, meistens erleben sie sie in der Gegenwart ihrer Frau.

Ein sehr ähnliches Bild zeichnet eine Befragung über die Freizeitbeschäftigung in Österreich: Frauen spielen signifikant häufiger mit ihren Kindern als Männer (hierzulande ist allerdings der Unterschied zwischen berufstätigen Frauen und Männern sehr gering). Frauen plaudern auch mehr in der Familie, besuchen häufiger Freunde und Bekannte, während es Männer eher ins Gasthaus zieht, sie sich mehr ihrem Auto widmen, mehr Zeitung lesen und Sport betreiben.

Fragt man nach den Hauptinteressensgebieten der Deutschen, so bekommt man ähnliche Antworten wie in Österreich: Frauen haben mehr Interesse an Gelegenheiten, mit anderen Menschen zusammen-zutreffen (beispielsweise an Kränzchen und Plaudereien), sie interessieren sich auch mehr für Kinderfragen, für alles, was den häuslichen Bereich anbelangt, sowie für Fragen, die Gesundheit und Aussehen betreffen. Die Vorlieben der Männer hingegen sind wiederum eher im funktionalen Bereich angesiedelt: Autos, Politik, Basteln, Foto...

Selbstverständlich drücken sich diese Interessensunterschiede auch im Medienkonsum aus (siehe 119): Jungen und Männer bevorzugen Bücher und Fernsehsendungen, in denen etwas los ist. Mädchen und Frauen hingegen suchen sich lieber Lesestoff und Programme aus, in denen es um Menschenschicksale geht.

---

* Mit Ausnahme von Peru handelt es sich durchwegs um Industrieländer in Ost und West.

Unterschiede auch am Arbeitsplatz

Unterschiede lassen sich auch bei den Arbeitsbedingungen erkennen. Männer arbeiten eher allein; jedenfalls verbringen sie bei der Arbeit mehr Zeit allein als Frauen. Die Zeitbudgetuntersuchung zeigt dies ziemlich einheitlich für alle Länder.

Aufschlußreich sind auch die unterschiedlichen Anforderungen, die an den Arbeitsplatz gestellt werden. Hier zeigt eine Untersuchung des Fessel-Instituts in Österreich, daß Frauen größeren Wert auf gute Beziehungen zu ihren Mitarbeitern und Vorgesetzten legen. Für ihre Motivation zu arbeiten spielt auch der Umstand eine große Rolle, daß man etwas für die Kinder aufbauen kann. Frauen wollen also eher mit Menschen als mit Dingen zu tun haben, sie verstehen ihre Tätigkeit eher als Dienst für die Familie.*

Mädchen suchen Beruf, wo Menschen geholfen werden kann

Auf einen ähnlichen Aspekt weist Degenhardt (47) hin, wobei sie sich auf deutsche Befragungen aus dem Jahr 1968 bezieht. Bei dieser Gelegenheit äußerten Schülerinnen, nach ihren Berufswünschen befragt, daß sie eine Tätigkeit bevorzugen würden, bei der man Menschen helfen könne, Menschenkenntnis brauche oder Liebe zu Kindern empfinden müsse. Bei den männlichen Schülern hingegen waren jene Berufe besonders begehrt, in denen man Ideen ausprobieren kann, Veranwortung zu tragen hat, Aufstiegschancen gegeben sind und in denen Intelligenz Erfolg bringt. Ganz allgemein schienen die Zukunftsüberlegungen der Burschen eher um die Berufssphäre, die der Mädchen eher um den Familienbereich zu kreisen.

Und wofür würde man zusätzlich verdientes Geld ausgeben? Die größere personale Ausrichtung der Frau äußert sich (laut Fessel-Umfrage) darin, daß sie (wie erwartet) eher in eine bessere Ausbildung der Kinder investieren würde oder auch eher an eine Altersvorsorge denkt. Bei Männern ist es wieder einmal das Auto. Aber auch andere funktionale Anliegen werden stärker betont: ein Haus im Grünen, Hobby, Freizeitaufwendungen . . . .

---

* Bei diesen Vergleichen sind die absoluten Unterschiede bei den Antworten nicht groß. Bemerkenswert ist, daß die Tendenz mit den anderen Beobachtungen übereinstimmt.

Eine Reihe von Fragen geht der Einstellung zum Mitmenschen nach. Auf die Frage: „Welche Eigenschaften schätzen Sie an Ihrem Partner?" geben Männer und Frauen, wie wir schon weiter oben sahen, recht unterschiedliche Antworten. Wie gesagt, ist den Männer die sexuelle Anziehungskraft die mit Abstand wichtigste Eigenschaft. Auch wenn man die Liste der anderen Eigenschaften aufzählt, die den Männern mehr als den Frauen am Herzen liegen, kommt nicht gerade ein besonderes Gespür für wichtige Charaktereigenschaften zum Ausdruck: Es sind entweder Äußerlichkeiten wie Natürlichkeit und hübsches Aussehen oder Haushaltstugenden wie Sparsamkeit, Sauberkeit und Ordnungsliebe. Daß Frauen mehr Sinn für Eigenschaften haben, die für das Zusammenleben entscheidend sind, zeigt die ebenfalls bereits erwähnte Liste von Merkmalen, die den Frauen wichtiger sind: Treue, Herzlichkeit, Wärme, Humor, Ritterlichkeit und Ehrlichkeit. Weiters legen Frauen eher Wert auf Eigenschaften, die für den Berufserfolg wichtig sind: Tüchtigkeit, Fleiß, Klugheit, Pünktlichkeit.*

Ein ähnliches Bild zeigen die im Österreichischen Jugendbericht (152) enthaltenen Befragungsergebnisse. Mädchen und Burschen wurden über Erwartungen an ihren zukünftigen Partner befragt. Hier sind die Unterschiede in vielen Dimensionen vernachlässigbar: Etwa bei Erfolg im Beruf, Treue, Zärtlichkeit, Kinderliebe, Bedeutung von Grundsätzen (was insgesamt für die Burschen im Vergleich zu den Erwachsenen spricht). Soweit jedoch Unterschiede auftreten, entsprechen sie dem mittlerweile schon vertrauten Muster: Burschen legen mehr Wert auf das Aussehen und die materielle Ausstattung (Einkommen, Besitz), Mädchen auf die Persönlichkeit des Partners.

Engere Beziehung von Eltern und Töchtern

Festgehalten sei auch, daß die meisten einschlägigen Untersuchungen zu dem Ergebnis kommen, daß Mädchen viel mehr mit ihren Eltern reden als Burschen (siehe 129). In diesem Zusammenhang versteht man auch die Beobachtung, daß im allgemeinen Mädchen in ihrer Erinnerung eher ein Bild harmonischer Beziehungen zu ihren Eltern mit sich tragen als Burschen.

---

* Diese für Deutschland erhobenen Daten stimmen weitgehend mit Ergebnissen aus Österreich überein (siehe 3).

In dieses Bild passen auch die Ergebnisse einer Arbeit von L. Rosenmayr (176), der die Gesprächssituation zwischen Eltern und Jugendlichen beschrieben hat. Über welche Themen sprechen junge Leute eher mit ihrem Vater bzw. eher mit ihrer Mutter? Häufiger mit dem Vater wird überhaupt nur über das funktionale Thema Politik gesprochen, was übrigens bezeichnend für die oberflächliche Beziehung zu den Vätern ist. Über alle wirklich wichtigen Angelegenheiten, über Beruf, Arbeit, Schule, Sexualität, Religion, über Themen also, die den Jugendlichen unmittelbar und persönlich betreffen, spricht er eher mit seiner Mutter. Es fällt allerdings bei den Befragungen auf, daß Freunde häufiger noch als Gesprächspartner gesucht werden. Dies gilt vor allem für die Themen Sexualität und Religion. Jedenfalls wird aus den Untersuchungen bezüglich der Gesprächssituation zwischen Eltern und Kindern deutlich, daß die wesentlicheren Gespräche mit der Mutter geführt werden. Das gilt sowohl für Töchter als auch für Söhne.

6.6.2 Störungen und Fehlverhalten haben personale und funktionale Bezüge

Auch wenn man die bei Mann und Frau anzutreffenden Fehlverhalten betrachtet, erkennt man, daß die Geschlechter unterschiedlich personal und funktional ausgerichtet sind. Das gilt beispielsweise für den Selbstmord: Ein Vergleich zeigt, daß Frauen eher solche Methoden anwenden, die noch eine Zeitlang die Möglichkeit offen lassen, daß man ihnen zu Hilfe kommt (siehe auch S. 30). Männer hingegen wenden die viel konsequenteren Methoden des sich Erhängens oder Erschießens an (70% gegenüber 45% bei den Frauen).

Selbstmorde bei Männern, Selbstmordversuche bei Frauen häufiger

Diese Deutung wird durch eine weitere Beobachtung gestützt: Frauen begehen häufiger als Männer Selbstmordversuche, obwohl die Selbstmordraten bei den Männern höher liegen, und zwar um 30% zwischen 1926 und 1935 (in Österreich) und um 20% zwischen 1950 und 1959 (siehe 153). In den entsprechenden Zeiträumen ist das Bild bei den Selbstmordversuchen spiegelverkehrt: Um fast 40% mehr weibliche zwischen 1926 und 1935, bzw. um 33% mehr zwischen 1950 und 1959. Ähnliches entnehme ich einer schwedischen Untersuchung für die Jahre zwischen 1955 und 1959.

Diese makabren Zahlen lassen erkennen, daß das Kreisen um den Selbstmord bei Mädchen viel eher als Hilfeschrei an ihre Umgebung, als ein letzter Versuch, auf ihre unerfüllten Beziehungen zu ihrer Umwelt hinzuweisen, aufgefaßt werden kann.

Familiäre Probleme – Hauptursache für weiblichen Alkoholismus

Fragt man danach, wie Menschen zu Alkoholikern geworden sind, so entsteht ein unterschiedliches Bild für den typischen männlichen oder weiblichen Werdegang. T. Wessely und G. Pernhaupt (zitiert in 151 Bd. 6) haben weibliche Alkoholiker im Genesungsheim Kalksburg bei Wien behandelt. Über die Ursachen ihrer Erkrankung stellen sie fest, daß die

> „familiäre Belastung mit psychischen Störungen bei den weiblichen Alkoholkranken signifikant höher war als bei den Männern."

Mit 23% war der Anteil der Geschiedenen an der Gesamtzahl der behandelten Frauen etwa doppelt so hoch wie der entsprechende Wert bei den Männern. Auffallend war auch, daß enorm viele Patientinnen (70%) sexuelle Störungen aufwiesen, was ebenfalls weit über der vergleichbaren Rate bei männlichen Alkoholikern lag.

> „80% der Frauen motivierten ihren übermäßigen Alkoholkonsum mit einer Störung im Zusammenleben mit dem Partner, während von den männlichen Patienten das Trinken als berufliche oder gesellschaftliche Notwendigkeit in etwa 50% der Fälle angeführt wurde." (Zitiert in 151)

Dementsprechend beginnt der Alkoholmißbrauch beim Mann vielfach bei seinem Eintritt in das Berufsleben. Bei Frauen hingegen wird der Beginn des übermäßigen Trinkens durchschnittlich im vierten Lebensjahrzehnt angesetzt. Sie neigen dann vor allem aus personalen Motiven zum Alkoholismus, wobei eben Partnerproblematik und Vereinsamung die wichtigsten Gründe darstellen.

Sehr häufig steht der Alkoholmißbrauch bei Frauen auch mit einer Abhängigkeit von Medikamenten in Beziehung. Daher weisen Untersuchungen über dieses Fehlverhalten auch auf ähnliche auslösende Beweggründe hin. K. Kryspin-Exner und B. Saletu (zitiert in 151) stellen dazu fest:

> „Während bei Frauen familiäre Konflikte, Partnerverlust und Vereinsamung im Vordergrund der Entstehungsbedingungen

waren, waren es bei Männern vor allem Schlafstörungen, körperliche Erkrankungen in Form von spondylarthrotischen oder rheumatischen Beschwerden und chronische Kopfschmerzen."

Bei Frauen sind Probleme der zwischenmenschlichen Beziehungen in 55% (Männer 11%), Schlafstörungen und Krankheiten nur in 33% (Männer 81%) der Fälle die Ursache für Medikamentenmißbrauch.

Ehrenbeleidigung, Verleumdung sind die typischen weiblichen Delikte

Ein weiteres Fehlverhalten, das unter dem Blickwinkel von personal und funktional betrachtet werden kann, ist die Kriminalität. Wie erwähnt (siehe Abschnitt 3.3.2) sind Frauen viel seltener straffällig als Männer: 1972 wurden beispielsweise in Österreich nur 13% aller kriminellen Handlungen von Frauen begangen (siehe 82).

Hoch ist der Anteil eigentlich nur bei Delikten, bei denen es um Beziehungen zu anderen Personen geht:

„Von der Höhe des Anteils her auffallend ist der Frauenanteil an den wegen Verbrechens der falschen Zeugenaussage verurteilten Personen (48%) und an wegen des Verbrechens der Verleumdung verurteilten Personen (45%). Übrigens macht der Frauenanteil bei den Verurteilungen wegen Ehrenbeleidigungsdelikten 33% aus." (82)

Erwähnt sei auch der im Vergleich zu anderen Eigentumsdelikten hohe weibliche Anteil bei Betrug. Er ist ja durch Mißbrauch eines zwischen Personen bestehenden Vertrauensverhältnisses gekennzeichnet, während die übrigen Eigentumsdelikte im allgemeinen ohne Bestehen von personalen Beziehungen stattfinden.

Arbeitslosigkeit belastet Männer mehr

Im Gegensatz dazu spielt der funktionale Bereich der Arbeit für Männer ein größere Rolle, wie die Reaktion der Geschlechter auf die zweifellos belastende Situation der Arbeitslosigkeit (siehe 219) zeigt: Männer sind in jeder Hinsicht persönlich stärker betroffen als Frauen, wie aus Tabelle 10 zu erkennen ist. Sie machen sich mehr Sorgen wegen einer neuen Arbeit, kommen sich in ihrem derzeitigen Zustand eher überflüssig vor und zeigen sich zu Hause und in der Beziehung zu ihrer Familie und ihren Bekannten eher irritiert. Im Gegensatz dazu gelingt es Frauen viel eher, der Situation der Arbeitslosigkeit positive Seiten abzugewinnen.

Tabelle 10
Merkmale psychosozialer Belastung während der Arbeitslosigkeit
Nach: Ch. Brinkmann, 1978, S. 132

Erwachsene deutsche Arbeitslose (1974)	M	W
waren sehr beunruhigt wegen einer neuen Stelle	75%	67%
kamen sich überflüssig vor	62%	47%
spürten, daß daheim sein ihnen auf die Nerven ging	65%	44%
hatten Schwierigkeiten, von der Arbeitslosigkeit zu erzählen	55%	35%
hatten in der Familie häufiger als sonst Ärger	43%	20%
fanden Arbeitslosigkeit gar nicht so schlimm	23%	36%
vermißten Kontakt mit Kollegen	46%	59%
hatten endlich Zeit für Sachen, die Spaß machen	40%	52%
waren ganz zufrieden, mehr für die Familie tun zu können	35%	59%

Zu einem ähnlichen Ergebnis kommen auch Beisser und Glasser (10): Die Hauptursache für psychische Belastungen, die so schwer sind, daß sie eine Einlieferung in ein psychiatrisches Krankenhaus erforderlich machen, sei bei Männern in Problemen der Berufswelt, bei Frauen in der Familiensituation zu suchen. 75% der in US-Kliniken aufgenommenen Patienten fallen in eine der beiden Kategorien:

> „... in der untersuchten Stichprobe waren Eheprobleme viel häufiger die auslösende Ursache von Streß bei Frauen, während der durch Arbeitslosigkeit ausgelöste Streß viel häufiger der Auslöser bei Männern war..." (Zitiert in 66)

In dieses Bild passen auch die Ausführungen von J. Rüesch und K. N. Bowman (183), die Querbeziehungen zwischen Persönlichkeitsmerkmalen und Formen organischer Erkrankungen eingehend untersucht haben. Sie fassen ihre Eindrücke folgendermaßen zusammen:

> „Es ist unser Eindruck, daß in der Medizin der abhängige Mann und die hysterische Frau die wichtigsten Ursachen der Invalidität repräsentieren. Wir fanden, daß dies für Männer mit Zwölffingerdarmgeschwüren, Kopfverletzungen, Kropf und bestimmte Formen des Hochdrucks gilt. Bei Frauen tritt der hysterische Charakter bei Schilddrüsenleiden, hysterischen Schmerzsyn-

dromen, Operationssucht, posttraumatischen Syndromen und anderen Gruppen auf. Mit anderen Worten: Bei abhängigen Männern und hysterischen Frauen ist die Anfälligkeit für Krankheit und Unfall größer, die Chance der Gesundung geringer und die Genesungszeit länger." (183)

Wie läßt sich dies im Hinblick auf personal und funktional begreifen? Es bietet sich wohl an, den abhängigen Mann als eine Person anzusehen, deren Leben allzu stark von anderen beeinflußt wird und deren gesellschaftlicher Rang und Einfluß nicht mit den eigenen Vorstellungen übereinstimmt. Man könnte dies als eine gestörte Gruppenbeziehung ansehen oder als eine nicht ausreichende Möglichkeit, die eigene Funktionalität den Vorstellungen entsprechend auszuleben. Anders ist die Situation der hysterischen Frau. Hier dürfte eine Störung des inneren Gleichgewichts zum Ausdruck kommen, also des Gefühlslebens, das jener Bereich ist, der für die stärker auf personale Beziehungen ausgerichtete Frau von besonderer Bedeutung ist.

6.7 Zusammenfassung

Personale und funktionale Aspekte spielen für beide Geschlechter eine unterschiedliche Rolle. Die Besonderheiten beruhen nicht nur auf kultureller Prägung und Erziehung, sondern haben Wurzeln auch in der körperlichen Ausstattung des Menschen. Diese Einflüsse wirken in einer komplizierten, nur schwer entwirrbaren Weise zusammen, sodaß die beobachteten Verhaltensmerkmale stets ein Produkt beider Faktoren sind.

Die Allgemeingültigkeit der Unterscheidung der Geschlechter nach dem Merkmal personal und funktional wird auch im Vergleich der Kulturen deutlich. Bei den meisten Völkern wird eben das Personale stärker in der Erziehung der Mädchen, das Funktionale in der der Knaben betont. Ziemlich eindeutig ist auch das Überwiegen des Patriarchats in zahllosen voneinander unbeeinflußten Kulturen, die ganz unterschiedliche Religionen, Wirtschafts- und Familienbeziehungen haben (siehe dazu 83). Wie immer man zum Patriarchat stehen mag (derzeit ist es ja ein Wort, das man sich nur mit dem Tonfall tiefster Abscheu in den Mund zu nehmen traut), so kennzeichnet es jedenfalls eine Gesellschaftsform, in der den Männern die Wahrnehmung der Aufgaben für die größere Einheit der Familie, der Sippe oder des Stammes zukommt. Diese Aufgaben sind im allgemeinen eher nach funktionalen Kriterien zu bewältigen. Der Überblick über die Geschichte der Bildungseinrichtungen im

Abendland (siehe Abschnitt 3.3.3) läßt erkennen, daß auch in unserem Kulturkreis vorwiegend die männliche Jugend für Gemeinschaftsaufgaben geschult wurde.

Um es noch einmal deutlich zu sagen: Ich versuche diese Allgemeingültigkeit nicht deswegen hervorzustreichen, weil ich daraus ihre Unveränderlichkeit ableiten möchte. Ich will sie auch nicht dazu verwenden, die bestehende gesellschaftliche Arbeitsteilung von Mann und Frau für unabänderlich zu erklären. Ich meine allerdings, daß man die Information der männlichen funktionalen Begabung und der weiblichen personalen als ein sehr grundlegend im Menschsein verankertes Merkmal ernst nehmen sollte. Oder wie C.G. Jung sagt: Die Psychologie der Frau

> „.... gründet sich auf das Prinzip des Eros, des großen Binders und Lösers, während dem Manne seit altersher der Logos als oberstes Prinzip zugedacht ist. Man könnte den Begriff Eros in moderner Sprache als seelische Beziehung und Logos als sachliches Interesse ausdrücken." (Zitiert in 94, S. 104)

Bedingt durch diese besondere Ausrichtung sind Mann und Frau auch bezüglich der Übertreibungen in dieser Polarität gefährdet. Die Perversion des männlichen Verhaltens besteht darin, daß der Mann bei seinem Tun aus den Augen verliert, daß er Aufgaben für andere wahrzunehmen hat, und sich nur mehr in der ichbezogenen Machtausübung gefällt. Dann wird die ausgeübte Funktion zum Selbstzweck, Menschen werden zu reinen Instrumenten herabgewürdigt, sodaß bei der Wahrnehmung von Aufgaben überhaupt keine personale Begegnung mehr stattfindet. Leider ist unsere heutige Gesellschaft nur allzu stark von diesem Zugang geprägt (siehe Kapitel 8 und 9). Dann wird der Mensch zum Rädchen im großen Getriebe. Seine Besonderheit und somit seine Entfaltung und seine Freiheit gehen im reglementierten Apparat verloren.

Bei der Frau besteht die Gefahr, daß sie ihre personale Begabung egoistisch mißbraucht und damit andere Menschen so stark an sich bindet, daß diese sich nicht lösen können. Die Mutter-Kind-Beziehung ist in dieser Hinsicht besonders gefährdet. Wenn Mütter sich wie Gluckhennen auf ihre Kinder setzen, verhindern die allzu intensiven Bindungen, daß sich die Kinder ablösen und erwachsen werden können. Sie stehen dann lebenslang in einer Abhängigkeitsbeziehung. Auch die Beziehungen zu Männern können Frauen mißbrauchen, indem sie den Partner sexuell abhängig machen. In diese Fällen wird die personale Begabung statt zur Hingabe zur eigennützigen Machtausübung mißbraucht.

In einem Fall werden also personale Bindungen so intensiviert, daß der Partner seine Freiheit dadurch verliert, daß sein Ich im Du ausgelöscht wird. Im anderen Fall geht das Ich ebenfalls verloren und wird im anonymen Getriebe zum unpersönlichen Es. In keinem der Fälle kommt es dann zu einer gegenseitig befruchtenden Bereicherung von Ich und Du. Daher gilt es, personale und funktionale Begabung harmonisch zusammenzuführen, worüber in den beiden Schlußkapiteln noch ausführlich die Rede sein soll.

7. Zwei Arten, Mensch zu sein

Mit diesem Kapitel möchte ich den Teil der gezielten Sammlung von Information beschließen und abrunden. In den vorhergehenden Kapiteln habe ich mich bemüht, den wissenschaftlichen Jargon möglichst zu vermeiden. Daher sind in diesen Abschnitten auch Begriffe wie Energie- und Informationsverarbeitung, Struktur und ähnliches möglichst wenig verwendet worden. Auf den folgenden Seiten möchte ich aber noch einmal auf die einleitend angestellten Vorüberlegungen zurückkommen.

Wissenschaft kann die unfaßbare Vielfalt, die rund um uns und in uns besteht, nur äußerst bruchstückhaft erfassen. Da sie auf das Vergleichbare, Meßbare allein angewiesen ist, erscheint ihr Zugang besonders dann, wenn es um den Menschen geht, auffallend unzureichend. Ist man sich dieser Begrenzung aber bewußt, so kann man mit der systematischen Erfassung von allgemeinen Beobachtungen doch auch wichtige Einsichten erzielen.

Wir haben also versucht, den Menschen unter dem besonderen Blickwinkel zu betrachten, daß er Energie und Information verarbeitet, und daß er dies aufgrund einer unterschiedlichen inneren Struktur (Ordnung) verschieden bewältigt je nachdem, ob es sich um einen Mann oder um eine Frau handelt.

Als ich mit dieser Arbeit begonnen habe, hatte ich ein paar Vermutungen über Merkmalsunterschiede. Sie haben mich bei der Datensammlung geleitet. Erst als ich zum ersten Mal versuchte, die zusammengetragene Information in einem Überblickskapitel zusammenzufassen, fiel mir auf, daß diese vielfältigen Beobachtungen ja sehr sinnvoll miteinander in Beziehung standen. Die einzelnen Steinchen, die ich gesammelt hatte, ließen sich nicht nur zu zwei unterscheidbaren Haufen auseinandersortieren, man konnte sie vielmehr zu zwei Mosaiken zusammenfügen: Die Sonderbegabungen von Mann und Frau fügten sich jeweils zu einem besonderen Bild. Ja, und dieses Bild (es ist in typisch männlicher Art modellhaft, funktional in Tabelle 11 zusammengefaßt) möchte ich auf den folgenden Seiten skizzieren.

Tabelle 11
Strukturunterschiede und Haupteigenschaften von Mann und Frau im Überblick

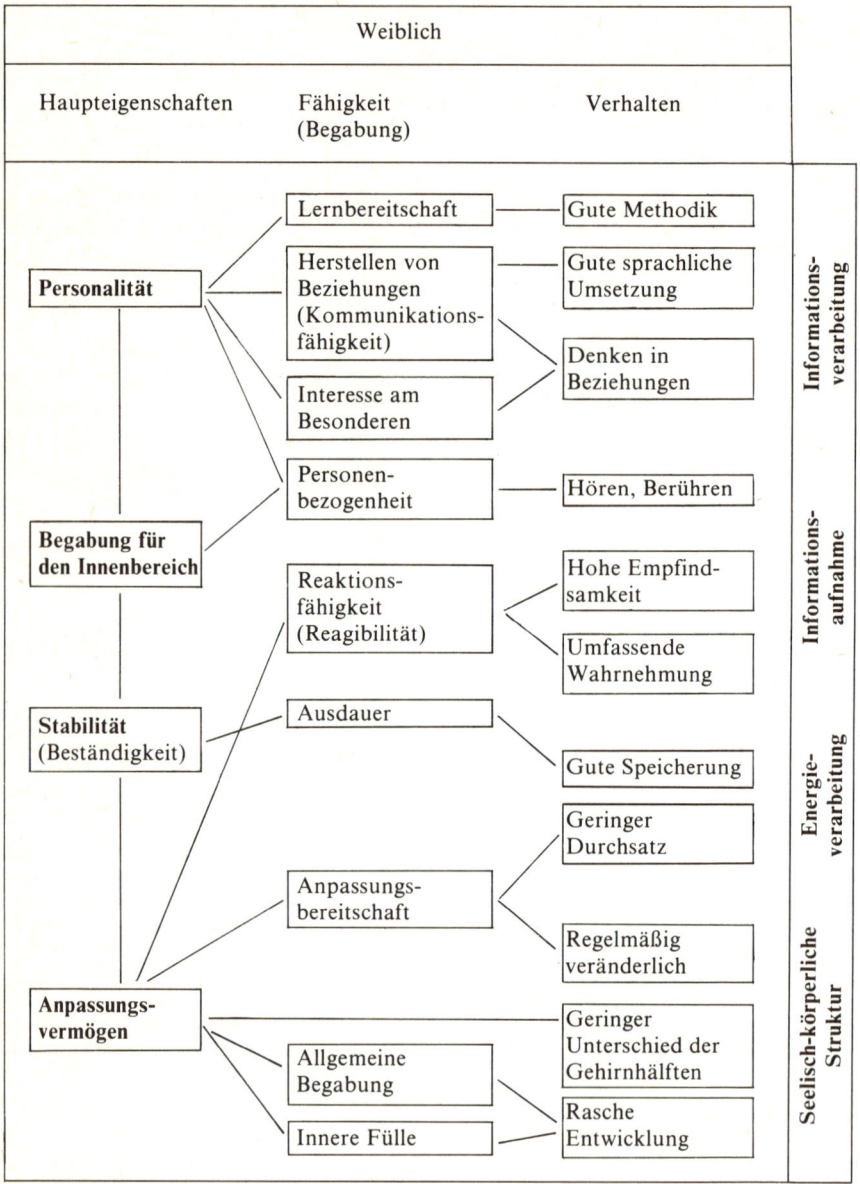

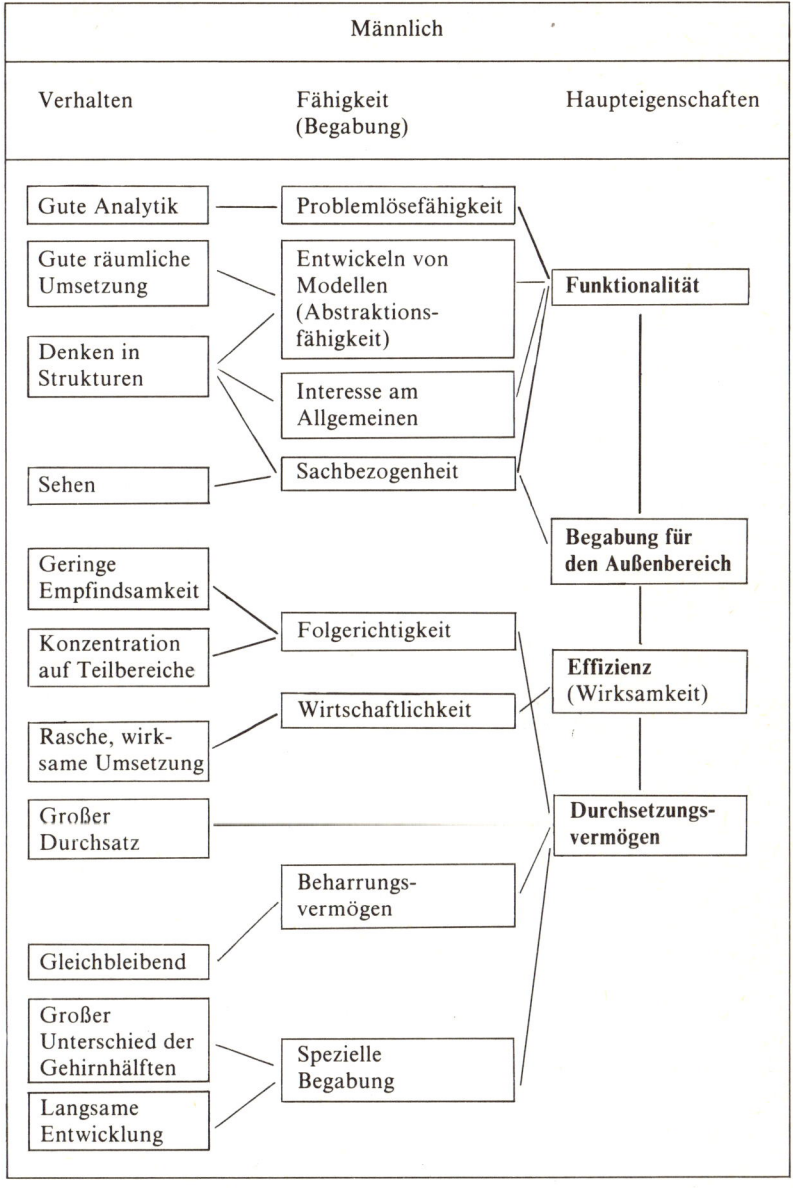

7.1 Strukturunterschiede

7.1.1 Folgen der verschiedenartigen Entwicklungsgeschwindigkeit

Die Reifungszeit der Männer dauert länger als die der Frauen.* Je anhaltender ein Entwicklungsprozeß aber ist, umso länger können Außeneinflüsse das Endergebnis beeinflussen. Die beim Mann beobachtete größere Merkmalsvielfalt dürfte mit diesem Umstand in Beziehung stehen. Weil auch das männliche Gehirn langsamer reift, wirken sich kulturelle Einflüsse voraussichtlich länger gestaltend bei Burschen aus. Die im Jugendalter vermittelte Bildung wäre demnach für Mädchen, die ja früher reif sind, nur mehr Information, die sie aufnehmen, verarbeiten oder speichern können. Beim männlichen Geschlecht käme die Wirkung dazu, daß das noch prägbare Gehirn in seiner Funktionsweise beeinflußt wird. Zu erwarten ist daher, daß Männer stärker an die jeweilige Kultur angepaßt sind. Heute werden E. Kloehn (119) zufolge im Jugendalter starke Reize im Hinblick auf räumliches und rationales Denken in der Bildung vermittelt. Das könnte die ohnedies gegebene männliche Veranlagung noch verstärken.

Männer sind somit länger wirksamen Anpassungsprozessen ausgesetzt. Dementsprechend ist zu erwarten, daß sie stärker spezialisiert, auf die Wahrnehmung sehr spezifischer Aufgaben vorbereitet und daher innerhalb eines vorgegebenen Rahmens auch besonders effizient sind.

Frauen wären demgegenüber begabungsmäßig weniger gezielt ausgerichtet. Ihre kürzere Prägezeit legt sie weniger fest. Sie verfügen über eine größere Bandbreite von Möglichkeiten.

7.1.2 Der zyklische Lebensrhythmus der Frau

Frauen erleben während eines langen Zeitabschnitts ihres Lebens wiederkehrende Schwankungen in ihrem Befinden. Obwohl die Veränderungen individuell verschieden stark erfahren werden, zeigt allein die Schwankung des Hormonspiegels im Monatszyklus, daß der Mann vergleichsweise ein statisches Befinden hat. Frauen sind damit immer wieder herausgefordert, sich mit ändernden Bedingungen abzufinden, sich an eine wechselnde Art des Erlebens anzupassen. Je nach ideologischem Standpunkt wird dem mehr oder weniger Bedeutung beigemessen. Unabhängig davon kann wohl erwartet werden, daß, wer regelmäßig gezwungen ist, sich an wechselnde

---

* Diese und alle folgenden Aussagen betreffen die Durchschnittswerte.

Lebensbedingungen anzupassen, ganz allgemein flexibler sein wird als jemand, der diesem Zwang nicht unterworfen ist (wie eben der Mann).

Es ist zu erwarten, daß sich dies auch auf psychischer Ebene auswirken wird: Wer an sich selbst immer wieder Gefühls- und Stimmungsschwankungen erlebt, wird voraussichtlich (vor allem, wenn er sich dieser Erfahrung stellt) mehr Einfühlungsvermögen für die Gemütslage anderer Menschen entwickeln. Es spricht daher viel dafür, daß Frauen leichter Verständnis für die Relativität des menschlichen Erfahrens, ja ganz einfach der menschlichen Möglichkeiten entwickeln.

Automatisch tritt dieses Einfühlungsvermögen sicher nicht auf. Aber die Voraussetzungen für sein Eintreten sind bei der Frau eben ungleich besser. Ist nicht aber auch zu erwarten, daß unter diesen Bedingungen Frauen auch eher lernbereit sein werden? In der Lernbereitschaft drückt sich doch eine Offenheit für neue Erfahrungen aus. Sie aber dürfte wiederum in Beziehung zur größeren weiblichen Offenheit und zum stärkeren weiblichen Interesse für das Besondere, vor allem der Mitmenschen stehen. Denn wer die Welt selbst immer wieder aus einem anderen Blickwinkel erlebt, ist sicher eher geneigt, diese Welt nicht einfach und primitiv, sondern vielfältig zu sehen.

7.1.3 Schwangerschaft, Geburt, Stillen

Diese Erfahrungen sind ausschließlich dem weiblichen Geschlecht vorbehalten. Sie stellen einschneidende Erlebnisse im Leben der Frau dar. In vieler Hinsicht läßt sich für die Auswirkungen von Schwangerschaft und Geburt ähnliches sagen wie für den Monatszyklus: In jedem Fall handelt es sich um die Erfahrung starker Veränderungen im eigenen Lebensgefühl, um das Sich-Anpassen an Vorgänge, die man selbst nicht steuern kann.

Frauen sind unvergleichlich mehr in das Geschehen eingeordnet, aus dem neues Leben entsteht, sie erfahren eine unvergleichliche Nahebeziehung zu ihren Kindern, die ihrerseits in besonderer Weise von der Zuwendung ihrer Mutter abhängig sind. All das trägt zweifellos zu der stärkeren personalen Ausrichtung der Frau bei.

Diese Erfahrungen macht der Mann alle nicht selbst, er ist bei all dem bestenfalls Beobachter. Auch die Erfahrung der zyklischen Schwankung ist ihm weitgehend fremd. Seine Grundbefindlichkeit ist überwiegend gleichbleibend. Diese größere Statik begünstigt sicher die größere Starrheit, die man am männlichen Verhalten beobachtet. Sie ist wiederum eine günstige Voraussetzung für das bei den Männern ebenfalls festgestellte größere Durchsetzungsvermögen.

7.2 Unterschiedliche Grundsätze bei der Energieverarbeitung

Sehr deutlich sind die Unterschiede (siehe Abschnitt 2), wenn es um die Anwendung von Kraft geht. Kraft ist aber letztlich nichts anderes als die Energie, die ein Mensch gegenüber einem Gegenstand oder einer Person in seiner Umwelt einzusetzen vermag. Spricht man also davon, daß Männer viel kräftiger als Frauen sind, so kann man dies auch als unterschiedliche Fähigkeit, Energie umzusetzen und zu mobilisieren, bezeichnen.

Wodurch unterscheiden sich also Mann und Frau in dieser Hinsicht? Männer können besser als Frauen rasch Energie mobilisieren. Diese wiederum sind eher auf Energiespeicherung für langfristigen Einsatz angelegt. Es stehen einander also wirksame kurzfristige Bereitstellung und ausdauernde Langzeitleistung gegenüber.

Ein anderes Unterscheidungsmerkmal ist das Ausmaß an Kraft, sprich Energie, das eingesetzt werden kann. Bedingt durch ihre größere Muskelkraft, die besonderen Merkmale ihres Herz-, Kreislauf- und Atmungssystems können Männer weit mehr Energie ein- und durchsetzen. In dieser Hinsicht ist die Frau körperlich vergleichsweise begrenzt. Diese Unterschiede wirken sich natürlich darauf aus, wie Mann und Frau mit ihrer Umwelt in Beziehung treten: Die Fähigkeit des Mannes, Energie rasch zu mobilisieren und machtvoll einzusetzen, ermöglichen es ihm eher, seine eigenen Vorstellungen in der Umwelt durchzusetzen. Diesem Zweck dient auch der Umstand, daß der Mann eher auf Effizienz programmiert ist als die Frau. Effizienz und Durchsetzungsvermögen wiederum begünstigen die männliche Neigung zur Umweltgestaltung durch wirksame Eingriffe.

Mangels gleichwertiger Fähigkeiten zu massivem Energieeinsatz ist die Frau weniger gut von ihrer körperlichen Ausstattung her imstande, ihre Umwelt nach den eigenen Vorstellungen zu gestalten. Wer aber seine Strategien nicht durch Eingriff durchzusetzen vermag, wird eher dazu neigen, Divergenzen mit der Außenwelt im eigenen Innenbereich auszugleichen. Kurz, er wird größere Anpassungsbereitschaft entwickeln. Andererseits trägt der Umstand, daß Frauen eher auf Dauerleistungen und auf Energiespeicherung angelegt sind, dazu bei, daß sie mit der wichtigen Eigenschaft größerer Anpassungsfähigkeit ausgestattet sind.

7.3 Die unterschiedliche Art, Informationen aufzunehmen

Die beiden Geschlechter sind unterschiedlich empfindsam auf Signale, die aus der Umwelt kommen: Frauen haben eine niedrigere Reizschwelle für die Aufnahme von Information. Beispielsweise sind sie schmerzempfindlicher. Weiters verfügen Frauen über ein breiteres Aufmerksamkeitsspektrum, denn sie nehmen viel eher Nebensächlichkeiten wahr. Männer können sich hingegen besser auf Einzelheiten konzentrieren, von Nebensächlichem absehen; sie sind, wie es in der Fachsprache heißt, feldunabhängiger.

Höhere Empfindsamkeit und breitere Aufmerksamkeit erleichtern der Frau das rechtzeitige Reagieren auf Signale. Diese Eigenschaft stellt einen weiteren wichtigen Beitrag zur größeren weiblichen Anpassungsfähigkeit dar. Wer rechtzeitig Signale wahrnimmt, kann sich in geeigneter Weise an veränderte Umweltgegebenheiten anpassen.

Anders die Situation beim Mann: Geringere Empfindsamkeit und größere Fähigkeit, sich auf Einzelheiten zu konzentrieren, begünstigen seinen Zugang, Umwelt gezielt zu gestalten. Er konzentriert sich leichter auf das, was er für wesentlich ansieht, läßt sich weniger leicht von Nebensächlichem ablenken und registriert, mangels Empfindsamkeit, vieles nicht, was sein Vorgehen sonst hindern würde.

Unterschiede treten auch in der Sinneswahrnehmung auf: Männer sind eher über die Augen, Frauen eher über das Gehör und den Tastsinn ansprechbar. Die visuelle Begabung stattet den Mann in besonderem Maß für den Umgang mit der unbelebten Umwelt aus. Sie trägt dazu bei, daß der Mann eher sachbezogen ist und in der Folge funktional an Probleme herangeht. Die stärker auf das Gehör und den Tastsinn ausgerichteten Frauen sind wiederum stärker personenbezogen, da diesen beiden Sinnen im Umgang mit Menschen besondere Bedeutung zukommt. Auch daraus erklärt sich die stärkere personale Ausrichtung der Frau.

7.4 Ansätze der Informationsverarbeitung

Frauen denken eher in Beziehungen, Männer eher in Gegenständen und Ordnungen. Daher entwickeln Frauen ein größeres Interesse für das, was zwischen Menschen, Lebewesen und Gegenständen geschieht. Dieses Geschehen hängt wiederum stark von den besonderen Merkmalen und Eigenschaften der Objekte und Personen ab. Daher auch ihr größeres Interesse für das Besondere, für das Personale. Wer hingegen wie die Männer eher in Strukturen und Ordnungen denkt, neigt dazu, von den Besonderheiten der einzelnen Objekte abzusehen. Er denkt in allgemeinen Kategorien, sucht eher hinter dem Besonderen das Allgemeine. Diese Ausrichtung ist wiederum eine wichtige Voraussetzung für den funktionalen Zugang des Mannes.

Frauen setzen Information sprachlich, also verbal um, während bei Männern eher eine Begabung für die räumliche, modellhafte Umsetzung vorherrscht. Die größere sprachliche Begabung der Frau findet ihren Niederschlag in der ebenfalls feststellbaren größeren Begabung für Kommunikation. Und diese stellt wiederum ein weiteres Mosaiksteinchen im Bild der größeren personalen Begabung des weiblichen Geschlechts dar. Was hingegen die räumliche Umsetzung von Information anbelangt, so begünstigt dieser Ansatz eher die Fähigkeit, in abstrakten Modellen zu denken und solche Modelle zu entwickeln. Auch hier läßt sich wieder eine Querbeziehung zur größeren funktionalen Begabung des Mannes herstellen.

Schließlich sei noch auf einen weiteren Unterschied hingewiesen: Männer sind in der Tendenz intellektuell-analytisch begabt, während Frauen eher bei der Methodik der Problemlösung und im ganzheitlichen Zugang zu komplexer Information überlegen sind. Auch hier lassen sich Querbeziehungen feststellen: Wer über gute Methoden der Problemlösung verfügt, wird eher aus Erfahrungen lernen. Größere Lernbereitschaft ist jedoch sicher eine wesentliche Voraussetzung für den harmonischen Umgang mit anderen Menschen, setzen doch geglückte zwischenmenschliche Beziehungen eine fortgesetzte Lernbereitschaft und -fähigkeit voraus. Andererseits ist Lernfähigkeit natürlich auch eine wichtige Voraussetzung für hohe Anpassungsfähigkeit.

Wer andererseits über intellektuell-analytische Fähigkeiten verfügt, wird eher zu der Vorstellung neigen, auch komplizierte Zusammenhänge in der Umwelt im wesentlichen zu durchschauen. Er wird sich berechtigt fühlen, diese Umwelt zu gestalten, und sich die Lösung von Problemen zutrauen. Damit landen wir bei der typisch männlichen Strategie des gezielten Umweltgestaltens.

7.5 Die Querbeziehung zwischen den Grundeigenschaften

Folgende Merkmale haben wir als gesellschaftlich bedeutsame Grundeigenschaften herauszuarbeiten versucht: Stabilität, Anpassungsfähigkeit, Personalität und Begabung für den Innenbereich bei den Frauen; Effizienz, Durchsetzungsvermögen, Funktionalität und Begabung für den gesellschaftlichen Außenbereich bei den Männern.

Wenn diese Merkmale so nebeneinander aufgezählt werden, wird schon deutlich, daß sie miteinander in Beziehung stehen, etwa die größere weibliche Anpassungsfähigkeit und die besondere personale Begabung der Frau. Man könnte sogar sagen, daß anpassungsfähig zu sein wohl die eigentliche Voraussetzung für geglückte Beziehungen zwischen Menschen darstellt. Wo die Anpassungsfähigkeit fehlt, wird auch niemals auf Dauer eine geglückte personale Beziehung bestehen können.

Ähnliches gilt für Anpassungsfähigkeit und Stabilität. Überleben kann nur, wer imstande ist, sich an veränderte Außenbedingungen anzupassen. Bei der unfaßbaren Fülle von Beziehungen, die in der Welt bestehen und wirken, bleibt es eine Illusion zu glauben, man könne auf Dauer mit gezielter Umweltgestaltung den Zwang zur eigenen Anpassung vermeiden. Die größere Überlebensfähigkeit der Frau hängt somit eng mit ihrer Anpassungsfähigkeit zusammen.

Ebenfalls naheliegend ist die enge Beziehung zwischen personaler Begabung und Ausrichtung auf den gesellschaftlichen Innenbereich, etwa auf den überschaubaren Raum von Familie oder Nachbarschaftsbeziehungen. Ein wesentliches Merkmal ist hier die Überschaubarkeit. Diese ist jedoch vor allem dann gegeben, wenn Menschen einander als Personen mit besonderen Merkmalen und nicht anonym als Rollenträger begegnen. Der Umstand wiederum, daß Frauen einen größeren Teil ihres Lebens in diesem Innenbereich leben, trägt zu ihrer größeren Stabilität bei. Sie sind dadurch weniger der in den anonymen Großräumen der Gesellschaft vorherrschenden Konkurrenz und dem Kampf ums Überleben ausgesetzt.

Erst wenn, wie in den letzten Jahrzehnten, sich dieser Innenbereich auflöst, weitgehend an Bedeutung verliert, keine gesellschaftliche Anerkennung erhält und zum Schlachtfeld von Klischeevorstellungen wird, kann sich dieser positive Zusammenhang umkehren. Dann geschieht es, daß sich die Frauen zuhause nur mehr eingesperrt, in anonymen Siedlungen von der Nachbarschaft isoliert, mit ihren Sorgen und Problemen alleingelassen, mit scheinbar sinnlosen, intellektuell nicht herausfordernden Tätigkeiten wie Aufräumen und Wäschewaschen überfordert vorkommen. Dann trägt das Tätigsein für den Innenbereich nicht mehr zu größerer Stabilität bei, sondern führt im Gegenteil dazu, daß die Frauen starken — vor allem psychischen — Belastungen ausgesetzt sind.

In ähnlicher Weise stimmig — nur in anderen Merkmalen — ist das Zusammenwirken der männlichen Grundeigenschaften: Auf die enge Beziehung zwischen Effizienz und Durchsetzungsvermögen wurde schon mehrfach hingewiesen. Deutlich ist aber auch die Querbeziehung von Durchsetzungsvermögen und funktionaler Begabung. Die Fähigkeit, sich durchsetzen zu können, prädestiniert den Mann dazu, seine Umwelt zu gestalten. Dies erfordert jedoch im allgemeinen einen funktionalen Zugang, ob es sich nun um die Gestaltung der unbelebten Umwelt oder der sozialen Bedingungen handelt. Die größere funktionale Ausrichtung erleichtert es dem Mann, Aufgaben für größere soziale Einheiten wahrzunehmen, wenn es gilt, allgemeine Interessen gegen einzelne Personen oder Partikularwünsche durchzusetzen. Dann muß man auch einmal stärker das Wohl der Allgemeinheit im Auge behalten können und die besonderen Anliegen eines einzelnen relativieren.

Solche Aufgaben fallen im allgemeinen im Außenbereich der Gesellschaft, also dort an, wo von der spezifischen Persönlichkeit des Menschen eher abgesehen werden kann und dem Menschen vor allem als Träger von Funktionen Bedeutung zukommt. Solche Aufgaben sind im allgemeinen mit größerer Ungeborgenheit und mit Gefährdung verbunden, was sich wieder auf die größere Verletzlichkeit des Mannes auswirkt, also seine geringere Stabilität.

Somit lassen sich die bisherigen Ergebnisse wie zwei Puzzles zusammenfügen. Ausgangspunkt der Beobachtungen waren Merkmale in den Dimensionen Informationsverarbeitung und -aufnahme, Energieverarbeitung und körperlich-seelische Struktur. Sie schlagen sich in unterschiedlichen Verhaltensweisen und Eigenschaften von Mann und Frau nieder, die sich in wenigen Grundbegabungen zusammenfassen lassen.

Sie sollen in den folgenden Überlegungen über Leitbilder für Mann und Frau in einer Gesellschaft von morgen die Grundlage unserer Überlegungen bilden. Ich habe mich dabei bemüht, diese Grundbegabungen auf einer solchen Ebene zu erfassen und zu beschreiben, die nicht sofort zu ideologisch gefärbter Bewertung Anlaß geben muß. Ist es nicht offenkundig, daß eine überlebensfähige Gesellschaft darauf angewiesen sein wird, daß sowohl die männlichen als auch die weiblichen Begabungen ausreichend zum Zug kommen?

Es erscheint mir offenkundig zu sein, daß auf diesem Niveau der Betrachtung das gegeneinander Ausspielen von männlich und weiblich einfach unsinnig ist. Denn jedes System braucht Anpassungsfähigkeit und Durchsetzungsvermögen, ist auf Effizienz und Stabilität angewiesen. Handelt es sich darüber hinaus um ein soziales System, so bedarf es ohne Zweifel sowohl eines personalen als auch eines funktionalen Zugangs. Und schließlich ist es wohl offenkundig, daß jede Gesellschaft darauf angewiesen ist, daß Aufgaben wirksam sowohl im Innen- als auch im Außenbereich wahrgenommen werden.

Die in diesem Kapitel und in Tabelle 11 (142 f.) zusammenfassend dargestellten Zusammenhänge lassen erkennen, daß durch das Zusammenwirken von Anlagen, Erziehung und kulturellen Einflüssen im allgemeinen zwei in sich stimmige Grundkonzepte von Lebensgestaltung entstehen. Diese zwei Zugänge zum Menschsein sind grundsätzlich gleichwertig, werden je nach Besonderheit des einzelnen mehr oder weniger idealtypisch verwirklicht, weisen in den konkret beim einzelnen anzutreffenden Verwirklichungen keine scharfe Grenze zwischen den Geschlechtern auf. Dennoch läßt sich davon sprechen, daß es zwei Arten gibt, das Menschsein zu verwirklichen, eben als Mann und Frau. Und das bedeutet mehr, als nur körperliche Unterschiede aufzuweisen.

Eigentlich könnten wir dankbar sein für diese besondere Art, in der sich menschliche Vielfalt auch im Mann- oder Frausein äußert. Allein die Tatsache ihres Bestehens ist Grund zur Freude und zum Staunen. Wieviel Faszination ginge doch mit der Beseitigung der damit verbundenen Vielfalt verloren! Sie ist ein Wert an sich.

Da diese Feststellung heute aber vielfach umstritten ist, ja viele sich gar nicht mehr trauen, auf das Bestehen der Sonderbegabungen hinzuweisen, möchte ich in den folgenden Abschnitten näher auf die Sinnhaftigkeit des Bestehens dieser Polarität im Mann-Frau-Sein eingehen.

8. Wer ist der Mensch?

Wir haben das Thema der besonderen Begabung von Mann und Frau bisher unter einem sehr eingeschränkten Blickwinkel — der allerdings ein für unsere Zeit typischer Zugang ist — betrachtet: Wie es die Wissenschaft eben tut, haben wir systematisch nach allgemeinen Merkmalen gesucht, um sie zu einem Muster zusammenzufassen. Wir haben versucht, den Ist-Zustand der weiblichen und männlichen Sonderbegabungen zu skizzieren.

Schon diese Zustandsbeschreibung wird nicht ganz unumstritten bleiben, ist sie doch, wie ich schon einleitend festgestellt habe, stark von dem Grundanliegen geprägt, Geschlechtsunterschiede herauszuarbeiten. Noch deutlicher werden die Meinungsverschiedenheiten zutage treten, wenn wir uns jener Frage zuwenden, die sinnvoller Weise an eine solche Bestandsaufnahme angeschlossen werden sollte: Muß diese Verschiedenartigkeit so sein, wie sie ist? Oder kann man sie verändern?

Was die Veränderungsmöglichkeiten anbelangt, so ist die Frage einfach zu beantworten: Veränderungen sind selbstverständlich möglich. Schon heute kann man vieles, was durch die Erziehung und sonstige gesellschaftliche Beeinflussung bedingt ist, gezielt anders prägen. Aber auch in die körperlichen Gegebenheiten kann eingegriffen werden, etwa über hormonelle Steuerung. Und selbst das, was heute in gewissem Sinn als „natürlich" vorgegeben erscheint, wird früher oder später dank des wissenschaftlichen und technischen „Fortschritts" verfügbar sein. Hier halte ich eigentlich jede Spekulation für zulässig. Die sich abzeichnenden Möglichkeiten der Befruchtung außerhalb des Mutterleibs lassen eine Zukunft, wie sie A. Huxley in „Brave new World" beschrieben hat, als durchaus realisierbar erscheinen: Die Loslösung der Zeugung und Entwicklung des Kindes von den Eltern.

Aber auf diese Art von Spekulationen will ich hier nicht eingehen. Ich möchte mich vielmehr im folgenden Kapitel der Frage zuwenden: Sollen wir Unterschiede abbauen, sollen wir Sonderbegabungen fördern oder unterdrücken? Welchen Sinn haben Bemühungen in die eine oder andere Richtung? Diese Fragen führen uns in eine neue Dimension der Betrachtung. Nicht mehr Beschreibung steht im Vordergrund, sondern Wertung. Wir werden sehen, daß wir uns bei der Beantwortung dieser Fragen nicht um die Auseinandersetzung mit den

Grundproblemen der menschlichen Existenz herumschwindeln können. Im folgenden gilt es also, Stellung zu beziehen zu Fragen wie: Wer ist der Mensch? Welchen Stellenwert hat er in der Gesellschaft? Welchen Sinn hat sein Leben?

Bevor ich diese Frage für mich persönlich zu beantworten versuche, muß ich noch einige beschreibende Abschnitte einschieben. In ihnen möchte ich herausarbeiten, welche Antworten auf die eben aufgeworfenen Grundfragen der Existenz in unserer Gesellschaft heute im allgemeinen gegeben werden und welche Mängel diese Antworten aufweisen.

8.1 Die Heilserwartungen unserer Zeit und ihre Schwächen

Wie stark die Diskussion über die Rollen von Mann und Frau mit Grundfragen der menschlichen Existenz zusammenhängt, wird am Beispiel der heute vorherrschenden Emanzipationsthese deutlich. Sie geht davon aus, daß die Geschlechter, also Mann und Frau, grundsätzlich gleich sind. Sie betrachtet die feststellbaren Verschiedenheiten als eine

> „von der geschichtlichen Entwicklung und den sozialen bzw. ökonomischen Verhältnissen bedingte sekundäre Bildung (mit Ausnahme der mit der Fortpflanzungsfunktion in Zusammenhang stehenden Verschiedenheiten)." (29, S. 32)

Bemerkenswert ist die heute allgemein gegebene Gleichsetzung von Emanzipation mit Frauenemanzipation. Offensichtlich wird unterstellt, daß der Loskauf (Emanzipation war ja im römischen Recht das Freimachen aus einem rechtlichen Abhängigkeitsverhältnis) beim Mann schon weitgehend gelungen sei. Jedenfalls wird aber auch die Frauenemanzipation als Teil eines umfassenderen Befreiungsprozesses des Individuums verstanden. Die geistigen Wurzeln dieser Grundausrichtung auf Befreiung aus erniedrigenden Abhängigkeiten sind in den gesellschaftlichen Theorien von K. Marx und seinen Anhängern zu suchen. Ihren Vorstellungen zufolge werden die Frauen dadurch befreit, daß ihre Entfremdung (also ihre gestörte Beziehung zur Gesellschaft) aufgehoben wird:

> „Die Frau der neuen Gesellschaft ist sozial und ökonomisch vollkommen unabhängig, sie ist keinem Schein von Herrschaft und Ausbeutung mehr unterworfen, sie steht dem Manne als Freie, Gleiche gegenüber, sie ist Herrin ihrer Geschicke. Ihre Erziehung

ist der des Mannes gleich, mit Ausnahme der Abweichungen, welche die Verschiedenheit des Geschlechts und ihre geschlechtlichen Funktionen bedingen..." (A. Bebel, zitiert in 29, S. 33)

Die Stoßrichtung ist das Erreichen eines bestimmten gesellschaftlichen Zustandes, einer „neuen Gesellschaft". Und für diese Gesellschaft werden die Spielregeln festgelegt: Die Menschen in diesem System sind frei von Herrschaft und Ausbeutung. Mann und Frau sind voneinander nicht abhängig, sie werden gleich erzogen. Gedacht wird in den Kategorien Macht, Herrschaft, Ausbeutung, Freiheit und Gleichheit. Zweifellos sind das Dimensionen, die menschliches Leben ganz entscheidend prägen können. Nur darf man bei all ihrer Wichtigkeit nicht übersehen, daß es sich auch nur um Teilaspekte des menschlichen Lebens handelt.

Wie sehr bei dieser Betrachtungsweise der Gesellschaft der Vorrang gegenüber dem Einzelmenschen eingeräumt wird, kommt deutlicher in einem anderen Zitat von Bebel zum Ausdruck:

„Bei dieser (der Frauenfrage, Anmerkung des Verfassers) handelt es sich um die Stellung, welche die Frau in unserem sozialen Organismus einnehmen soll, wie sie ihre Kräfte und ihre Fähigkeiten nach allen Seiten entwickeln kann, damit sie ein volles, gleichberechtigtes und möglichst nützlich wirkendes Glied der menschlichen Gesellschaft werde. Von unserem Standpunkt fällt diese Frage zusammen mit der Frage, welche Gestalt und Organisation die menschliche Gesellschaft sich geben muß, damit an Stelle von Unterdrückung, Ausbeutung, Not und Elend die physische und soziale Gesundheit der Individuen und der Gesellschaft tritt." (Zitiert in 151)

Im wesentlichen geht es somit um eine bestimmte Vision von Gesellschaft, von der man sich bestimmte Leistungen erhofft. Auf dem Weg zu dieser Gesellschaft wird dem einzelnen eine Rolle zugeordnet, die ihren Sinn aus der gesellschaftlichen Zukunft ableitet. Die Frau soll zwar ein volles und gleichberechtigtes, vor allem aber ein „möglichst nützlich wirkendes" Glied dieser Gesellschaft sein. Die Rolle wird als Instrument der Gesellschaft angesehen.

Sicher muß man — um diesen Aussagen gerecht zu werden — das Anliegen auf dem Hintergrund der zum Teil sehr drückenden Notsituation vieler Menschen am Ende des 19. Jahrhunderts (vor allem der Industriearbeiter) sehen. Der einzelne hatte eben nur Anspruch auf einen unzureichenden Teil der Leistungen der Gesellschaft. Die Vision einer Welt, in der Unterdrückung, Ausbeutung, Not und Elend nicht mehr den Alltag prägen sollten, mußte faszinierend wirken. Doch auch in dieser Vorstellung überwiegt die Abgrenzung gegenüber herrschenden Mißständen, und erfülltes menschliches Leben wird auf physische und soziale Gesundheit reduziert. Ein gesellschaftlicher Fortschritt, der nur dieses Ziel verfolgt, kann dem Menschen jedoch nicht gerecht werden, wie wir später sehen werden.

Wie stark in gesellschaflichen Kategorien gedacht wird, zeigt auch noch das folgende Zitat von F. Engels:

> „Die Befreiung der Frau wird erst möglich, sobald diese auf großem gesellschaftlichen Maßstab an der Produktion sich selbst beteiligen kann und die häusliche Arbeit sie nur noch in unbedeutendem Maß in Anspruch nimmt. Und dies ist erst möglich geworden durch die moderne große Industrie, die nicht nur Frauenarbeit auf großer Stufenleiter zuläßt, sondern förmlich nach ihr verlangt..."(58)

Auch hier wieder: Befreiung der Frau setzt Beteiligung an der „wichtigsten" menschlichen Tätigkeit, der Teilnahme an der gesellschaftlichen Produktion voraus. Weil diese Form gesellschaftlicher Leistung das große Ziel ist, gilt es, die Frau zur Beteiligung an der Erreichung dieses Hauptanliegens zu befreien.

Nun könnte man sicher einwenden, daß diese marxistisch geprägten Gedankengänge ja durchaus nicht allein maßgebend für unser westliches Denken seien. Wie steht es also mit dem liberalen Gedankengut? Zwar gab der liberale englische Ökonom J.S. Mill der Überzeugung Ausdruck, daß bestehende Geschlechtsunterschiede „völliger Gleichheit Platz machen müssen", dennoch fehlt es in dieser Denkrichtung an ähnlich dezidierten Aussagen wie bei den Marxisten.

Jedenfalls konzentrieren sich aber auch die liberalen Überlegungen, so wie die marxistischen, primär auf die Gestaltung des Wirtschaftssystems. Der Begriff Fortschritt wird primär auf die Wirtschaft angewendet. Bezüglich des Menschen wird vor allem der Wert der Freiheit betont. Damit steht hinter den liberalen Ansätzen ein reichlich verkürztes Menschenbild: „Homo oeconomicus" ist die Markenbezeichnung. Er beschreibt den Menschen als Wesen, das sich nur mit dem Verstand orientiert und aufgrund seines angeborenen Egoismus nach größtmöglicher Freiheit und Bedürfnisbefriedigung strebt.

Halten wir also fest, daß beide Denkrichtungen — trotz vieler Gegensätze, die die Art der gesellschaftlichen Organisation betreffen — sich in einem Grundverständnis sehr ähneln: Sowohl für Sozialisten wie auch für Liberale stellt Fortschritt primär eine gesellschaftliche Größe dar. Es geht darum, die wirtschaftliche und gesellschaftliche Leistung zu steigern, um möglichst viele menschliche Bedürfnisse möglichst umfassend befriedigen zu können. Unterschiedlicher Meinung ist man eigentlich nur über die Art, wie die Gesellschaft zu organisieren sei.

Sie sollten jetzt, lieber Leser, nicht den Eindruck bekommen, daß ich mich in Gedankenspielereien verliere, die uns allzuweit wegführen von unserem ursprünglichen Anliegen, uns Gedanken über das Mann- und Frausein zu machen. Viele Diskussionen heutzutage verlaufen deswegen oft so unbefriedigend, weil wir uns zuwenig Zeit nehmen, den Dingen auf den Grund zu gehen. Lassen Sie mich daher noch Gedanken über unser Fortschrittskonzept anschließen. Sie sind wichtig, weil das, was wir vielfach unausgesprochen als sinngebend ansehen, unser ganzes Leben prägt und daher auch auf unser Rollenverständnis einwirkt.

Auf der einen Seite liegt dem modernen Denken die Vorstellung zugrunde, der Mensch sei ein Bündel von Bedürfnissen, die es zu befriedigen gelte. Je mehr Bedürfnisse er befriedigen könne, umso glücklicher sei er. Unausgesprochen haben wir uns sogar darauf geeinigt, unsere Bedürfnisse als unbegrenzt anzusehen. Nur so ist es doch zu verstehen, daß wir es als Erfolg und Fortschritt feiern, wenn durch intensive Werbung wieder einmal neue Bedürfnisse beim Verbraucher geweckt wurden. Diese Sicht von der Unersättlichkeit des Menschen ist ja eine Voraussetzung dafür, daß der fortgesetzte Ausbau der wirtschaftlichen und gesellschaftlichen Leistungen seine Recht- fertigung findet.

Auf der anderen Seite ist das moderne Fortschrittsdenken getragen von der Überzeugung, der Mensch könne mit dem Mittel des Verstandes beliebig tief in die Zusammenhänge der Welt eindringen. In gewisser Hinsicht maßt sich der Mensch göttliche Fähigkeiten an. Der deutsche Theologe R. Guardini kennzeichnet die Zwiespältigkeit dieser beiden Sichten des Menschen folgendermaßen:

> „Einerseits steigert die neuzeitliche Auffassung den Menschen hinauf auf Kosten Gottes, wider Gott; andererseits hat sie eine herostratische Lust, ihn zu einem Stück Natur zu machen, das sich von Tier und Pflanze nicht grundsätzlich unterscheidet." (98, S. 61)

Das Hinaufsteigern auf Kosten Gottes drückt sich unter anderem darin aus, daß sich die Ansicht verbreitet, dem Menschen stehe es zu, alle seine wissenschaftlich gewonnenen Einsichten in technische Instrumente zur Neugestaltung der Welt umzusetzen. Die Vernunft diente ihm dabei als Wegweiser.

Diese Art des Denkens über den Fortschritt hat Wurzeln, die weit in die Vergangenheit zurückreichen. Was wir heute als gesellschaftlichen Fortschritt in politischen Reden angepriesen bekommen, ist letztlich ein Kind der Aufklärung. Wir entwickeln dabei einen unbegrenzten Optimismus bezüglich unserer zukünftigen Möglichkeiten, gezielt und planvoll auf gesellschaftlicher Ebene zu gestalten. Folgendes Zitat kennzeichnet diese Ausrichtung sehr treffend:

> „Die moderne Industriewelt kann als Versuch betrachtet werden, durch planmäßige Umgestaltung der gesamten vorgefundenen Welt alle Vorgänge berechenbar zu machen und dadurch die Herrschaft des Menschen zu unbeschränkter Verfügungsgewalt zu steigern... Die umgestaltete und beherrschte Welt soll dem Menschen ein besseres Leben ermöglichen, indem sie ihn vor Wechselfällen des Schicksals sichert und hohen Lebensstandard bietet." (197, S. 100)

Das eigentlich Sinnvolle sei unser gemeinsames Großprojekt der Welteroberung. Und das Leben — so herrscht heute die Meinung vor — gewinne in dem Maße an Bedeutung, in dem der Mensch sich an diesem Projekt beteiligt und dafür Leistungen erbringt. Damit sind wir wieder bei den Aussagen von Engels und Bebel gelandet, wobei jedoch mittlerweile deutlich geworden sein dürfte, daß dieses Grundkonzept heute Allgemeingültigkeit beansprucht:

> „Im Hinblick auf die Bedeutung des Einzelnen in der Geschichte prägt der historische Materialismus den Gedanken aus, daß der Wert jedes Menschen sich daran entscheidet, welchen Beitrag er zu einer fortschrittlichen und letzthin notwendigen Entwicklung der Menschheit leistet." (197, S. 216)

Der Psychoanalytiker H.E. Richter vergleicht die geistige Entwicklung Europas seit der Aufklärung mit dem Prozeß, der sich abspielt, wenn junge Menschen sich aus der Geborgenheit ihres Elternhauses ablösen, um auf eigenen Beinen zu stehen. Dann schlägt ihr Verhalten vielfach von einem Extrem ins andere über: Aus der totalen Geborgenheit des Kindes strebt der junge Mensch die totale Emanzipation an.

Analog sieht Richter die Entwicklung unserer Gesellschaft: Aus der totalen Geborgenheit in Gott, die das Bewußtsein der Menschen im Mittelalter geprägt hatte, versuchte der Europäer seit Beginn der Neuzeit, sein Schicksal vollständig in die eigene Hand zu nehmen. Er konzentrierte sich dabei immer mehr auf sich selbst und verwandelte sich langsam selbst in jene göttliche Gestalt, von der er sich eigentlich loslösen wollte:

> „So wurde jeder gewissermaßen sein eigener Gott." (175, S. 35)

In Nietzsches Übermensch wurde das moderne Leitbild am klarsten formuliert. Richter sieht in diesem Entwurf die Überkompensation eines trostlos vereinsamten Narziß, also eines in sich selbst verliebten Menschen. Sein „blutend Herz" sehnt sich aber zutiefst nach Heimat und Geborgenheit.

Auch die modernen Heilslehren von S. Freud, K. Marx und H. Marcuse landen Richter zufolge bei demselben Ergebnis, nämlich dem nur sich selbst verantwortlichen Titanen:

> „Jedenfalls sieht es so aus, als ob Herbert Marcuse nach Nietzsche den vorläufigen Endpunkt einer Philosophie der narzißtischen Omnipotenz (Allmächtigkeit) gesetzt habe. Marcuses Übermensch erlebt sich nicht mehr als Herr über Sklavenmenschen, sondern als Durchschnittsexemplar einer Übermenschen-Gesellschaft, die Spiel, Kunst und eine neue Form von befreiter Erotik treibt. Aber die Erotik des Marcuseschen Zukunftsmenschen ähnelt derjenigen von Nietzsches Übermenschen insofern, als ihr am höchsten die Selbstliebe zu gelten scheint." (175, S. 73)

Haben wir mit dieser Ausrichtung endlich den Stein der Weisen gefunden? Ist unser Fortschritt das Erfolgsrezept schlechthin? Immerhin haben wir Europäer es ja weltweit exportiert und bezeichnen alle jene Länder, die unseren Standard noch nicht erreicht haben, als Entwicklungsländer, also als solche, die sich tunlichst zu ihrem besten nach unserem selbstverständlich „allein seligmachenden Rezept" richten sollten.

Tatsächlich ist uns ja auch einiges mit diesem Fortschrittskonzept gelungen: Unsere Anstrengungen haben uns ein System beschert, das uns mit Gütern und Dienstleistungen in einem ganz außergewöhnlichen Maß versorgt. Die westlichen Industrieländer haben einen materiellen Standard erreicht, der alles bisher in der Geschichte Dagewesene in den Schatten stellt: Wir leben heute um durchschnittlich 20 bis 25 Jahre länger als unsere Vorfahren vor 100 Jahren, wir haben im selben Zeitraum unseren materiellen Standard etwa verzwölffacht, unser Ausbildungssystem wurde enorm ausgeweitet und unser Informationsstand hat sich geradezu explosionsartig erweitert . . . Das sind zweifellos stolze Erfolge. Aber ist das die gesamte Bilanz?

Auf der anderen Seite verlängert sich die Liste der negativen Folgen unserer einseitigen Ausrichtung beinahe täglich. Ich will auf diese Aspekte nicht näher eingehen. Sie werden uns in den Medien ohnedies dauernd vorgesetzt, sodaß ich mich hier mit einer schlagwortartigen Auflistung begnügen kann: Energie- und Rohstoffvergeudung und Umweltzerstörung (das Waldsterben ist ein wahres

Menetekel), die Kluft zwischen armen und reichen Ländern, der Skandal der Rüstung in einer Welt, in der Millionen hungern, die vorhersehbare Bedrohung sich abzeichnender technischer Entwicklungen (Mikroelektronik, Gentechnologie, Weltraumrüstung...), gestörte menschliche Beziehungen (Ehescheidungen, Kriminalität, Jugendverwahrlosung...), Sinnverlust, Flucht in Scheinwelten (Drogen, Sekten, Alkoholismus...)

Wenn wir uns diese Liste näher ansehen, so kann sie uns als Leitfaden für das Erkennen von Schwachstellen unseres bisherigen Fortschrittskonzeptes dienen. Da ist zunächst die Feststellung, daß — trotz aller zweifellos erzielten Erfolge — wir unseren Lebensraum eben nicht lückenlos beherrschen. Im Gegenteil, die unübersehbare Fülle von Umweltproblemen wirft die Frage auf, ob nicht die Vorstellung, der Mensch könne in alle wesentlichen Zusammenhänge mit seinem Verstand eindringen, einfach falsch ist. Wir lernen eben immer nur aus der Erfahrung, also im nachhinein. Jedesmal wenn wir also gestaltend eingreifen, müssen wir damit rechnen, daß wir nicht alle ins Spiel kommenden Faktoren im voraus bedacht haben. Daher läßt sich auch niemals mit Sicherheit im voraus sagen, ob sich das, was wir fortschrittlich zu tun gedenken, in der Endabrechnung als Erfolg erweist. Das Beispiel des Assuan-Staudamms ist dafür eine sprechende Illustration:

In der Ära Nasser unter tatkräftiger Mithilfe sowjetischer Experten geplant und gebaut, sollte dieser Riesenstaudamm am Nil ein Meilenstein in der Industrialisierung dieses Entwicklungslandes werden. Trotz der Größe des Projektes schien die technische Durchführung grundsätzlich überschaubar. Man wußte, wie man Laufkraftwerke baut — auch große.

Nicht gerechnet hatte man jedoch mit einer Fülle von Nebenwirkungen, die sich erst in den folgenden Jahren einstellten. Da war zunächst die Tatsache, daß der Stausee weitaus langsamer volllief, als man vorgesehen hatte. Vielleicht wird die Endhöhe erst in 50 Jahren erreicht werden — vielleicht aber nie. Es bildeten sich nämlich an der Wasseroberfläche Blattpflanzen, die die Verdunstung auf ein Vielfaches des vorgesehenen Wertes erhöhten. Die Folge davon war und ist, daß nur ein geringer Teil der Turbinen in Betrieb ist, also nur ein Teil der erhofften Elektrizität zur Verfügung steht.

Darüberhinaus gibt es eine Fülle von negativen Folgen dieses Projektes: Im stehenden Stauwasser vermehren sich die Krankheitserreger (besonders Bilharziose, eine Tropenkrankheit, die durch Infektion mit Saugwürmern entsteht). Daher ist die Umgebung des Stausees für Ansiedlungen unattraktiv.

Der Schlamm des Nils, seit Jahrtausenden Quelle der Fruchtbarkeit dieses Landes, sammelt sich nun im Staubecken (wo er stört) und fehlt flußabwärts (wo er dringend benötigt wird).

In weiten Bereichen des Landes ist das Grundwasser gesunken, und ehemals fruchtbare Oasen sind von Versteppung bedroht.

Neuesten Meldungen zufolge steht das Heben und Absenken des Wasserspiegels im Staubecken mit Erdbeben im nordostafrikanischen Raum in Beziehung.

Dieses Beispiel sollte nicht als Argument für eine unterschiedslose Technikfeindlichkeit mißbraucht werden. Es ist nur ein sprechender Beleg für die Zweischneidigkeit gezielten menschlichen Handelns: Je größer der Maßstab unseres Eingreifens, umso unübersehbarer die Folgen. Denn der Mensch ist nur begrenzt einsichtsfähig.

Allwissenheit ist auch mit dem Instrument der Wissenschaft keineswegs zu erreichen. Trotz aller fabelhaften wissenschaftlichen Fortschritte muß unser Wissen bruchstückhaft bleiben. Dazu H. Zemanek, ein Pionier der elektronischen Datenverarbeitung:

> „Der Mensch ist nicht Herr und Meister seines Lebens — er war es nicht von der Urzeit bis zum Mittelalter, er ist es nicht in der Gegenwart, und er wird es, nach allem, was die heutige Naturwissenschaft sagen kann, auch in der Zukunft nicht sein." (221)

Eigentlich müßte dies ohnedies sonnenklar sein, denn die Wissenschaft läßt uns bestenfalls das Allgemeine an Erscheinungen, Objekten und Personen erkennen. „Messen, was meßbar ist, und das, was nicht meßbar ist, meßbar machen" (Galilei) war die Erfolgsparole der Vergangenheit. Damit kann aber nur das Gemeinsame, Vergleichbare, niemals jedoch das Besondere ins Auge gefaßt werden. Der wissenschaftliche Zugang ist eben einseitig und damit begrenzt. Dies zeigt auch das folgende Zitat des französischen Philosophen H. Bergson:

> „Wir richten es ja in der Tat so ein, daß wir zwischen den Dingen trotz ihrer Verschiedenheit Ähnlichkeiten finden, und trotz ihrer Unbeständigkeit beständige Ansichten von ihnen gewinnen. So erhalten wir Ideen, an die wir herankönnen, während uns die Dinge selbst unter den Händen entgleiten. Alles dies ist vom Menschen gemacht." (Zitiert in 139 a)

Damit möchte ich keineswegs eine Haltung der Wissenschaftsfeindlichkeit nähren. Wohl aber sei darauf hingewiesen, daß sich Wissenschaft und Technik in ihrem Anspruch, in alle Wahrheit vordringen zu können, verstiegen haben. Wir waren uns der Begrenztheit der wissenschaftlichen Möglichkeiten lange Zeit zuwenig bewußt. Wir haben es dem Aristoteles nachgemacht, der das Wesen der Dinge, das Allgemeine an ihnen, höher bewertete als die konkreten Erscheinungen.

Natürlich konnte auch die Wissenschaft nicht umhin, dem Besonderen Rechnung zu tragen. Sie wertete es aber als Zufall, der als unerklärter Rest die erkannte Ordnung nur störte. Dabei hätte gerade die Tatsache, daß die Wissenschaft überall in ihrem Vordringen auf unerklärbare Zufallsgrößen stieß, ein Anlaß zur Bescheidenheit im Anspruch sein können.

Offensichtlich sind wir aber nicht allwissend und werden es auch in Zukunft nicht sein. Daher ist das Bauen an einer Welt, die nur den Gesetzmäßigkeiten, den allgemeinen Phänomenen, nicht aber den besonderen, nicht wiederholbaren Erscheinungen Rechnung trägt, ein tödlicher Irrtum.

Es gilt daher, das Besondere wieder aufzuwerten. Wir müssen davon abgehen, das Einmalige — nur weil es nicht in das technisch-wissenschaftliche Weltbild paßt — als Ärgernis zu empfinden. Und das gilt in besonderem Maße überall dort, wo es um den Menschen geht. Auch im Umgang mit dem Menschen haben wir uns allzusehr angewöhnt, ihn nur mit der Brille der Wissenschaft zu betrachten. Das bedeutet, ihn an allen Ecken und Enden mit Meßgeräten und Kennzahlen zu typisieren: Größe, Pulsschlag, Hirnvolumen, Intelligenzquotient, Durchschnittsmeinung, sexuelle Reaktionen, Kriminalitäts- und Selbstmordraten... Mit all dem kann man auch versuchen, den Menschen zu beschreiben — und ich habe das ja in den ersten Kapiteln auch des langen und breiten versucht —, aber man muß sich der Begrenztheit des Zugangs bewußt sein.

Worum es heute vor allem auch geht — und damit wollen wir uns im folgenden beschäftigen —, das ist, die Besonderheit des Menschen ins Auge zu fassen. Ein erster Schritt dazu wäre, daß wir uns wieder einmal die Sonderstellung des Menschen in der Schöpfung bewußtmachen. Mir gefallen diesbezüglich besonders die Ausführungen des Biologen J. Illies:

„Aber von welchem Stern müßte wohl ein Beobachter kommen und aus welcher völlig verdrehten Wirklichkeit, wenn er etwa nicht bemerken wollte, daß der Mensch bei aller Einheit mit dem Tier doch zugleich der ganz andere ist... Eben nicht Tier! Dieses ganz anders Sein kennzeichnet ihn mehr als alle Organgleichheit und läßt eigentlich nur die erstaunte Frage zu, warum eigentlich ein

Wesen, das so wenig Tier ist (und sein will) wie der Mensch, dennoch so viel Ähnlichkeit und Verwandtschaft mit dem Tier aufweist." (103, S. 43f.)

Geblendet von den Ähnlichkeiten im körperlichen Aufbau und in manchem Verhalten von Mensch und Tier und geprägt von unserer Verachtung für das Besondere, haben wir dieses spezifisch Menschliche allzu sehr ausgeblendet. Kein Wunder, daß wir eine Welt für lernfähige Tiere zu bauen begonnen haben. Was ist nun aber das Besondere am Menschen in seinem Kern? Dazu Illies:

„Die neueste Gehirnforschung stellt fest, daß dieser Geist — wie wir diese geheimnisvolle Kraft unseres Selbstbegreifens nennen — sich überhaupt nicht mehr durch die Eigenschaften der Gehirnzellen erklären läßt ... In einer gänzlich anderen, der naturwissenschaftlichen Erkenntnis entzogenen Region beheimatet, ist dieses menschliche Ich ... nicht weiter hinterfragbar, denn es ist es ja immer selbst, das da fragt. So bleibt denn also das ‚Ich bin, der Ich bin‘, das einst als Antwort eines Gottes auf die Frage nach seinem Namen verstanden wurde, heute das geheimnisvolle Siegel voll erwachter Menschlichkeit, das uns zugleich weit über alle Tiere erhebt und in die volle Verantwortung für sie einsetzt: Wir wissen von uns selbst, indem unser Ich davon weiß, daß wir sind." (103, S. 107)

Ähnliches stellt der Sozial- und Wirtschaftswissenschafter E.F. Schumacher fest:

„Der Mensch hat Lebenskräfte wie die Pflanze, Bewußtseinskräfte wie das Tier und offenbar etwas, das jenseits ihrer liegt: Die geheimnisvolle Kraft ‚z‘ ... Diese Kraft z hat zweifellos viel damit zu tun, daß der Mensch nicht nur denken, sondern sich seines Denkens bewußt sein kann." (190, S. 30)

Das Tier hat also viele Fähigkeiten, die der Mensch auch hat: Es kann lernen, Signale aussenden und verstehen, usw. ... Einzigartig ist aber die menschliche Fähigkeit, innerlich von allem Abstand nehmen zu können, um es zu betrachten. Schumacher nennt diese besondere Fähigkeit Selbstreflexivität:

„Die Kräfte der Selbstreflexivität sind im wesentlichen eher eine unbegrenzte Möglichkeit als etwas tatsächlich Bestehendes. Jeder einzelne Mensch muß sie entwickeln und ‚umsetzen‘, wenn er wahrhaft menschlich, und das heißt, Person werden soll." (190, S. 37)

162

Wir sollten uns noch ein wenig bei diesem Gedanken aufhalten. Die unbelebte Materie unterliegt, soweit wir dies erkennen können, nur den Naturgesetzen. Sie besitzt keinerlei Raum, in dem sie selbst verfügen kann. Pflanzen und Tiere sind in ihrem Verhalten weniger festgelegt. Sie werden von inneren Programmen, Reflexen, Instinkten, Konditionierung stark geprägt und gelenkt. Sie können aber auch aus Erfahrungen lernen. Der Mensch allein besitzt Freiheit, nur er ist imstande, von all dem, was die Tiere auch steuert, also von den inneren Antrieben, Abstand zu nehmen. Erst wenn er von dieser Fähigkeit Gebrauch macht, und in dem Maß, in dem er das tut, wird er zur Person, verwirklicht er seine besonderen Fähigkeiten. Erst dadurch lebt er wirklich menschlich.

Der Mensch besitzt also die Fähigkeit, von sich und seiner Umwelt Abstand nehmen zu können. Er kann sich von Bindungen frei machen wie kein anderes Lebewesen. Diese Freiheit erlebt er jedoch als doppelgesichtig. Es genügt ihm nicht sich zu lösen, um unabhängig sein. Er ist im selben Maß, in dem er nach Freiheit strebt, auch darauf aus, diese Freiheit hinzugeben, sie mit Sinn zu erfüllen. Der bekannte Wiener Psychiater V. Frankl wird nicht müde darauf hinzuweisen, daß in der Suche nach Sinnerfüllung die tiefste Wurzel erfüllten Menschseins liegt:

> „Worum es dem Menschen geht, das ist, einen Sinn zu erfüllen und Werte zu verwirklichen. In der Logotherapie sprechen wir vom Willen zum Sinn." (73, S. 57)

> „Menschsein heißt, immer schon über sich selbst hinaus und auf etwas gerichtet zu sein, das nicht dieses es selbst ist, auf etwas oder auf jemanden, auf einen Sinn, ... Und es gilt, daß der Mensch in dem Maße er selbst ist, indem er sich selbst übersieht und vergißt." (74, S. 75)

Schade, daß Frankl im allgemeinen seine Leser und Hörer nur mit dem Hinweis entläßt, daß, nach Sinn zu suchen, für den Menschen überlebenswichtig ist, daß er es aber verabsäumt aufzuzeigen, wo die Suche Erfüllung findet. Und dabei wird doch auch dies zunehmend — sogar durch wissenschaftliche Erkenntnis — offenkundig: Daß die Entwicklung von Kleinkindern entscheidend vom Maß der Zuwendung ihrer Mutter abhängt, haben wir im Kapitel 6.2 erkennen können. Geborgenheit, Vertrauen, Trost, Zuwendung legen die Grundlage für den Lebenswillen. Wir sollten uns bewußt machen, daß diese Grundausrichtung beim Erwachsenen nicht verloren geht. Wahrscheinlich wird sie oft verschüttet. Sie bleibt aber eine Grundgegebenheit, die zum Wesen des Menschen gehört.

Daher findet der Mensch seine tiefste Sinnerfüllung darin, daß er seine einmalige Freiheit einem anderen zuwendet, der diese freie Hingabe erwidert. E. Fromm kennzeichnet auf diese besonders schöne Art die Liebe, jenen Begriff, der heute so verzerrt verwendet wird, der jedoch zweifellos die tiefste Kennzeichnung des Besonderen am Menschen ist:

> „Geistig-seelische Gesundheit ist gekennzeichnet durch die Fähigkeit zu lieben und schöpferisch zu sein." (76, S. 65)

> „Es gibt eine einzige Passion, welche das Bedürfnis des Menschen nach Vereinigung mit der Welt befriedigt und zugleich das Erlebnis der Integrität und der Individualität verleiht, und das ist die Liebe. Liebe ist Vereinigung mit jemand oder mit etwas außerhalb des Ich unter der Bedingung der Wahrung der Einmaligkeit und Integrität des eigenen Selbst. Sie ist das Erlebnis des Mit-Teilens, der Kommunion, das die volle Entfaltung der eigenen inneren Aktivität erlaubt." (76, S. 32))

Gut gefällt mir auch die Aussage des Psychologen H. Burkhardt, aus der wir erkennen können, daß es bei der Liebe um das wirklich Besondere, das nicht wissenschaftlich Erfaßbare, nicht technisch Planbare geht, eben um die Person:

> „In unseren lichten Augenblicken sind wir glücksfähig, weil wir liebesfähig sind. Zwei Menschen und eine Sonne können genug sein. Aber ausdenken und programmieren kann man nichts davon." (28, S. 86)

Und ergänzen möchte ich die Zitate zum Thema Liebe noch durch die Gedanken von R. Garaudy, dem französischen Kommunisten und christlichen Philosophen:

> „... Liebe ist, wenn ich mich für den anderen auftue, auf seine unbegrenzten Möglichkeiten, sich zu wandeln und schöpferisch zu sein, setze ... Nur wenn ich dem anderen einen Raum der Freiheit und des Geheimnisses einräume und den Wunsch hege, daß er sich nach seiner besonderen Art entfalte, kann die Liebe gegenseitige Befruchtung und nicht Beeinträchtigung sein." (78 a, S. 34)

Immer wieder also dieser Hinweis auf das Besonderssein, auf die freie Hingabe. Hier wird eine Ebene des Menschen angesprochen, die mit dem Verstand nicht ausgelotet werden kann:

> „Die erste Lebenserfahrung des Menschen ist nicht, wie wir bei Descartes lesen, ‚cogito, ergo sum', also nicht ich denke, sondern

wir lieben. Und je weniger wir diese Erfahrung als Kinder machen, umso schwerer tun wir uns mit dem Person Werden, das sich eben im Lieben ausdrückt." (78 a, S. 43)

Es liegt mir fern, die Bedeutung der Vernunft zu bagatellisieren und sie gegen die Liebe auszuspielen. Beide Dimensionen kennzeichnen das Menschsein. Der Intellekt, das vernünftige und analytische Denken, ist das geeignete Instrument zur Erfassung des Allgemeinen. Die Liebe aber macht es dem Menschen möglich, sich dem Besonderen zuzuwenden. Es geht mir also um die Rehabilitation der Liebe, jener höchsten Form der personalen Mitteilung. Sie ist ja in der rein von der Vernunft bestimmten Entwicklung der Vergangenheit wahrlich unter die Räder gekommen. Die Vorstellungen der Wissenschaftsgläubigen müssen wieder ins rechte Lot gebracht werden:

„Alle Vorstellungen des Wissenschaftsgläubigen von der vermeintlich wirklichsten Wirklichkeit des objektiven Wissens werden wirklichkeitsfremd und bedeutungslos, wann immer wir lachen und weinen, bedeutungslos, wann immer wir lieben, und bedeutungslos, wenn wir sterben. Hier geht es um Wirklichkeiten, über die man sich nicht informieren kann, die man nur sehen oder nicht sehen kann . . . " (28, S. 40f.)

Was bedeuten nun diese Überlegungen für unsere Fragestellung? Welche Auswirkungen haben sie für unser Verständnis vom Mann- und Frausein?

Offensichtlich ist das derzeit vorherrschende Fortschrittskonzept einseitig. Es wird dem Menschen, seiner Personhaftigkeit, seinem Streben nach Besonderheit nicht gerecht. Wird nämlich das Voranschreiten nur auf der Ebene der Gesellschaft gedacht, so kommt der Mensch zu kurz. Denn seine Entfaltung geschieht nicht dadurch, daß er über immer mehr von allem und jedem verfügt. Sonst müßten die Reichen und Gelehrten die glücklichsten Menschen sein. Der menschliche Fortschritt liegt darin begründet, daß der einzelne zur Person heranreift, zur Bejahung und Entfaltung seiner besonderen Möglichkeiten gelangt. Indem der Mensch zur Person heranreift, schafft er Freiheit in seinem Inneren. Und diese Freiheit ist es, die ihn von allen anderen Lebewesen unterscheidet. An ihrer Entfaltung zu arbeiten und sie in Liebe den Mitmenschen zuzuwenden ist der eigentliche Weg des menschlichen Fortschritts.

So gesehen wird auch die Ausgestaltung unseres Mann- und Frauseins im Dienst dieses Fortschritts zu stehen haben. Welche Folgerungen sich daraus ergeben, wollen wir im folgenden Abschnitt betrachten.

8.2 Von der Rolle zum Leitbild

Manchmal gelingt es besser, das eigene Anliegen dadurch klarer herauszuarbeiten, daß man es geläufigen Vorstellungen gegenüberstellt. Dadurch treten die Unterschiede deutlicher hervor. Diese Vorgangsweise möchte ich auch jetzt wählen, um die Merkmale meiner Vorstellung von sinnvollen Leitbildern darzustellen. Als Ansatzpunkt für die Auseinandersetzung sei eine Stelle aus dem Frauenbericht der österreichischen Bundesregierung herangezogen.

Nebenbei sei folgendes festgehalten: Es ist bemerkenswert, daß die Meinungsverschiedenheiten über die Rollen sich vor allem an der Rolle der Frau entzünden. Dadurch entsteht der falsche Eindruck, als sei an der Rolle des Mannes eigentlich im wesentlichen nichts strittig. Daß gerade Männer in vieler Hinsicht umdenken sollten, möchte ich im letzten Abschnitt herausarbeiten. Ich erwähne es hier nur, um bei den Auseinandersetzungen mit dem Frauenbericht und anderen Äußerungen zum Thema Rolle nicht den Eindruck zu erwecken, es gehe mir nur um das Leitbild der Frau.

Im Frauenbericht lesen wir also folgendes:

> „Wie schon in den Anfängen der Frauenbewegung ist die Frauenfrage heute kein isoliertes Problem einer Minderheit, das sich durch gesetzgeberische Maßnahmen lösen läßt, sondern eine Funktion der allgemeinen ökonomischen und politischen Entwicklung. Damit wird es zu einem Zeichen für den Reifegrad einer lebenslang bevormundeten, vom Mann abhängigen Frau, als deren ausschließliche Lebensaufgabe nach wie vor Geburt und Aufziehung von Kindern, als deren primärer Wirkungsbereich der Haushalt auch dann angesehen wird, wenn sie berufstätig ist, oder die Rolle einer mündigen, am gesamtgesellschaftlichen Prozeß voll beteiligten Staatsbürgerin; die Bemühungen um die inhaltliche Gleichberechtigung der Frauen, um ihre faktische Gleichstellung mit dem Mann durch die Aufhebung der traditionellen Arbeitsteilung sind damit wesentlicher Teil der Bemühungen um die Demokratisierung der Gesellschaft, um die Ergänzung der formal-repräsentativen Demokratie durch reale Demokratie in allen Lebensbereichen." (151, S. 10)

Zunächst sei auch hier festgehalten, daß hinter diesen Äußerungen die schon oben erwähnte Vorstellung steckt, daß für den Fortschritt gesellschaftliche Ziele maßgebend seien. Daher werden die Forderungen, die für die Rolle der Frau abgeleitet werden, mit der Herstellung bestimmter gesellschaftlicher Zustände begründet: Es geht darum, die

„reale Demokratie in allen Lebensbereichen" einzuführen. Es ist die Rede von „Demokratisierung der Gesellschaft", von „allgemeiner ökonomischer und politischer Entwicklung", von „Reifegrad der Gesellschaft", von „Beteiligung am gesamtgesellschaftlichen Prozeß"... Die Gleichberechtigung der Frau, ihre Emanzipation wird im Hinblick auf eine reife Gesellschaft angestrebt.

Es ist besonders wichtig, dies hier noch einmal klar herauszustellen, weil es im krassen Widerspruch zum Anliegen steht, Rollen von der Warte der persönlichen Entfaltung des einzelnen her zu beleuchten. Was der Frauenbericht über die Rolle der Frau sagt, bezieht seine Rechtfertigung aus der Herstellung einer bestimmten Gesellschaftsordnung. Keinesfalls aber wird klargestellt, worauf ein erfülltes Leben aufbaut. Es wird stillschweigend angenommen, die neue Gesellschaft bringe diese Erfüllung automatisch mit sich. Dahinter steckt die schon erwähnte Vorstellung, der kollektive Fortschritt sei geschichtsnotwendig und laufe autonom ab. In seinen Dienst hätten sich eben die menschlichen Anstrengungen zu stellen. Das gängige Fortschrittsdenken prägt also die Rollenvorstellung.

Inwiefern sollte sich die Formulierung von Leitbildern von diesem Rollenkonzept unterscheiden? Mir kommt es vor allem darauf an, die Priorität umzukehren. Nicht die „gesellschaftlichen Notwendigkeiten" sind für die Leitbilder ausschlaggebend. Leitbilder müssen vielmehr von einer Vision ausgehen, die klarstellt, was für ein erfülltes Leben wichtig ist. Ausgangspunkt ist also der einzelne, sind die Person und ihre besonderen (sowohl geistigen, körperlichen aber auch kulturell bestimmten) Gegebenheiten.

Das bedeutet nicht, daß man gesellschaftliche Bedingungen ignorieren sollte. Ihnen kommt jedoch kein erstrangiger Stellenwert zu. Im Vergleich zur Aufgabe, den Menschen zu einem erfüllten Leben zu führen, ist dem gesellschaftlichen Rahmen eben nur zweitrangige Bedeutung beizumessen. Der gesellschaftliche Rahmen hat persönliche Entwicklung zu ermöglichen und zu begünstigen, sich also an die Notwendigkeit der Individuen anzupassen. Er ist aber nicht Maß aller Dinge.

Und nun zu einem zweiten Aspekt: Das, was man anstrebt, wird nicht ausdrücklich beschrieben, sondern als Kontrast zu gegebenen Mißständen dargestellt. Dies wurde schon im ersten Zitat deutlich, tritt aber in den Äußerungen von F. Engels noch klarer in Erscheinung:

„Die moderne Einzelfamilie ist gegründet auf die offene, oder verhüllte Hausklaverei der Frau, und die moderne Gesellschaft ist eine Masse, die aus lauter Einzelfamilien als ihren Molekülen sich zusammensetzt. Der Mann muß heutzutage in der großen Mehrzahl der Fälle der Erwerber, der Ernährer der Familie sein, wenigstens in den besitzenden Klassen, und das gibt ihm eine Herrscherstellung, die keiner juristischen Extrabevorrechtung bedarf. Er ist in der Familie der Bourgeois, die Frau repräsentiert das Proletariat." (58)

Zunächst einmal: Mit welcher Lieblosigkeit werden doch die Beziehungen zwischen Mann und Frau da beschrieben! Ich will ja gar nicht in Abrede stellen, daß es solche Beziehungen auch gibt. Es sei sogar zugestanden, daß es zur Unterdrückung von Frauen in der Ehe — und auch sonst — nicht einmal nur in Einzelfällen kommt. Wer das Buch von Ch. Benard und E. Schlaffer „Die Grenzen des Geschlechts" liest,* kann nur entsetzt über das viele Unrecht sein, das den Frauen weltweit geschieht. Daraus jedoch abzuleiten, daß unter den bisherigen Voraussetzungen Mann-Frau-Beziehungen grundsätzlich zum Scheitern verurteilt seien, ist einfach ein Unfug.

Außerdem lassen sich Handlungsmaximen für richtiges Verhalten ja durchaus nicht aus der Beobachtung von Fehlentwicklungen allein ableiten. Kein Mensch hat je schwimmen gelernt, indem er sich brav alles zu Herzen genommen hat, was ihn vor dem Ertrinken bewahren könnte. Wer also weiß, wie man ein Fehlverhalten abstellt, hat damit noch nicht Klarheit über die sinnhafte Orientierung erworben.

Und was bedeutet das wiederum für die Formulierung von Leitbildern? Es reicht nicht, Kontrapositionen gegen Mißstände zu beziehen. Ausgangspunkt der Überlegungen müßte vielmehr eine klare positive Sicht von erfülltem Leben als Mann und Frau sein. Von geglückten Beziehungen müßten wir lernen, welche Voraussetzungen positive Folgen haben.

Schließlich sei noch ein dritter Aspekt mitberücksichtigt: Um Mißstände zu beseitigen, nimmt man heute nur allzuleicht Zuflucht zu der Vorstellung, man müsse nur die sozialen Umstände verändern, dann werde schon alles gut. Man erwartet sich das Heil von der Betätigung gesellschaftlicher Mechanismen. Es genüge, die Zusammenhänge richtig zu erfassen und dann auf den richtigen Knopf zu drücken. Typisch für diese Sicht ist das folgende Zitat von K. Stoffl, L. Trallori und A. Nebehay:

„... Je mehr der Lebensbereich auf die unmittelbare Familie eingeengt ist, für die sich die Frau märtyrerhaft in Sorge um den

---

* Übrigens mit dem beziehungsvollen Untertitel „Anleitungen zum Sturz des Internationalen Patriarchats" und damit zweifellos auch sehr tendenziös.

Mann, die Kinder und pflegebedürftige Verwandte aufopfert, desto weniger ist es ihr auch möglich, in sozialen Kontakten nach außen ihre eigenen individuellen Probleme als gesellschaftlich verursacht zu erkennen und Solidarität zu Frauen in gleicher Lage zu entwickeln ... Das psychische Leiden von Frauen ist ein Leiden an gesellschaftlichen Verhältnissen. Es muß daher als solches bewußtgemacht werden, und die Frauen müssen diese gesellschaftlichen Bedingungen bekämpfen ..." (200)

Typisch auch die Feststellung von A. Schwarzer:

„Für mich ist das eine Bestätigung dafür, daß eine der vorrangigen Aufgaben des Frauenkampfes heute in der Schaffung eines Klimas liegt, das der schon längst überall existierenden privaten Revolte der Frauen ermöglicht, sich gesellschaftlich zu artikulieren." (Zitiert in 60)

Die Probleme werden somit als gesellschaftlich verursacht angesehen. Ihre Lösung erwartet man sich von gesellschaftlichem Tun. Es ist keine Frage, daß an dieser Sicht auch etwas Richtiges ist. Sicher wird manches im Leben von äußeren Umständen beeinflußt, die der einzelne nicht unmittelbar steuern kann. So kann ich beispielsweise nicht jede beliebige Schulbildung für meine Kinder aussuchen, sondern bin auf das Angebot des Schulsystems angewiesen. Sofern also gesellschaftliche Systeme nicht den Anforderungen entsprechen, ist es durchaus sinnvoll, sich über gesellschaftliche Veränderungen den Kopf zu zerbrechen.

Problematisch wird es aber, wenn man den funktionalen Zugang gesellschaftlicher Veränderungen als Allheilmittel für jedes Problem ansieht oder wenn man meint, die funktionale Lösung allein reiche aus. Man übersieht dabei nämlich, daß überall auch eine personale Komponente mit im Spiel ist. In vielen Fällen ist sie sogar ausschlaggebend. Wer dies übersieht, erweckt in den Betroffenen den falschen Eindruck, es genüge, sich über neue gesellschaftliche Spielregeln den Kopf zu zerbrechen, um die anstehenden Probleme zu bewältigen. Im konkreten Fall heißt das „Frauen organisiert euch, macht euch das Unrecht bewußt und kämpft vereint für gerechtere Spielregeln".

Kommen wir doch nochmals auf das Zitat zurück: Stimmt es nicht, daß die dort angesprochenen Probleme der Frauen ja nur indirekt gesellschaftlich verursacht sind? Zweifellos sind sie zunächst unmittelbar durch ihren Mann, ihre Kinder und die erwähnten Verwandten ausgelöst. Wahrscheinlich versuchen alle diese Personen, Nutznießer des weiblichen Engagements zu sein in einer Weise, die es ihrer Wohltäterin nicht erfahrbar macht, daß sie damit eine sinnvolle und wichtige Aufgabe erfüllt. Im Gegenteil, vielfach werden sie grantig, frech, fordernd und unfreundlich sein. Sicher mögen auch diese Haltungen wieder durch äußere Umstände mit beeinflußt sein. Man könnte also auch hier von gesellschaftlichen Einflüssen sprechen. Aber wieviel könnten die Beteiligten doch dadurch ändern, daß sie schlicht und einfach ihr eigenes Verhalten in Frage stellen und — sich ändern!

Hinter all den Zitaten steckt mehr oder weniger deutlich ausgesprochen die Annahme, daß die Herstellung möglichst gleichartiger Bedingungen für alle der entscheidende Beitrag zur Schaffung einer gerechten Welt sei: Fühlten sich die Menschen gerecht behandelt, so müßten sie Erfüllung und Zufriedenheit finden. Ich möchte jetzt nicht im einzelnen auf den Problemkreis Gleichartigkeit und Gleichwertigkeit eingehen (näheres siehe 8.6), sondern mich hier nur auf folgende Bemerkung beschränken: Richtet man all seine Bemühungen nur nach einem einzigen Grundsatz (wie etwa der Gerechtigkeit) aus, so wird man der Vielfalt, von der menschliche Sinnerfüllung abhängt, nicht gerecht.

Für die Entwicklung von Leitbildern bedeutet das, daß diese nicht eindimensional sein dürfen, also nicht nur nach einem Grundsatz ausgerichtet. Wir werden uns daher zu bemühen haben, mit Vielfalt und sogar mit scheinbarer Widersprüchlichkeit zurechtzukommen.

Und noch ein Letztes: Wer kennt nicht die heute gängige Kritik an den 3 Ks: Küche, Kinder und Kirche als einziger Tätigkeitsbereich der Frau. Wie sinnvoll diese Kritik in Wirklichkeit ist, will ich jetzt nicht überlegen. Tatsache ist jedenfalls, daß man Rolle lange Zeit sehr eingeengt verstanden hat: Eine richtige Frau tut nur bestimmte Dinge, verhält sich in bestimmten Situationen auf vorherbestimmte Art und hat sich bestimmter Tätigkeiten zu enthalten. Also beispielsweise: Sie hat sich nur dem Haushalt zu widmen, muß in Gesellschaft zurückhaltend sein und hat im öffentlichen Leben nichts verloren.

Dagegen ist man Sturm gelaufen, und heute heißt die Rollenvorstellung: Eine richtige Frau hat sich intellektuell zu bilden, muß im Beruf ihren „Mann" stellen, darf sich nicht für Haushalt und Kinder verzetteln. In beiden Fällen wird ein reichlich enges Korsett geschnallt. In beiden Fällen geht es um Normen: Das ist erlaubt, das nicht.

Im Gegensatz dazu möchte ich Leitbild als Beschreibung des Zielpunkts sinnvoller Bemühungen um menschliche Entfaltung verstehen. Dem einzelnen soll nicht jeder Schritt in seinem Leben vorgeschrieben werden, wohl aber die Richtung gewiesen.

Fassen wir diese vier Anliegen noch einmal zusammen: Leitbilder für Mann und Frau sollen vor allem von den Gegebenheiten der Person ausgehen, und sie sollen in erster Linie im Dienst der persönlichen Entfaltung des Menschen stehen. Es geht um eine Vision, wie menschliches Leben Erfüllung finden kann. Dabei wird dem Umstand Rechnung getragen, daß die Erfüllung eines einzigen Prinzips nicht seligmachend sein kann.

8.3 Wozu unterschiedliche Leitbilder für Mann und Frau?

Leitbilder sollen also der persönlichen Entfaltung des Menschen dienen. Sie sollen jene innere Freiheit schaffen helfen, die den Menschen von äußeren Zwängen immer weniger abhängig werden läßt. Stellen wir uns also zunächst die Frage, wie sich dieser Vorgang des Personwerdens abspielt.

Ich habe diesbezüglich die Gedanken von E. F. Schumacher, den ich schon oben erwähnt habe, sehr wertvoll gefunden. Seiner Meinung nach entfaltet sich die Persönlichkeit des Menschen in dem Maße, in dem er bereit und fähig ist, mit scheinbar unlösbaren Problemen zu leben. Immer wieder gelte es, Widersprüchliches unter einen Hut zu bringen. Immer wieder müßten in konkreten Lebenssituationen scheinbar unvereinbare Gegensätze harmonisiert werden, ohne daß damit ihre Polarität aufgehoben wird. In der Bewältigung dieser Spannungszustände sieht Schumacher die Triebfeder der Persönlichkeitsentwicklung. Wo divergierende Pole zusammenklingen, wächst Leben:

„Divergierende Probleme lassen sich nicht erledigen, nicht in dem Sinne lösen, daß die ‚richtige Formel‘ aufgestellt wird. Doch kann man über sie *hinausgehen*. Ein Gegensatzpaar — wie beispielsweise Freiheit und Ordnung — besteht aus Gegensätzen auf der Ebene des gewöhnlichen Alltagslebens. Auf der höheren, der wirklich menschlichen Ebene... sind es keine Gegensätze mehr. Daß Gegensätze überwunden werden, sobald ‚höhere Kräfte‘ — wie Liebe und Mitempfinden — hinzutreten, ist nichts, über das sich mit Begriffen der Logik streiten ließe: Es muß in der eigenen Existenz erfahren werden.... Die Gegensatzpaare, von denen Freiheit und Ordnung sowie Wachstum und Verfall die grundlegendsten sind, bringen Spannung in die Welt, eine Spannung, die die Empfindsamkeit des Menschen verfeinert und seine Selbstreflexivität steigert." (190, S. 171ff.)

Hier wird ein neues Merkmal des persönlichen Fortschritts herausgearbeitet: die Fähigkeit, über Widersprüche hinauszugehen, sie zu transzendieren. Ganz anders der gesellschaftliche Fortschritt: Er ist von Normierung, Standardisierung, von allgemeinen Regulierungen geprägt. Er wird von der Umsetzung naturwissenschaftlicher Einsichten in technische Neuerungen vorangetrieben. Zählbarkeit, Vergleichbarkeit, Meßbarkeit der Merkmale (auch des Menschen) sind dafür die Voraussetzung. Hier bewegen wir uns im Bereich der ein für alle Mal gültigen Lösungen, der Natur- und Rechtsgesetze, der „konvergenten Probleme", wie sie Schumacher bezeichnet. Der Physiker H. Pietschmann bezeichnet die Naturwissenschaften als den Bereich der Widerspruchsfreiheit. Der gesellschaftliche Fortschritt zielt auf reibungsloses Funktionieren, also ebenfalls auf Widerspruchsfreiheit ab.

Allerdings erkennt auch er, der Physiker, daß diese Art der logischen, widerspruchsfreien Weltbetrachtung nur einen Teil der gesamten Wirklichkeit erfaßt. Nicht alle Bereiche des Lebens lassen sich auf diese Weise angemessen beschreiben. Daher ist die Beschränkung auf diesen Zugang allein zwangsläufig einseitig und somit fehlerbehaftet. Daher auch Pietschmanns Aufruf, in Zukunft so vorzugehen, daß wir Widersprüche nicht verdrängen, sondern mit ihnen zu leben lernen. Denn das Leben ist widersprüchlich, und wer Widersprüche grundsätzlich beseitigt, zerstört das Leben.

Viele außereuropäische Kulturen haben nicht so konsequent versucht, Gegensätze auszuschalten wie wir. Sie haben sich nicht auf dieselbe, nur logische Weltsicht eingelassen und können daher besser mit Widersprüchen umgehen. Als Beispiel zitiert Pietschmann den Taoismus:

„Die Gegensätze im menschlichen Bereich werden natürlich bestimmt durch den einen entscheidenden Gegensatz: männlich-weiblich. Darum steht Yin auch immer für das Weibliche, Yang für das Männliche... Störung der Harmonie zwischen Yin und Yang bedeutet Krankheit... Nicht nur ein Individuum kann krank sein, weil seine Harmonie zwischen Yin und Yang gestört ist; auch Kulturen, ja die Menschheit ist nach dieser Sicht krank, wenn sie aus dem Gleichgewicht der Harmonie fällt." (166, S. 159f.)

In diesen Ausführungen klingt eine Jahrtausende alte Erfahrung der Menschheit an: Es besteht eine enge Beziehung zwischen dem Umstand, daß menschliches Leben sich im Widersprüchlichen entfaltet, und der Tatsache, daß der Mensch als Mann und Frau existiert.

Hier können wir nun an die Einsichten der Abschnitte 2 bis 7 anschließen, wo wir im Mann- und Frausein eine Fülle von Polaritäten entdeckt haben: Stabilität und Effizienz, Gestaltung und Anpassung,

Ausrichtung auf den Innen- bzw. auf den Außenraum, Lernen am Modell und Lernen aus Erfahrung, Denken in Beziehungen und Denken in Strukturen, Ausrichtung auf Personen und auf Funktionen....

Bei näherer Betrachtung der angeführten Paare erkennt man, daß jeweils beide Pole für das menschliche Leben wichtig sind. Man kann sinnvoller Weise weder Funktionalität gegen Personalität noch Effizienz gegen Stabilität ausspielen. Um leistungs- und überlebensfähig zu sein, bedarf jede Einheit beider Pole. Für menschliche Gesellschaften heißt das: Sowohl die eher weiblichen als auch die eher männlichen Merkmale sind unerläßlich.

Worin besteht nun aber der Vorteil des Umstandes, daß diese Eigenschaften nicht gleichmäßig auf die Einzelpersonen beider Geschlechter aufgeteilt sind? Welchen Sinn hat es, daß Merkmale geschlechtstypisch eher beim Mann oder eher bei der Frau anzutreffen sind?

Man könnte zunächst einmal vereinfacht so darauf antworten, daß man die Vielfalt, die in der Unterschiedlichkeit der Geschlechter anzutreffen ist, als einen Wert an sich begreift.

Wir haben auch schon überlegt, daß die zweigeschlechtliche Fortpflanzung eine besonders geeignete Form zur Entstehung neuer Vielfalt bei den Nachkommen ist. Würde Fortpflanzung nur durch Teilung und zufällige Erbmasseveränderungen zustandekommen, wären sich die Individuen einer Art viel ähnlicher als bei zweigeschlechtlicher Fortpflanzung. Bei dieser kommt es zu vielfältiger Merkmalsverknüpfung. Somit ist Zweigeschlechtlichkeit auch eine Quelle von Vielfalt.

Untersuchungen des Systemtheoretikers W.R. Ashby (siehe 4) zeigen nun, daß Systeme umso leistungsfähiger sind, je unterschiedlicher ihre Teile sind. Ein Beispiel, um das zu veranschaulichen: Eine Reisegruppe wird sich in Europa umso besser zurechtfinden, je mehr verschiedene Fremdsprachen ihre Mitglieder gelernt haben. Können alle außer der gemeinsamen Muttersprache nur Französisch, werden sie in den meisten Ländern nicht zurechtkommen.

Hat also Zweigeschlechtlichkeit nur deswegen Sinn, weil sie die Leistungsfähigkeit der Gesellschaft erhöht? Sind wir als Mann und Frau nur deswegen verschieden, damit die Gesellschaft besser funktioniert? Würden wir diese Frage mit ja beantworten, wäre kaum zu begründen, daß die Formulierung unterschiedlicher Leitbilder für Mann und Frau auch im Dienste der persönlichen Entfaltung steht. Für das gute Funktionieren der Gesellschaft würde es ausreichen, wenn die Menschen untereinander möglichst verschieden wären. Es hätte keinen

Sinn, sich darüber den Kopf zu zerbrechen, welche Unterschiede zwischen den Geschlechtern bestehen. Die Parole wäre dann: Fördere das Besondere in jedem Menschen, und die Gesellschaft hat den größten Nutzen davon.

Betrachtet man die Dinge nämlich nur von der Warte der *Vielfalt* aus, muß die Suche nach geschlechtstypischen Merkmalen aussehen wie eine Uniformierung, wenn auch nach zwei verschiedenen Schnittmustern. Wollen wir der Frage der Sinnhaftigkeit der Sonderbegabungen von Mann und Frau nachgehen, müssen wir eine weitere Auffälligkeit berücksichtigen, die das Zusammenleben der Menschen im Vergleich zu dem der anderen Lebewesen kennzeichnet: Menschen leben im allgemeinen paarweise zusammen. Diese Form der Lebensgestaltung ist überall anzutreffen, bei allen Kulturen, in allen Ländern und zu allen Zeiten.

Diese Form des Lebens ist im Tierreich durchaus als Ausnahmeerscheinung anzusehen. Vom Standpunkt der „Natur" betrachtet, ist das Leben als Paar selten. Daß es sich hiebei um ein spezifisch menschliches, vor allem kulturelles Merkmal handelt, erkennt man daraus, daß das Eingehen von Dauerbeziehungen eher im Widerspruch zu den männlichen Veranlagungen liegt. Dazu J. Illies:

> „Der geschlechtliche Antriebsdruck schafft nicht einmal im Tierreich Dauerbindungen — im Gegenteil. Er bedroht sie und macht sie, wenn die Hormone stark genug drängen, geradezu unmöglich. Es muß also bei uns Menschen doch wesentlich mehr und anderes mit im Spiel sein, wenn es zur Dauerbindung, zur lebenslänglichen Schicksalsgemeinschaft der Ehe kommt. Wer den Mut hat, große Gefühle mit großen Namen zu belegen, wird jetzt einwenden: Es ist eben die Liebe!" (103, S. 175)

Auch hier landen wir bei der spezifisch menschlichen Eigenschaft, liebesfähig zu sein. In allen Kulturen ist die innere Zuwendung ein wesentlicher Bestandteil des paarweisen Zusammenlebens von Mann und Frau. Miteinander bilden sie gewissermaßen eine Einheit, einen Raum, in dem sich menschliche Entfaltung abspielen kann.

Kommen wir nun auf unser Grundanliegen zurück: die Entfaltung des einzelnen als Ziel des menschlichen Lebens. Wenn wir dies herausstellen, so müssen wir berücksichtigen, daß sich diese Entwicklung meistens im Raum einer symbiotischen, also gegenseitig nutzbringenden Beziehung von Mann und Frau abspielt. Unter diesen Gegebenheiten ist es aber überaus sinnvoll, wenn die beteiligten Partner unterschiedliche Begabungen in den gemeinsamen Lebensraum einbringen.

Weil Mann und Frau zumeist langfristig zusammenleben, ist es wertvoll, wenn sie alle wichtigen Grundbegabungen in die Partnerschaft einbringen. Dadurch, daß die lebenswichtigen Eigenschaften polar bei Mann und Frau grundgelegt sind, ist sichergestellt, daß sie einander zu einem lebensträchtigen Ganzen ergänzen. Mann und Frau haben also ihre Sonderbegabungen füreinander, als Ergänzung.

Mann und Frau sind füreinander besonders

Aber auch das nimmt noch zu wenig auf die Entfaltung des einzelnen Bezug. Noch ein anderer Gesichtspunkt erscheint mir wichtig: An der Andersartigkeit des Partners haben wir die Chance, existentiell zu erfahren, daß andere Eigenschaften als die eigenen wertvoll sind. Das erfüllte Zusammenleben von Mann und Frau bietet beiden die Möglichkeit, eine lebendige Spannung von scheinbar unvereinbaren Eigenschaften in Einklang zu bringen. Jeder stellt für den Partner eine Herausforderung dar, nicht nur seine besonderen Fähigkeiten zu pflegen und zu hegen, sondern auch die besonderen Begabungen des Partners schätzen zu lernen und in sich selbst zur Entfaltung zu bringen.

Mann und Frau sind also füreinander besonders, ihre Begabungen bekommen im Hinblick auf ihr Zusammenleben — und zwar ihr dauerndes Zusammenleben — eine einmalige Bedeutung. In dieser Symbiose von Mann und Frau ist durch die Sonderbegabungen der Partner eine lebendige Spannung grundgelegt, die diesen die Chance zu persönlicher Entfaltung in einer erfüllten Beziehung eröffnet.

Betrachtet man die Dinge so, dann erkennt man, welche menschliche Verarmung mit der heute so weitverbreiteten Tendenz der Lockerung menschlicher Beziehungen einhergehen muß. Die Scheidungswelle, die Europa heute überspült (jede zweite Ehe in Schweden, jede dritte in Österreich geht in Brüche), ist dafür ebenso ein Alarmsignal wie das Zunehmen von Ehen ohne Trauschein. In vorübergehenden Partnerschaften wirkt die Andersartigkeit des Partners zwar zunächst reizvoll, wird aber nur allzu schnell zur Belastung. Man weicht der Herausforderung zur eigenen Änderung recht leicht aus, versäumt damit aber auch eine Chance, persönlich zu reifen.

Leider wird dieser Trend heute auch noch durch die Medien gefördert. Typisch dafür war eine in der Wiener Tageszeitung „Kurier" veröffentlichte Serie zum Thema „Ist die Frau ohne Ehemann besser dran?" Da wurde das Leben als weiblicher Single mit Primitivargumenten hochgejubelt. Kennzeichnend für die Stoßrichtung waren die Schlagzeilen der Beiträge: „Neue Freiheit — Ehe im Konkurs", „Am schlimmsten ist die Einsamkeit zu zweit", „Jeder Mann steht ihrer

Karriere im Weg", „Eine gute Freundin ist besser als der beste Mann",
„Lieber berufstätig als Dienstbote des Mannes"....

Vielfach wird so getan, als sei die Abhängigkeit der Frau vom
Mann die Quelle allen Übels, als müsse man nur sie beseitigen, um alles
wieder ins rechte Lot zu bringen. Es gibt aber kein menschliches Leben
ohne Abhängigkeit. Daher wäre es besser, die Abhängigkeit zu bejahen
und besonders auch den Männern klar zu machen, wie notwendig
gerade auch für ihre persönliche Entwicklung eine dauernde
Partnerschaft ist. Sie kann aber ohne bejahte Abhängigkeit nicht
bestehen.

Es ist ein Grundübel unserer Zeit, daß wir nicht mehr bereit und
imstande sind, mit Spannungszuständen zu leben. Wir übersehen dabei
aber, daß die Vermeidung jeglicher Spannung, der Abbau von Polarität
mit einem Verlust an persönlicher Entwicklung und somit an Leben
einhergeht. Auf die Bedeutung von Spannungszuständen weist auch der
Psychologe R. Affemann hin. Er sieht eine große Gefahr für die heutige
Gesellschaft darin, daß durch den Konsumzwang jede Form von positiv
nutzbarer Spannung verlorengeht:

> „Unlust, Schmerz, Leid sind ebenso wie ungestillte Bedürfnisse Span-
> nungszustände. Sie werden aufgehoben durch Konsum. Damit
> kann diese Spannung jedoch keine Veränderung hervorbringen.
> Weder vermag die ungelöste Triebspannung als Motor des seeli-
> schen Fortschritts zu dienen, noch das Leid, um Reife hervorzubrin-
> gen. Die Konsequenz eines der Überproduktion nachfolgenden
> Dauerkonsums ist folglich Entwicklungsstillstand beim jungen
> Menschen und Entwicklungsrückbildung bei älteren Menschen ...
> Statt Verwirklichung seelischer Möglichkeiten tritt innerseelische
> und zwischenmenschliche Leere ein. Von diesem Geschehen sind
> Individuum und Gesellschaft in gleicher Weise betroffen. Der ein-
> zelne Mensch läuft leer, die gesellschaftliche Entwicklung bleibt
> wegen Mangel von Spannungspotentialen stehen." (2, S. 162f.)

Das Besonderssein der Geschlechter ist ein wesentlicher Bestandteil
jener Spannungspotentiale, die für menschliche Entfaltung notwendig
sind. Damit ist zwar sicher Wichtiges über unser Mann- und Frausein
ausgesagt. Was es jedoch im letzten bedeutet, ist unauslotbar, denn es
rührt an das Geheimnis der menschlichen Existenz in seinem tiefsten
Kern. An dieses können wir mit beschreibenden Verfahren, wie wir sie
bisher benutzt haben, nicht herankommen.

Daher möchte ich im folgenden Abschnitt das nachholen, was ich
zu Beginn des 8. Kapitels versprochen habe, nämlich eine Antwort zu
geben auf die Frage: Wer ist der Mensch?

8.4 Eine christliche Sicht vom Menschen als Mann und Frau

Kaum ist das Wort christlich im Zusammenhang mit dem Thema Mann und Frau gefallen, sieht man sich heute in Diskussionen meist heftigen Angriffen ausgesetzt. Die Kirche habe durch ihre Haltung entscheidend zur heute bestehenden Unterdrückung der Frau beigetragen. Man lese nur nach, was der Apostel Paulus über die Frauen geschrieben hat! Selbst der Kirche sonst wohlwollend gesinnte Zeitgenossen können bei solchen Debatten in Fahrt geraten. Den Kritikern zufolge bilden die Paulus-Texte gewissermaßen die ideologische Fundierung der im christlichen Raum vielfach verbreiteten Diskriminierung der Frau. Sowohl in der Familie habe man sie an die zweite Stelle gesetzt, als auch im öffentlichen Raum der Gemeinde in den Hintergrund gedrängt.

In einer umfassenden Analyse der geistigen Entwicklung in Europa seit dem Mittelalter kommt der Psychoanalytiker H.E. Richter (175) zu einer ähnlichen Sicht der Dinge. Ebenso wie der Frauenbericht der österreichischen Bundesregierung sieht er im Christentum — vor allem in seiner paulinischen Prägung — die Wurzel der weiblichen Unterdrückung.

Bei den folgenden, beispielsweise angeführten Stellen aus den Briefen des Apostels Paulus setzen die Kritiker meistens an:

> „Wie in allen Gemeinden der Heiligen, so sollen auch bei euch die Frauen in den Versammlungen schweigen; denn es ist ihnen nicht gestattet zu reden, sondern sie sollen sich unterordnen, wie es auch das Gesetz sagt. Wenn sie sich aber über etwas unterweisen lassen wollen, sollen sie zu Hause ihre Ehemänner befragen; denn es ist unschicklich für eine Frau, in einer Gemeindeversammlung zu reden." (1 Kor 14, 33 b - 36)

Oder an anderer Stelle:

> „Ihr Frauen ordnet euch euren Männern unter, wie es sich geziemt im Herrn. Ihr Männer, liebt eure Frauen, und seid nicht bitter gegen sie." (Kol 3, 18f.)

Oder schließlich:

> „Ordnet euch einander unter in der Furcht Christi, die Frauen ihren Männern wie dem Herrn. Denn der Mann ist das Haupt der Frau, wie Christus das Haupt der Kirche ist, er, der Retter des Leibes. Doch wie die Kirche sich Christus unterordnet, so auch die Frauen den Männern in allem. Ihr Männer, liebt eure Frauen, wie auch Christus die Kirche geliebt und sich für sie hingegeben hat,

um sie zu heiligen, indem er sie reinigte im Wasserbad durch das Wort." (Eph 5, 21 - 26)

Ob diese Aussagen des Paulus nun falsch interpretiert wurden oder zeitbezogen sind, muß ich zunächst offenlassen. Weiter unten möchte ich allerdings auf diese Frage zurückkommen. Jedenfalls muß aber zugegeben werden, daß diese Stellen zum Teil sehr einseitig ausgelegt worden sind und daß sie die Grundlage für die Entwicklung der Subordinationstheorie (einer Theorie der Unterordnung) gebildet haben. Diese besagt im wesentlichen, daß die angeordnete Unterordnung der Frau in Beziehung zu ihrer im Vergleich zum Mann größeren Unvollkommenheit stehe. Bedenkt man, daß selbst eine so bedeutende Persönlichkeit wie Thomas von Aquin von einer dreifachen Minderwertigkeit der Frau gesprochen hat, so kann man sich vorstellen, wie prägend diese Ansicht auf die Einstellungen gewesen sein muß. Dazu schreibt der Theologe J. Burri:

> „Innerhalb der Spezies Mensch ist nach Thomas der Mann der vollkommenere, vollwertige.... die Frau der unvollkommenere, minderwertige.... Vertreter der Art." (29, S.18)

Thomas von Aquin sprach der Frau geringere Lebenskraft, unvollkommenere Zeugungskraft, schwächere geistige Kraft, weniger Vernunft zu. Seiner Meinung nach sei das männliche Geschlecht edler, seine Gefühle bewegten sich zwischen Mut und Unmut. Das weibliche Geschlecht hingegen sei gemeiner, seine Gefühle schwankten zwischen Lust und Unlust. Die Frau halte den Mann zwar nicht von der Tugend, wohl aber vom Gipfel der Tugend ab (näheres siehe 29, S. 18ff.)

Welche Blüten — wenn auch nicht mehr im Rahmen der christlichen Lehre — solches Denken getrieben hat, zeigt das folgende Zitat:

> „Zu Pflegerinnen und Erzieherinnen unserer ersten Kindheit eignen die Weiber sich gerade dadurch, daß sie selbst kindisch, läppisch und kurzsichtig, mit einem Wort, zeitlebens große Kinder sind: Eine Art Mittelstufe zwischen dem Kind und dem Manne, als welcher der eigentliche Mensch ist." (Zitiert in 29, S. 21)

Immerhin stammt dieses Zitat von einem so bekannten Denker wie A. Schopenhauer.

Oder F. Nietzsche:

> „Oberfläche ist des Weibes Gemüt, eine beweglich stürmische Haut auf einem seichten Gewässer." (Zitiert in 175, S. 115)

Ich möchte es bei diesen wenigen Zitaten, die die vielfach kritisierte Fehlentwicklung kennzeichnen, belassen. Wichtig erscheint mir jedenfalls, daß wir Christen zugeben, daß hier eine verbogene Haltung Platz gegriffen hat. Es wäre aber sicher falsch, sollte nun der Eindruck entstanden sein, daß die Frau im christlichen Raum nur unter diesem Blickwinkel gesehen wurde. Kritiker der Kirche versuchen heute oft diesen Eindruck zu erwecken.

Wir sollten uns also fragen: War diese Abwertung der Frau jene Entwicklung, die aus christlicher Sicht nicht anders kommen konnte? War sie durch die in der Heiligen Schrift grundgelegte Sicht der Rolle von Mann und Frau vorgezeichnet? Sind also die heutigen Versuche der Kirche, die Leitbilder für Mann und Frau in einem anderen Licht darzustellen, nur Bemühungen, das nachzuvollziehen, was sich im Zuge der letzten Jahrzehnte scheinbar unaufhaltsam und ohne Zutun der Kirche abgespielt hat, nämlich die Befreiung der Frau aus ihren Abhängigkeiten und ihre Gleichstellung mit dem Mann? Hat die Kirche also die Fronten gewechselt? Hinkt sie wieder einmal nach?

Als Beispiel für solche „modernen" Äußerungen seien einige Stellen aus der Enzyklika „Familiaris Consortio" von Papst Johannes Paul II. zitiert:

> „Polygamie.... leugnet in direkter Weise den Plan Gottes...., denn sie widerspricht der gleichen personalen Würde von Mann und Frau...."

> „Für die Frau ist vor allem zu betonen, daß sie die gleiche Würde und Verantwortung wie der Mann besitzt: Diese Gleichwertigkeit kommt in einzigartiger Weise zur Geltung in der gegenseitigen Selbsthingabe an den anderen und in der gemeinsamen Hingabe an die Kinder...."

> „Zweifellos rechtfertigen die gleiche Würde und Verantwortlichkeit von Mann und Frau voll den Zugang der Frau zu öffentlichen Aufgaben." (108, Abschnitte 19,22,23)

Diese Aussagen über die gleiche Würde von Mann und Frau, über ihre Gleichwertigkeit als Kinder Gottes, sind durchaus keine Entdeckung der letzten Jahrzehnte. Sie stehen viel tiefer im Zentrum der christlichen Botschaft als die vielfach mißgedeuteten Aussagen des Apostels Paulus. Eigentlich wird vom Papst nur die zentrale Aussage über den Menschen, die wir in der Heiligen Schrift finden, wiederholt:

> „Und Gott schuf den Menschen nach seinem Bilde, nach dem Bilde Gottes schuf er ihn, als Mann und Frau schuf er sie." (Gen 1,27)

Schon im ersten Buch der Bibel, im ersten Schöpfungsbericht finden wir die grundsätzliche Aussage über gleiche Würde von Mann und Frau.

Beide sind nach dem Bilde Gottes geschaffen. Mann- und Frausein bedeutet in gleicher Weise Menschsein. Es findet sich kein Hinweis auf einen qualitativen Unterschied. Und das Mann- und Frausein wird — wie die gesamte Schöpfung — als „sehr gut", also der Entfaltung dienend, gekennzeichnet. Auch im zweiten Schöpfungsbericht finden wir dieselbe Grundsicht wieder:

> „Dann baute Jahwe Gott die Rippe, die er vom Menschen genommen hatte, zu einem Weibe und führte es zum Menschen. Da sprach der Mensch: ‚Das ist endlich Bein von meinem Bein und Fleisch von meinem Fleisch! Diese soll Weib heißen, weil sie vom Mann genommen ist.' Darum wird der Mann seinen Vater und seine Mutter verlassen und seinem Weibe anhangen, und sie werden zu einem Fleisch." (Gen 2, 22 - 24)

Auf diese Stellen nimmt Jesus im Markusevangelium ausdrücklich Bezug (Mk 10, 6 - 8). Daß er die Gleichwertigkeit von Mann und Frau im Auge hat, kommt auch an jener Stelle zum Ausdruck, an der er auf die Unauflöslichkeit der Ehe zu sprechen kommt:

> „Wer seine Frau entläßt und eine andere heiratet, der bricht ihr gegenüber die Ehe. Und wenn sie ihren Mann entläßt und einen anderen heiratet, so bricht sie die Ehe." (Mk 10, 11 f)

Dieses Thema wird übrigens auch von Paulus in dem oben zitierten Brief an die Korinther (7, 10 f) aufgenommen, also in jenem Brief, in dem von der Hintergrundstellung der Frau in der Gemeinde die Rede ist, wird gleichzeitig auch von ihrer grundsätzlichen Gleichwertigkeit geredet. Und diese Sicht ist für die antike Welt durchaus nicht selbstverständlich!

Was können wir nun über das christliche Menschenbild sagen, was können wir über das Mann- und Frausein aus der Sicht der Offenbarung festhalten?

Mich haben diesbezüglich die Ausführungen von Papst Johannes Paul II. am meisten beeindruckt. Von September 1979 bis zu dem auf ihn verübten Attentat beschäftigte sich der Papst in seinen Ansprachen bei den Generalaudienzen mit dem Thema Mann- und Frausein im Licht der christlichen Offenbarung. Im folgenden möchte ich seine Aussagen zusammenfassen. Sie entwerfen eine wunderschöne Vision von einem erfüllten Leben und sind der Versuch, jener Ordnung nachzuspüren, die Gott am Anfang, noch vor dem Sündenfall, grundgelegt hat.

Will man etwas wirklich Wesentliches über den Menschen aussagen, stellt der Papst fest, so reicht es nicht, sich nur des wissenschaftlichen Zugangs zu bedienen. Geht man nämlich so vor, so muß man zwangsläufig bei der Einsicht landen, daß der Mensch nur ein vernünftiges Tier sei. Wer mehr wissen will, muß den Menschen im Lichte der Heiligen Schrift betrachten. Sie eröffnet einen Blick auf die ursprüngliche Schöpfungsordnung. Auch Jesus lud seine Zuhörer ein, die ursprüngliche Ordnung zu betrachten, als er nach der Ehe gefragt wurde: „Darf ein Mann seine Frau aus der Ehe entlassen?" (Mk 10, 2)

Wie war es aber am Anfang der Schöpfung? Es ist nicht müßig, diese Frage zu stellen. Denn immer noch trägt der Mensch die Sehnsucht nach dieser ursprünglichen Ordnung in sich. Insofern ist sie auch für uns von Bedeutung, kann sie doch als Orientierungspunkt für unser Streben nach Erfüllung angesehen werden.

Betrachtet man nun die Schöpfungsgeschichte, so fällt auf, daß der Mensch als von der übrigen Schöpfung abgehoben dargestellt wird. Da finden wir keinen Hinweis auf die Ähnlichkeit mit Tieren, sondern es wird hervorgehoben, daß der Mensch nach dem Abbild Gottes geschaffen worden ist. Ebenso kennzeichnend ist, daß er nicht allein, sondern als Mann und Frau erschaffen wurde. Erst als Mann *und* Frau ist er im Vollsinn Mensch.* Nun besteht aber eine enge Beziehung zwischen der Tatsache, daß der Mensch als Mann und Frau und daß er als Ebenbild Gottes geschaffen wurde: In der Einheit von Mann und Frau spiegelt sich etwas vom göttlichen Geheimnis wider, nämlich die Beziehung der göttlichen Personen zueinander. Miteinander eins, machen Mann und Frau die göttliche Dreifaltigkeit sichtbar.

Daher spricht Johannes Paul II. auch von der Ehe als Ursakrament, sie ist „ein Zeichen, das wirksam das unsichtbare seit Ewigkeit verborgene Geheimnis in der Welt aufleuchten läßt" (Ansprache vom 20.2.1980).

Daß der Mensch nach Gottes Ebenbild geschaffen ist, findet in seiner Eigenschaft, Person zu sein, seinen Niederschlag. Dies drückt sich in mehrfacher Weise aus: Der Mensch ist anders als die übrige Schöpfung, er ist ihr überlegen, er erlebt sich als der Besondere; er ist Partner Gottes, fähig, sich für gut oder böse zu entscheiden, für oder gegen Gott, und ist nicht an die natürlichen Ordnungen gebunden; und er ist als Mann und Frau zur vollkommenen Einheit berufen.

Person sein heißt also frei und zur Einheit berufen zu sein. Im Einssein als Mann und Frau überwindet der Mensch die Einsamkeit, die er erlebt, weil er anders ist als die Schöpfung rund um ihn und weil er frei

---

* Das bedeutet keine Diskriminierung des unverheirateten Menschen. Die Kirche hat seit jeher die „Jungfräulichkeit um des Himmelreiches willen" als heilbringendes Lebensmodell hingestellt.

gegenüber Gott ist. Die Einheit ist somit kein Zwangskorsett, sie ist nicht verordnet, sondern wesentlicher Bestandteil des Personalen, gewissermaßen das Gegengewicht zur Freiheit.

Um eins zu werden, muß sich der Mensch ganz in eine Beziehung einbringen. Als Person ist der Mensch daher Geschenk für den anderen. Geschenk sein bedeutet, das eigene Leben in den Dienst des anderen zu stellen. Dabei geht es also nicht um das Schenken eines Moments, sondern um das Sich-selbst-Hingeben, also mit der eigenen Vergangenheit und Zukunft. In der Hingabe drückt sich das innerste Wesen Gottes aus: die Liebe, die Gott ist. Im Füreinander-da-Sein finden wir die Antwort auf die Frage nach dem Sinn der Schöpfung, dem Sinn des menschlichen Lebens. Damit gelangen wir aus der Sicht der Offenbarung zu demselben Ergebnis wie bei den Überlegungen im vorigen Abschnitt: Mann und Frau sind füreinander besonders.

Wir haben nun soviel von Einheit gehört, daß sich die Frage aufdrängt, wozu sie eigentlich gut ist. Was nützt es dem Menschen, könnte man überspitzt fragen, sich hinzugeben? Im Einswerden entdecken wir gegenseitig immer tiefer das Geheimnis, das der andere darstellt. In der Ehe schenke ich dem Partner meine Einmaligkeit vollständig und stelle mich in den Dienst seiner Entfaltung. Damit erschließt sich mir auch das Geheimnis der Einmaligkeit des anderen immer tiefer. Aber nicht nur den Partner erkenne ich im Aufeinander-Zugehen immer besser, auch in das Geheimnis meiner eigenen Einmaligkeit dringe ich dabei tiefer vor. Eigentlich entspricht das ja unserer Alltagserfahrung: Je vertrauter uns ein Mitmensch ist, umso offener begegnen wir ihm und umso eher entdecken wir dabei an uns selbst Eigenschaften, die in oberflächlichen Begegnungen verdeckt bleiben.

Fassen wir es noch einmal zusammen: Je mehr wir uns gegenseitig hingeben, umso besser erkennen wir den anderen und uns selbst. Diesen Vorgang bezeichnet der Papst als das Geheimnis der Kommunion. In ihr leuchtet die Gottebenbildlichkeit des Menschen auf und in ihr gelangen wir zu jenem Frieden, „den die Welt nicht geben kann". Weiters weist Johannes Paul II. darauf hin, daß dieses Erkennen auch eine körperliche Ausdrucksform hat, ist doch der Mensch Körper und Geist. In der körperlichen Vereinigung wird die ursprüngliche Grundwahrheit, daß der Mensch auf Kommunion ausgerichtet ist, auf besondere Weise erfahren und ausgedrückt. In ihr geschieht Hingabe durch freie Wahl.

Im Schöpfungsbericht wird die Frau dem Mann geschenkt, ist sie erstes Geschenk. Indem sie sich hingibt, dringt sie in die Tiefe der eigenen Person vor. Dem Mann ist die Frau anvertraut. Er ist dafür verantwortlich, daß ihre Hingabe auf die angemessene Antwort trifft. Ihm obliegt es, die Frau als ganze Person anzunehmen. Er hat dafür zu sorgen, daß es zu einem erfüllenden Vorgang gegenseitiger Hingabe kommt. In der Hingabe der Frau vertieft sich die Hingabefähigkeit des Mannes, vertieft er seine Selbstbeherrschung. Sie äußert sich in der harmonischen Unterordnung des Körpers unter den Geist.

Es fällt uns, die wir die Zwiespältigkeit der sexuellen Wünsche, der Sympathien, der Sinnlichkeit erleben, schwer, uns einen ursprünglichen Zustand vollkommener Selbstbeherrschung vorzustellen. Das ist eine Folge der Gebrochenheit, die den Menschen seit dem Sündenfall kennzeichnet. Dennoch bleibt aber die geistige Beherrschung dieser Regungen ein Wesensmerkmal erfüllten Menschseins.

Einiges an diesen Ausführungen des Papstes mag uns nüchternen Zeitgenossen eines rationalistischen Zeitalters allzu idealisiert erscheinen. Wir halten uns eben lieber an die harten „Fakten". Unser Denken ist aber wesentlich durch die Folgen des Sündenfalls geprägt. Und auf sie geht der Papst ebenfalls ausführlich ein. Wenn wir uns noch etwas mit diesen Folgen beschäftigen, wird vielleicht manche der oben angestellten Überlegungen etwas klarer: Der Sündenfall geschieht, wie Johannes Paul II. ausdrücklich feststellt, im Geist, und zwar durch Absage an die Einheit. Die einzige Auflage, die Gott dem Menschen gegeben hatte, bestand darin, in der Einheit zu bleiben. Als sich der Mensch aber aus der Einheit mit Gott löste, verlor er zwangsläufig an Leben, das er ja in der Kommunion mit dem Ursprung allen Lebens in Fülle besessen hatte. Sobald der Mensch aber sein Herz von der Liebe Gottes losgemacht, den Geschenkcharakter der Schöpfung infrage gestellt hatte, schnitt er sich auch von der Quelle seines Lebens ab.

Dieser Schritt wirkte sich auch auf die Beziehungen von Mann und Frau aus: Sie schenken sich nicht mehr vollkommen. Das Schenken geschieht nicht mehr arglos, und die Beziehungen zum anderen werden angekränkelt von der Lust, den anderen zu besitzen. Mann und Frau haben die Unschuld reinen Gebens und Annehmens verloren, und damit auch die Freiheit voreinander. Sie erleben sich aber nicht nur untereinander gespalten, sondern auch in sich selbst. Die Harmonie von Körper und Geist geht, wie schon oben erwähnt, in Brüche.

Mann und Frau lieben nicht mehr wie im Zustand der Unschuld: „Sie fühlen sich getrieben, nicht wie früher vom Geist zur Hingabe, sondern vom aufbegehrenden Fleisch, sich zu nehmen. Sie machen diffus die Erfahrung, daß sie dazu neigen, sich gegenseitig als Objekte zu behandeln",

kommentiert M. Clément (35) die Überlegungen des Papstes.

Sexualität ist nun nicht mehr das ursprünglich erfüllende Bindeglied zwischen Mann und Frau, sondern ein Hindernis in der Beziehung von zwei Menschen, die in sich und untereinander uneins sind.

„Sie sind nicht mehr nur zur Verbindung und Einheit berufen, sondern auch von der Unersättlichkeit nach dieser Vereinigung bedroht. Dennoch hört die Sehnsucht nach dieser Einheit nicht auf, Mann und Frau anzuziehen, gerade weil sie Personen sind, die von Ewigkeit zum Leben in Kommunion berufen sind." (Ansprache vom 18. 6. 1980)

Auch nach dem Sündenfall hat der Mensch also seine Eigenschaft, Person zu sein, nicht verloren. Er bleibt daher auf der Suche nach Einheit. Wegen seiner Gebrochenheit aber ist er dauernd bedroht, diese Einheit pervers zu befriedigen, sich mit scheinbaren Ersatzlösungen zufrieden zu geben (Sex, Alkohol, Drogen. . . .)

Fassen wir also noch einmal zusammen: In der Einheit von Mann und Frau spiegelt sich das Geheimnis der Dreifaltigkeit Gottes wider, die Kommunion. Sie ist ein dynamischer Vorgang, bei dem sich die Partner gegenseitig verschenken, dadurch immer tiefer das Geheimnis des anderen erkennen, aber auch das besondere Wesen werden, zu dem Gott sie berufen hat. In der Einheit von Mann und Frau offenbart Gott sein innerstes Wesen: Liebe, die zu sich selbst befreit.

Mit diesen Ausführungen möchte ich auch die eingangs des 8. Kapitels gestellten Fragen „Wer ist der Mensch?" und „Welchen Sinn hat sein Leben?" für mich persönlich als Antwort geben. Je länger ich mich diesen grundsätzlichen Fragen aussetze, um so klarer wird mir, daß der Mensch weder sinnloses Zufallsprodukt, noch himmelstürmender Übermensch, noch ein sattes, von der Gesellschaft geschaukeltes Baby ist, sondern nach dem Ebenbild Gottes geschaffen, und daß er seine tiefste Erfüllung darin findet zu lieben, wie Jesus geliebt hat. (Joh 13,34)

Nun zurück zu Paulus. Ich sehe zwar meine Aufgabe durchaus nicht darin, den Apostel wegen der oben zitierten Aussagen zu verteidigen. Dazu bin ich theologisch viel zu wenig vorgebildet. Dennoch möchte ich noch einmal kurz auf die paulinischen Äußerungen zurückkommen, um noch einen Gedanken einzubringen.

In der oben zitierten Stelle aus dem Kolosserbrief wird den Frauen aufgetragen, sich ihren Männern unterzuordnen, während es als Aufgabe der Männer bezeichnet wird, ihre Frauen zu lieben. In eine ähnliche Richtung weist die entsprechende Stelle im Epheserbrief. Dort wird sogar der Vergleich zwischen Christus und Kirche zur Erläuterung herangezogen. (Siehe S. 177)

Nur ein vordergründiges Verständnis der Worte kann dazu führen, daß man in dieser Anweisung eine ungerechte Behandlung der Frau erblickt. Versteht man unter Dienen nichts anderes als das Durchführen von Aufgaben unter äußerem Zwang und ein Tun, zu dem man freiwillig nicht bereit wäre, und versteht man weiters unter Liebe nichts anderes als herablassendes Wohlwollen, so entsteht zwangsläufig eine Fehldeutung dieser Schriftstelle. Und sie bleibt Fehldeutung, auch wenn sie in der Geschichte vielfach stattgefunden hat.

Die Evangelien sind voll von Aussagen darüber, daß Dienen eine der Grundhaltungen des Christen sein müßte. Als ein Beispiel unter vielen möchte ich die Stelle im Markus-Evangelium zitieren:

„Wenn einer ein Erster sein will, muß er der Letzte von allen und der Diener aller sein." (Mk 9,35)

Gerade der Umstand, daß Erster-Sein ein besonderer Auftrag zum Dienen ist, relativiert auch die Vorrangstellung, die sich aus den Aussagen des Paulus für den Mann im Rahmen der Familie ableiten läßt. Soweit also der Mann sich als erster in der Familie versteht, kann dies aus christlicher Sicht niemals ohne die gleichzeitige Berücksichtigung der Aussagen Christi, was „Erster-Sein" und was „Führen" bedeutet, gesehen werden:

„Ich bin der gute Hirt. Der gute Hirt gibt sein Leben für die Schafe." (Joh 10,11)

Oder im Anschluß an die Fußwaschung:

„Versteht ihr, was ich euch getan habe? Ihr ruft mich ‚Meister' und ‚Herr' und mit Recht sagt ihr das, denn ich bin es. Wenn nun ich, der Herr und Meister, euch die Füße gewaschen habe, müßt auch ihr einander die Füße waschen. Denn ich habe euch ein Beispiel gegeben, damit auch ihr tut, wie ich euch getan habe." (Joh 13, 13 - 15)

Soweit also eine Klärung, was ein Christ in Wahrheit unter dem Begriff „Erster-Sein" verstehen sollte. Ergänzen wollen wir diese Begriffsbestimmung noch dadurch, daß wir klären, unter welchem Blickwinkel der Auftrag an die Männer, ihre Frauen zu lieben, aus christlicher Sicht zu deuten ist. Auch dafür möchte ich mich auf ein einziges Zitat beschränken, das klar macht, daß es keine Liebe ohne Hingabe gibt:

„Das ist mein Gebot, daß ihr einander liebet, wie ich euch geliebt habe. Eine größere Liebe hat niemand als die, daß er sein Leben für seine Freunde hingibt." (Joh 15, 12f.)

Unterlegt man den paulinischen Aussagen somit den von Jesus geprägten Begriffsinhalt der Worte, so kommt man zweifellos nicht zu dem Schluß, daß den Frauen unrecht geschieht. Wir finden vielmehr das wieder, was der Papst mit anderen Worten ausdrückt: Mann und Frau sind füreinander Geschenk, und die Frau ist als erstes dem Mann geschenkt, der dafür verantwortlich ist, daß ein Vorgang fortschreitender Hingabe stattfindet. Daß dies nicht erst eine Entdeckung der Neuzeit ist, illustriert folgender Ausspruch des heiligen Ambrosius aus dem 4. Jahrhundert:

> „Du bist nicht ihr Herr, sondern ihr Mann; sie ist dir nicht zur Sklavin gegeben, sondern zur Gattin... Erwidere ihre Aufmerksamkeit gegen dich und sei ihr dankbar für ihre Liebe." (Zitiert in 109)

Der Mann scheint somit in einer umfassenderen Form Verantwortung zu tragen. Er hat umfassend für das Wohlergehen seiner Frau Sorge zu tragen, während den Frauen besonders ans Herz gelegt wird, diese besondere Verantwortung des Mannes anzunehmen und sich in ihren Dienst zu stellen. *Beider* Grundauftrag bleibt aber das Dienen und Schenken. Das Dienen der Frau wird dann zur schier unerträglichen Bürde, wenn die Männer den Auftrag, ihre Frauen zu lieben, nicht erfüllen.

Abschließen möchte ich diesen Abschnitt über Mann und Frau aus christlicher Sicht noch mit einigen Überlegungen, die die französische Historikerin R. Pernoud in einer Untersuchung der Stellung der Frau im Mittelalter angestellt hat. Sie widerlegt nämlich die eingefahrenen Vorstellungen des neuzeitlichen Menschen vom nicht umzubringenden Klischee vom „dunklen Mittelalter", in dem auch die Stellung der Frau nur beklagenswert gewesen sein könne.

Unter christlichem Einfluß habe sich vielmehr im Mittelalter eine Kultur entwickelt, in der die Stellung der Frau weitaus bedeutender und ihr Einfluß viel größer gewesen sei als im Altertum und in der beginnenden Neuzeit. Bis zum 5. nachchristlichen Jahrhundert sei nämlich die Geschichte des Abendlandes in geradezu verblüffender Weise fast ausschließlich nur von Männern geprägt gewesen. Das erkenne man am deutlichsten, wenn man nach berühmten Frauennamen in der griechischen oder römischen Geschichte suche. Sehr viel über die Stellung der Frau sagte auch das römische Recht aus:

> „In Rom war die Frau — ohne Übertreibung und ohne Paradox — nicht einmal Rechtssubjekt... Die Frau war einfach nur ein Gegenstand." (161, S. 19f.)

Dementsprechend habe die Frau, wenn wir von den seltenen Ausnahmen absehen, keinerlei öffentliche Funktionen im Römischen Reich wahrgenommen, auch wenn sich Rechtsbestimmungen, die sich auf die Stellung der Frau beziehen, während der Kaiserzeit verbessert hätten. Dennoch sei die Frau im Grundverständnis der Römer minderwertig gewesen.

„Insgesamt existiert die Frau, nicht mehr als der Sklave, im eigentlichen Sinn für das römische Recht gar nicht (als Person)." (161, S. 20)

Dem Familienrecht zufolge sei sie zunächst unter väterlicher Herrschaft gestanden, um im Falle der Verheiratung nur von der Herrschaft des eigenen Vaters unter die des Ehemannes oder die seines Vaters zu wechseln.

Bemerkenswert ist nun, daß die Wende für die Frauen mit der Verkündigung des Evangeliums angebrochen sei:

„Die Worte Christi ... enthielten für die Frauen keinerlei Hinweis auf eine besondere Form von Schutz, aber sie machten auf eine besonders einfache, aber umso umwerfendere Art die grundlegende Gleichheit zwischen Mann und Frau deutlich: 'Wer seine Frau entläßt und eine andere heiratet, der bricht ihr gegenüber die Ehe, und wenn sie ihren Mann entläßt und einen anderen heiratet, so bricht sie die Ehe.'" (161, S. 21)

Die Tatsache, daß die Frauen die christliche Botschaft auch so aufgefaßt haben, wie Pernoud das darstellt, wird an der großen Zahl von weiblichen Heiligen der ersten christlichen Jahrhunderte deutlich. Über die grundsätzliche Gleichheit von Mann und Frau schreibt ja auch der Apostel Paulus an die Galater:

„Es gibt nicht mehr Juden und Griechen, nicht mehr Sklaven und Freie, nicht mehr Mann und Frau; denn ihr alle seid ‚einer' in Christus Jesus." (Gal 3, 28)

Ausgehend von diesem Grundverständnis gleicher persönlicher Würde, vollzogen viele Frauen einen vollständigen Bruch mit einer der grundlegenden Selbstverständlichkeiten der Heidenwelt, nämlich der schon erwähnten vollständigen Verfügungsgewalt des Vaters über seine Töchter. Dabei beriefen sie sich auf die Aussage Christi, daß jeder Mensch das Recht habe, seinen Ehestand selbst zu bestimmen. Insbesondere maßten sich damit einige das Recht an, auch gegen den Willen ihres Vaters im Hinblick auf das Reich Gottes unverheiratet zu bleiben (siehe Mt 19,12). Dazu Pernoud:

„Frei das Gelöbnis der Jungfräulichkeit auszusprechen, war letztlich nichts anderes als die Freiheit der Person und ihre Entscheidungsautonomie zu verkünden." (161, S. 25)

Der Begriff der Person wird im Christentum mit einem neuen Sinn versehen, nach dem Vorbild der göttlichen Personen gedeutet und auf die Frau, das Kind, aber auch den Sklaven angewendet. Das war aber für die Heidenwelt geradezu revolutionär.

„Und es war die Frau, die zuerst von dieser Botschaft profitierte." (161, S. 26)

Daher spielen in den ersten Jahrhunderten der Glaubensverbreitung die Frauen auch eine besondere Rolle. So bekehrten sich beispielsweise in der römischen Aristokratie meist die Frauen zuerst, während ihre Männer zunächst noch Heiden blieben.

Unter christlichem Einfluß hat sich, Pernoud zufolge, auch erstmals im ausgehenden Römischen Reich eine gewisse Tradition der weiblichen Bildung entwickelt. In den ersten weiblichen Klostergründungen habe man das Studium der Psalmen, der Heiligen Schrift und der ersten Kommentatoren gepflegt. Damit sei ein Stil entstanden, der etwas ganz Neuartiges dargestellt habe und der im Mittelalter von besonderer Bedeutung gewesen sei:

„Der doppelte Einfluß, den Kirche und Frauen ausüben, trägt dazu bei, daß die Erziehung des Mannes auf ein Leitbild ausgerichtet wird, das sich später im gebildeten Prinzen verwirklicht, der Sorge für die Verteidigung der Armen trägt." (161, S.31)

Diese Entwicklung habe dazu geführt, daß unter christlichem Einfluß die gesellschaftliche Stellung der Frau zwischen dem 10. und 13. Jahrhundert in Europa einen Höhepunkt erreicht habe. Das habe sich beispielsweise im enormen Aufschwung, den die Frauenklöster im Mittelalter nahmen, geäußert. Sie waren nicht nur Orte des Gebets und Zentren der Evangelisation gewesen, sondern auch Stätten, an denen Bildung vermittelt und die Künste gepflegt wurden.*

Nicht unerwähnt bleiben darf die gesamte von Frauen geprägte Geisteshaltung, die dem Minnedienst zugrundelag und die einen tiefgreifenden Einfluß auf das Verhalten des Ritterstandes gehabt hat. Welchen Stellenwert die Frau auch im sozialen Leben einnahm, läßt sich am Beispiel der Klostergemeinschaft von Fontevraud illustrieren.

---

* Pernoud erwähnt Roswitha von Gandersheim, die als größte Dichterin der Ottonenzeit angesehen wird, Herrade von Landsberg und Hildegard von Bingen, deren Schriften von zeitloser Bedeutung sind.

Sie umfaßte ein Frauenstift und ein Männerkloster, und an der Spitze der Gemeinschaft stand — eine Äbtissin, ein in der Neuzeit nur schwer vorstellbarer Zustand.

Schließlich sei noch erwähnt, daß ins Mittelalter eine Reihe von Erfindungen fielen, die zur Entwicklung einer Kultur der Häuslichkeit geführt haben, in deren Zentrum die Frauen standen. Dazu stellt Pernoud fest:

> „Die Tatsache, daß Heime rund um den offenen Kamin entstanden, hat sicher entscheidend dazu beigetragen, daß die Frauen eine neue Rolle im Verband der Familie erlangten. Das Heim ist für sie Symbol der Integration in das Gemeinschaftsleben, das Gegenteil dessen, was Frauengemach und Harem sind, die die Frauen in einen besonderen Ort verbannen, beides Ausdruck des Ausgeschlossenseins." (161, S. 81)

Damit will ich auch schon den Exkurs über die Stellung der Frau im Mittelalter beenden. Sich auf dieses Thema näher einzulassen, würde zu sehr eine Ablenkung auf ein Detail bedeuten. Dennoch erschien es mir wichtig, diesen historischen Rückblick miteinzubeziehen, zeigt er uns doch, daß sich, im Gegensatz zu heute gängigen Vorstellungen, die Stellung der Frau zunächst durch die Botschaft Christi wesentlich verbessert hat. Erst der Rückgriff auf die Denkungsweise des Altertums (angefangen bei Thomas von Aquin, besonders aber im ausgehenden Mittelalter) brachte jenen Rückschritt, der heute zu Unrecht als Wesensmerkmal christlichen Denkens angeprangert wird.

8.5 Mann und Frau sind gleich — aber auch besonders

Zu Beginn dieses Abschnitts möchte ich auf einen Grundgedanken des christlichen Leitbildes von Mann und Frau zurückkommen: Nach dem Ebenbild Gottes geschaffen sind Mann und Frau als Personen vor Gott gleichwertig, gleich an Würde, in gleicher Weise angenommen. Gleichzeitig sind sie aber auch füreinander Gabe, haben in der gegenseitigen Hingabe eine unterschiedliche Aufgabe, sind also füreinander besonders. Mann- und Frausein spielt sich also in einem Spannungsverhältnis von Gleich- und Besondersein ab. Und diesem Aspekt wollen wir uns im folgenden zuwenden.

Kürzlich hatte ich Gelegenheit, in Salzburg an einer Tagung teilzunehmen, die von Vertreterinnen einer eher radikalen Linie der weiblichen Emanzipation veranstaltet worden war. Ich war einer von zwei männlichen Teilnehmern in einer Runde von 60 bis 70 Frauen. Bei dieser Gelegenheit konnte ich das Denken der Emanzipationsbewegung in einer sehr unverfälschten Form kennenlernen.

Folgendes zeigte sich ganz klar: Für die Vertreterinnen dieser Richtung ist Gleichheit *das* große Ideal. Alles wird unter diesem Blickwinkel betrachtet. Alle Bemühungen richten sich darauf, Unterschiede zwischen den Geschlechtern möglichst rasch und möglichst konsequent abzubauen. Es herrscht die Überzeugung, daß die „traditionellen Geschlechtsrollen" (fast ein Inbegriff des Verabscheuungswürdigen) in Zukunft jede Bedeutung zu verlieren haben.

Diese Ausrichtung muß man jedoch unbedingt in Zusammenhang mit der damit verbundenen Weltanschauung sehen. Alles Heil erwarteten sich nämlich die Vertreterinnen dieser Richtung von der Erwerbstätigkeit. Symptomatisch war die Äußerung einer der Teilnehmerinnen: „Außerhäusliche Erwerbstätigkeit wird für Frauen zunehmend wichtig. Der Betrieb hat therapeutische Funktion, und viele Menschen erholen sich heute im Betrieb von der Familie." Das ist insofern verständlich, als Familie vorwiegend nur als Ort der Benachteiligung, der ungerechten Behandlung und als in ihrem Bestand extrem gefährdet betrachtet wird.

Die Vertreter der Emanzipation setzen eben auf die Gesellschaft als Sinnvermittler. In einer spezialisierten und industrialisierten Gesellschaft verlieren aber die Geschlechtsrollen auch tatsächlich an Bedeutung. Am Arbeitsplatz kommt es nämlich primär darauf an, daß man bestimmte Aufgaben erfüllt. Dabei spielen aber vor allem bestimmte Qualifikationen und Fertigkeiten eine Rolle. Ob die geforderte Leistung jedoch von einem Mann oder einer Frau erbracht wird, ist für das Betriebsgeschehen letztlich zweitrangig.

Daher wenden sich die Frauen auch zurecht gegen die nach wie vor bestehende Benachteiligung in der Bezahlung am Arbeitsplatz. Im Durchschnitt verdienen beispielsweise männliche Österreicher etwa um 50 Prozent mehr als weibliche. Das hängt zum Teil damit zusammen, daß Frauen vor allem in Branchen mit niedrigen Löhnen (Textil- und Bekleidungsindustrie, Handel . . .) beschäftigt sind. Aber selbst bei gleicher Qualifikation und gleicher Verwendung verdienen sie meist weniger. Diese Tatsache ist an sich ungerecht, wird aber von jenen, die alles Heil im Erwerbsleben sehen, als ein ganz besonderes Ärgernis empfunden.

Gleichbehandlung um jeden Preis ist also die Parole, ob am Arbeitsplatz oder zuhause, ob bei der Bezahlung oder bei der Freizeitgestaltung. Und darum müsse man kämpfen, wiederholten die in Salzburg versammelten Frauen, um einander gegenseitig in der Entschlossenheit zu bestärken. Es fiel mir dabei auf, wie stark ihr

Denken von männlichen Kategorien geprägt war: Kampf, Auseinandersetzung, Eroberung, Verteidigung waren ebenso häufig verwendete Begriffe wie Struktur, Macht, Prozeß oder Mechanismus.

Immer wieder mußte ich an die Aussagen von F. Engels oder A. Bebel (siehe Abschnitt 8.1) denken. Ihre programmatischen Vorstellungen haben heute im Denken weiter Kreise ihren Niederschlag gefunden. Ich halte dies nicht deswegen fest, um darüber in lautstarkes Gejammer auszubrechen. Es gilt vielmehr nüchtern die Realität zu sehen. Die Gleichheitsparole (im Sinne von weitgehender Negierung sinnvoller Sonderbegabungen von Mann und Frau) ist heute einfach „in". Und es gibt gar nicht wenige, die in gewissem Sinne zum „Klassenkampf der Geschlechter" aufrufen, um diese Gleichheit durchzusetzen.

Solche Ausführungen sollte man nicht als Spinnereien von Extremistinnen beiseite schieben. Im Gegenteil, gerade wenn man eine Ansicht gar nicht schätzt, sollte man sich ernsthaft mit dieser Position auseinandersetzen. Und das möchte ich im folgenden auch versuchen. Zur ernsthaften Auseinandersetzung gehört aber auch, daß man berechtigte Kritik zur Kenntnis nimmt. Bei der Frauentagung in Salzburg ist mir nämlich bewußt geworden, daß die Analyse der Frauen auch viel Richtiges enthält.

Es stimmt ja wirklich, daß es Frauen zunehmend schwer gemacht wird, bei der wachsenden Zahl von Scheidungen und beim Überhandnehmen von „Ehen ohne Trauschein", die ja bekanntlich noch weniger stabil sind als Ehen, vorbehaltlos auf das Bestehen einer lebenslangen Verbindung mit dem einen Partner zu setzen. Und wieviele Frauen machen dann in ihrer Ehe schlechte Erfahrungen mit ihren Männern? Wieviele von diesen gehen doch vollkommen in ihrem Beruf und ihren Hobbies auf, interessieren sich vielfach überhaupt nicht für ihre Familie, helfen auch dann nicht im Haushalt, wenn ihre Frau beruftstätig ist, trinken unmäßig, spielen den Umstand, daß sie das Geld verdienen, als Machtfaktor gegen ihre Frau aus, schlagen sie ...? Vor dieser Realität dürfen wir nicht die Augen verschließen und so tun, als wäre ohnedies alles in bester Ordnung. Nein, vieles liegt im argen, und es ist sicher ein Verdienst der Frauenbewegung, daß ein Teil des Unrechts, das an Frauen geschehen ist und weiter geschieht, zur Sprache kommt. Gerade wir Männer hätten allen Anlaß, unsere Einstellung zu überprüfen.

Wenn ich also manches an der Analyse der Frauenbewegung ernstnehme, so heißt das wiederum nicht, daß ich auch mit ihrem Lösungsansatz konform gehe. Dieser ist nämlich von der heute gängigen Weltanschauung geprägt, daß alles Heil vom gesellschaftlichen Fortschritt komme und daß daher gleiche Mitwirkung an gesellschaftlichem Tun und gleiche Nutzung der gesellschaftlichen Leistungen menschliches Glück bedeute. Sieht man den Menschen und die Welt so, dann landet man zwangsläufig bei der Forderung, nur die vollkommene Gleichstellung sei die angemessene Lösung für die Probleme zwischen Mann und Frau. Und die Gesellschaft habe durch Regulierung für die Verwirklichung dieses Anliegens zu sorgen.

Es ist dann auch nur konsequent, Regulierungen auch für die Gestaltung des Lebens in der Familie zu fordern. Wie sollte man denn sonst die Männer dazu anhalten, ihren Aufgaben im Haushalt und bei der Kinderbetreuung nachzukommen? In letzter Konsequenz müßte man an Kontrollen durch die Sozialfürsorge denken. Sie überwacht in Schweden ja schon heute, wie Kinder von ihren Eltern behandelt werden, und sie verfügt dort über weitgehende Kompetenzen, zum „Schutz" der Kinder einzugreifen.

Natürlich gibt es für dieses Konzept der Gleichschaltung auch ein wissenschaftliches Fachwort. Es heißt Androgynie und setzt sich aus der griechischen Bezeichnung für männlich und weiblich zusammen. Vertreter der Androgynie (siehe 12 und 130) wollen erreichen, daß Rollen nicht mehr vom Geschlecht abhängen. Sie entwerfen dafür entsprechende Gesellschaftsmodelle. Alle diese Ansätze gehen davon aus, daß Mann- und Frausein beliebig verändert werden kann. Als ein Beispiel für den geringen Wirklichkeitsbezug solcher Gedankenspielereien möchte ich eine Aussage des Theologen J. Burri, der allerdings kein Gleichschaltungsfanatiker ist, zitieren:

> „... Das Kind muß sich mit einer Person des gleichen Geschlechts identifizieren können und komplementäre Verhaltensweisen gegenüber Personen des anderen Geschlechts erlernen können. Dabei kommt es weniger auf den spezifischen Inhalt männlicher und weiblicher Rollen an als vielmehr auf die Klarheit und Eindeutigkeit, mit der diese Rollen dem Kind vermittelt werden... Das Verhalten der Eltern (Zuwendung der Eltern zum Kind) ist dagegen kein geschlechtsspezifischer Verhaltenszug; sowohl für Männer und Frauen ist ein Kleinkind ein starker Auslösereiz für Elternverhalten, obwohl häufig die Frau eher Elternverhalten aktiviert als der Mann." (29, S. 89)

Elternverhalten ist ein schönes Wort, erweckt den Eindruck, als wäre die Beziehung zwischen Kindern und Eltern unabhängig davon, ob die Mutter oder der Vater im Spiel ist, als wären diesbezüglich Veranlagungen von zweitrangiger Bedeutung. Aber sehen wir uns doch die Realität an, dann erkennen wir, daß dies alles nur Theorie ist.

Die Mutter-Kind-Beziehung hat eben einen einmaligen Stellenwert. In mancher Hinsicht ist da der Mann einfach kein angemessener Ersatz (siehe Abschnitt 6.2).* Wie schaut es denn konkret aus? Endlich hat man wiederentdeckt, daß gestillt werden für die Entwicklung des Kindes in jeder Hinsicht von entscheidender Bedeutung ist. Gestillt wird aber von der Mutter — und dieser wichtige Vorgang sollte eben nicht nebenbei, gewissermaßen zwischen Tür und Angel erledigt werden. Denn Stillen sollte seine Zeit dauern, nach Bedarf stattfinden. Es erfordert also die Anwesenheit der Frau beim Kind. Der Wiener Kinderarzt H. Czermak schreibt diesbezüglich:

„Die Dauer der Mahlzeit kann man keinem Kind vorschreiben. Sicher ist, daß das Kind einerseits in den ersten Minuten nach dem Anlegen die wesentlichste Menge trinkt, andererseits ist die zuletzt getrunkene Milch die kalorienreichste.... Wenn es oft heißt, die Stillmahlzeit dürfe nicht länger als 20 Minuten dauern, so ist das nicht zutreffend... Man soll das Kind saugen lassen, solange es mag." (40, S. 101)

Beim Stillen geschieht aber viel mehr als nur Nahrung geben. Da beginnt eine Geschichte zwischen zwei Personen:

„Das Stillen ist eine Liebesbeziehung zwischen Mutter und Kind mit einem starken elementaren körperlich-sinnlichen Anteil. Das Saugen ist für beide Seiten nicht nur lustvoll und schön, wobei das Kind als aktiver Partner ein eigenes intimes Verhältnis zu seiner Mutter schafft, das dieser sehr viel ‚gibt'. Ganz langsam reifen all seine Sinne heran, es er-‚greift' die Brust, hält sich an ihr fest, streichelt sie, während es seine Fingerchen langsam und fortwährend bewegt; es kratzt und krallt sich ein, steckt der Mutter das weiche Händchen in den Mund, schaut ihr tief in die Augen, bald lächelt es sie an." (40, S. 96f.)

---

* Sicher ist auch beim männlichen Geschlecht in ganz geringen Ansätzen so etwas wie ein Mutterschaftsverhalten vorhanden. In Tierversuchen gelang es beispielsweise, durch massive Verabreichung von Hormonen eine Art „mütterliches Verhalten" bei männlichen Ratten zu erzeugen (siehe 142). Nur fragt man sich: wozu eigentlich? Noch einmal also: Mit Zielstrebigkeit und massiver Manipulation läßt sich vieles erreichen. Nur sind die dabei erzielten Ergebnisse sehr aufwendig und weitaus weniger leistungsfähig. Man sieht es ja beim Menschen: Mit vielen Hormonen kann man Frauen zu tollen Kugelstoßerinnen aufblasen. Dennoch erreichen sie auch dann nicht die männlichen Spitzenleistungen. Vielleicht kann man Männer mit Hormonen auf mütterlich trimmen. Fragt sich nur nochmals: wozu?

Und all das sollte eine Beziehung nicht entscheidend prägen? Und auf all das sollten Frauen und Kinder verzichten, nur um das ideologisch vorgeprägte Modell von der austauschbaren Dauerbezugsperson zu verwirklichen? Und wie steht es um die Geschichte, die die Mutter mit ihrem ungeborenen Kind hat — und die bei der Geburt und unmittelbar danach? Nur wer all das nicht berücksichtigt oder bewußt die Bedeutung dieser Geschichte herunterspielt, kann von einem neutralen Elternverhalten sprechen. Denn die Frau ist nun einmal die erste Bezugsperson und der Lebensraum des Kindes.

Und es ist nur naheliegend — nicht unbedingt notwendig —, diese Geschichte einer besonderen Beziehung fortzusetzen. So wissen wir doch auch, daß Kinder, um zu lernen, die Grunderfahrung einer verläßlichen Umwelt brauchen. Daher ist es äußerst sinnvoll, diese Sicherheit gewährende Beziehung von Mutter und Kind aufrechtzuerhalten und nicht durch dauernden Wechsel der Bezugspersonen (von denen jede anders reagiert) zu ersetzen.

Es müßte daher Teil einer sinnvollen Leitbildformulierung für die Frau sein, dieser Grundgegebenheit Rechnung zu tragen. Ebenso wichtig ist es, sich darüber den Kopf zu zerbrechen, welche weiteren Konsequenzen dies für das Leitbild des Mannes, aber auch für das Funktionieren der Gesellschaft hat.

Natürlich kann man auch nach Ersatzlösungen suchen. In manchen Situationen wird es gar nicht anders gehen, als sich ohne Mutter zu behelfen. Dann wird es oft zweckmäßig sein, daß der Mann einspringt. Das ist aber ganz etwas anderes, als daraus die Norm zu machen, also gewissermaßen beliebige Austauschbarkeit zu fördern und als anzustrebenden Idealzustand hinzustellen. Wer das tut, sollte sich bewußt machen, daß die dabei entstehende Konstellation weniger „leistungsfähig" sein wird und auch aufwendiger in ihrem Zustandekommen.

Wenn also aus einer ideologisch begründeten Vorliebe für Gleichheit heute die Mutterrolle abgewertet wird, zu den Vorstellungen von einem erfüllten Leben für die Frau nicht paßt, so muß man dies als Zeitströmung zur Kenntnis nehmen. Man muß sich damit aber durchaus nicht abfinden. Denn Sachzwänge gibt es dafür keine, die uns unweigerlich in die Rolle geschlechtsloser Erwerbs- und Bezugspersonen drängen. Die Überbetonung der Gleichheit hat ideologische Wurzeln, sie ist nicht wissenschaftlich begründet. Denn für Gleichheit lassen sich ebenso wissenschaftliche Erkenntnisse ins Treffen führen wie für Besonderheit. Es kommt nur darauf an, wie man die Fragen stellt.

Ich muß nun aufpassen, lieber Leser, daß Sie nicht den Eindruck bekommen, ich wäre ein erklärter Feind jeder Art von gleichartiger

Betrachtung von Mann und Frau. Das möchte ich unbedingt vermeiden. Wenn ich so ausführlich das Thema Gleichheit behandelt habe, dann eigentlich nur, um den heute so weitverbreiteten überzogenen Gleichheitsbegriff zu kritisieren. Habe ich also bisher die Besonderheit stark hervorgehoben, so möchte ich im folgenden die Bedeutung der Gleichheit betonen. Denn Gleichheit und Besonderheit stehen im Mann- und Frausein in einer polaren Beziehung.

Sofern es um die Person des Menschen geht, um seine Gottebenbildlichkeit, seine persönliche Entfaltung, seine Würde, kann man gar nicht anders, als von der Gleichheit von Mann und Frau auszugehen. Wie diese Gleichheit des Personseins aber in Beziehung zur Besonderheit des Mann- und Frauseins steht, möchte ich anhand des folgenden Zitats von J. Burri, dem ich in dieser Hinsicht zustimme, deutlich machen:

> „Der Mensch als Person kann sein ganzheitliches Sein nicht mitteilen, weil Personsein nicht mehr aufhebbar ist. Im Rahmen dieser personalen Ganzheit seines Seins, im Rahmen dieser Existenz der Person, ist der Mensch auch geschlechtlich, ja er ist geschlechtlich bestimmt. Er ist entweder Mann oder Frau. Der Komplex des Mannseins oder Frauseins, der sich aus biologischen, psychologischen und soziologischen Faktoren konstituiert, ist im Personsein aufgefangen, genauso wie andere Komplexe (z.B. Altsein, Jungsein) vom Personsein umgriffen sind .... Die Seinsweise als Person steht über der Seinsweise der Geschlechtlichkeit und der Geschlechterdifferenz." (29, S. 104)

Damit wird eigentlich nur das noch einmal ausgesagt, was wir auch schon aus der grundsätzlichen Aussage im Buch Genesis (1,27) über Mann und Frau herausgelesen haben: Sie sind im Kern ihres Seins gleich, weil Gott den Menschen nach seinem Bilde als Mann und Frau geschaffen hat.

Das bedeutet, daß jeder ernstzunehmende Versuch, Leitbilder für Mann und Frau zu umreißen, davon auszugehen hat, daß beide gleichwertig sind. Gerade aus christlicher Sicht ist diese Gleichwertigkeit in der tiefsten Form verankert, beruht sie doch auf der Gottebenbildlichkeit von Mann und Frau. Wenn wir das ernst nehmen, müssen wir auch alle jene Rollenentwürfe, die einem der Geschlechter einen höheren Wert zumessen als dem anderen, kritisieren. Das bedeutet im Klartext, daß alle, die immer noch der Meinung anhangen, Männer und Buben seien etwas Besseres, einfach eine unmenschliche Haltung einnehmen. Solchen wird zurecht vorgehalten, daß „überkommene Rollenvorstellungen" zu ändern seien. Und wieviele Leute immer noch meinen, Buben seien wertvoller, merkt man dann, wenn man in seiner Umgebung verkündet, man habe nach der ersten eine zweite Tochter bekommen. „Auch ganz lieb", bekam ich zur Antwort — und: „Es wird schon noch ein Bub kommen."

Mann und Frau stehen also vor derselben Aufgabe, jene Person zu werden, die Gott in ihnen grundgelegt hat. Die Art, wie sie diese Aufgabe jedoch bewältigen, ist nicht mehr unter dem Aspekt der Gleichheit zu sehen. Denn gerade, wenn ich als Person betrachtet werde, steht ja mein „Besondersein" im Vordergrund der Betrachtung. Da kann man nicht von dem Umstand absehen, daß ich Mann, Ehemann, Vater, Mensch des 20. Jahrhunderts, Österreicher, 42 Jahre alt ... bin.

Wir müssen also zwei Ebenen der Betrachtung unterscheiden: Gleichheit gilt für unseren Wert als Mensch, für den Sinn und das Ziel unseres Lebens; wenn es jedoch um die Verwirklichung des Sinns und um das Gehen des Wegs auf das gemeinsame Ziel hin geht, müssen wir der Besonderheit der Personen Rechnung tragen. Für den Christen scheint mir das konkret folgendes zu bedeuten: Wir alle, Mann oder Frau, junger oder alter Mensch, Niederösterreicher oder Burgenländer, sind unterwegs zum selben Ziel, zum erlösten Menschen, wie er uns in den Evangelien vorgestellt wird. Von dieser Sicht her wird auch zurecht an unser Handeln derselbe Maßstab angelegt, werden uns dieselben Gleichnisse erzählt, wird uns dasselbe Glück verheißen.

Auf dieses gemeinsame Ziel bewegen wir uns jedoch auf verschiedenen Wegen zu, eben unter anderem auch als Mann und Frau auf unterschiedlichen Pfaden. Daher ist vieles in unserem Leben unter diesem Blickwinkel des Anders- und Besondersseins zu betrachten. In manchen Bereichen wird es so gut wie keine Rolle spielen, ob Leitvorstellungen nun für Frauen oder für Männer formuliert werden. Und tatsächlich trifft dies ja auch auf die meisten Zielformulierungen zu. In anderen Bereichen aber wird es sehr wohl von Bedeutung sein, ob der Adressat ein Mann oder eine Frau ist, denn die Lebenswege von Mann und Frau sind nun einmal auch verschieden.

Vielleicht ist es gut, an dieser Stelle wieder eine persönliche Bemerkung einzuflechten. Selbstverständlich darf man auch auf den Aspekt der Unterschiedlichkeit nicht fixiert sein. Mancher Leser mag den Eindruck gewonnen haben, daß ich alles nur mehr unter dem Aspekt der Verschiedenheit von Mann und Frau betrachte. Daher möchte ich es auch einmal klar aussprechen, daß ich überzeugt davon bin, daß man menschliches Tun nicht an erster Stelle vom Geschlechtsaspekt her beurteilen sollte. Da gibt es wichtigere Kriterien wie gut und böse, wahrhaftig oder verlogen, egoistisch oder

196

nicht ... Wenn ich mich also so ausführlich mit dem Besonderssein als Mann und Frau auseinandersetze, dann tue ich das deswegen, weil ich den Eindruck habe, daß dieser Gesichtspunkt heute unter die Räder kommt.

Ich möchte die oben erwähnte Unterscheidung in gleichartige und unterschiedliche Leitvorstellungen an einem Beispiel verdeutlichen, das ein anderes Unterscheidungsmerkmal des Menschen, sein Alter, berücksichtigt: Wenn es um das Recht auf Leben geht, dürfen wir, da es sich um ein wesentliches Merkmal des Personseins und -werdens handelt, nicht zwischen dem Kind im Mutterleib, dem 20-, 50- oder 90jährigen unterscheiden. Dieses Recht steht allen in gleicher Weise zu. Daß wir diese Überzeugung heute nicht mehr teilen und es zulassen, daß auf der Welt jährlich 30 bis 50 Millionen Kinder im Mutterleib getötet werden, ist eine der ganz großen Tragödien unserer Zeit. Welch schwere Schuld lastet doch da auf unser aller Schultern!

In einem anderen Bereich wird aber Alter sehr wohl eine Rolle zu spielen haben, etwa dann, wenn es darum geht, Dienste für die Landesverteidigung zu erbringen. Hier ist es fraglos nicht sinnvoll, eine gleiche Verpflichtung für den 5-, den 25- oder den 90jährigen zu fordern.

Fassen wir noch einmal die Grundgedanken über das Zusammenspiel von Gleichheit und Besonderheit zusammen: Beide Merkmale sind für die Menschen kennzeichnend und stehen in einem unaufhebbaren Spannungsverhältnis. Unser Lebensweg ist vor Gott in gleicher Weise wertvoll und findet in ihm sein letztes Ziel, das für alle Menschen gemeinsam ist. Als Personen sind wir jeder besonders und gehen daher auf unterschiedlichen Wegen auf dieses Ziel zu. Eine Ausdrucksform dieser Besonderheit ist darin begründet, daß wir entweder als Mann oder als Frau diesen Weg gehen. Unser Menschsein drückt sich in unserem Mann- und Frausein aus. Diese Verbindung ist unaufhebbar und bedeutet, daß unsere Lebenswege und auch unsere Leitvorstellungen auch von dieser Tatsache geprägt sein müssen.

8.6 Personwerdung und Sexualität stehen in enger Beziehung zueinander

Wie sehr das Personwerden mit der Geschlechtlichkeit des Menschen zusammenhängt, soll im folgenden dargestellt werden. Die Beobachtung, wie verschiedene Kulturen in den unterschiedlichen Perioden ihrer Geschichte die Beziehungen zwischen Mann und Frau geregelt haben, liefert dazu ebenso Hinweise wie die Analyse unserer gesellschaftlichen Situation. Grob gesprochen läßt sich folgendes erkennen: Es besteht ein enger Zusammenhang zwischen den Regeln für die Mann-Frau-Beziehung, dem Stellenwert, den der einzelne als Person in einer Gesellschaft hat, und den Antworten, die auf transzendente Sinnfragen gegeben werden.

Bevor ich mich diesem Thema jedoch zuwende, möchte ich bei Ihnen, lieber Leser, ein Mißtrauen zerstreuen, das manchen befallen mag, dem aus christlicher Sicht eine Stellungnahme zum Thema Sexualität vorgelegt wird. „Hier wird sicher wieder alles Sexuelle schlecht gemacht", wird mancher denken. Schließlich wisse man ja, wie die Kirche seit Jahrhunderten zu sexuellen Fragen gestanden sei. Ihre Leibfeindlichkeit sei ja allgemein bekannt. Und Beichten hätten ja ohnedies fast nur aus Berichten über sexuelle Verfehlungen bestanden. Für anderes hätten sich Priester ja kaum interessiert.

Zuerst einmal gilt es sicher einzugestehen, daß die Kirche in der Vergangenheit vielfach eine allzu negative Einstellung zum Bereich Sexualität gehabt hat. Der Umstand, daß in den ersten Jahrzehnten unseres Jahrhunderts Neurosen vor allem von Störungen des Sexuallebens ausgingen, ist sicher auch darauf zurückzuführen gewesen. Körperfeindlichkeit und Prüderie, die sogenannte „bürgerliche Moral", haben sicher vielen Menschen das Leben sehr erschwert. Viele sahen sogar das sexuelle Tun in der Ehe als etwas Sündhaftes an, das nur durch die Zeugung von Kindern gerechtfertigt werden konnte. Und wieviele wurden durch gutgemeinte Erziehung in Klosterschulen „frustriert"!

All das hat es gegeben — leider. Mein Anliegen wäre nun, von einer ausgewogenen Sicht der Sexualität auszugehen, einer Sicht, die die körperliche Dimension der Sexualität voll bejaht — sie aber auch nicht zum alleinseligmachenden Erlebnisbereich des Menschen hochstilisiert. Zwischen Prüderie und Sexualkult gilt es einen Mittelweg zu steuern — was heute nicht leicht ist.

Beginnen wir zunächst einmal mit einer Beschreibung der heutigen Situation. Welche Einstellungen und Verhaltensweisen legen die Menschen an den Tag? Nun, da hat sich einiges seit den Zeiten, in denen die „bürgerliche Moral" den Ton angegeben hat, geändert. Als Illustration dafür möchte ich eine kürzlich erschienene Untersuchung über das Sexualverhalten von jungen Österreichern wiedergeben (100): Mit 19 Jahren haben heute schon rund 75 Prozent der Jugendlichen (Mädchen und Burschen in gleicher Weise) sexuelle Erfahrungen, und mit 17 Jahren sind es immerhin schon 50 Prozent. Verständlich, daß die Einstellung der Jugendlichen zum vorehelichen Geschlechtsverkehr positiv ist: 85 Prozent der jungen Leute meinen, daß er für beide

Geschlechter in gleicher Weise zulässig sei. Die sexuell noch Unerfahrenen machen bezüglich dieser Meinung keine Ausnahme.

Daß Österreich in dieser Hinsicht keine Sondererscheinung ist, zeigen deutsche Befragungen: Schon 1973 ware 87 Prozent der Männer unter 30 Jahren und sogar 92 Prozent der Frauen derselben Altersklasse der Meinung, es sei „nichts dabei, wenn ein Mädchen und ein junger Mann zusammenleben, ohne verheiratet zu sein". Selbst in der als prüde und konservativ verschrieenen Schweiz dürften sich die Zeiten geändert haben: 69 Prozent aller Schweizer billigen das voreheliche Zusammenleben von Mann und Frau, und bei den jungen Leuten liegt der entsprechende Prozentsatz sogar bei 85 Prozent.

Nun will ich das durchaus nicht zum Anlaß nehmen, über die Verderbtheit der heutigen Jugend zu philosophieren. Wohl aber erscheint es mir angebracht, die Frage aufzuwerfen, wie es zu dieser heutigen Einstellung gekommen ist.

Recht auf sexuelles Glück

S. Freud hatte, wie gesagt, zu Beginn des Jahrhunderts herausgefunden, daß Neurotisierung mit sexueller Unterdrückung in Zusammenhang stehe. Allerdings ging er so weit zu behaupten, daß Neurosen fast ausschließlich auf Störungen des Sexuallebens (insbesondere in der Kindheit) zurückzuführen seien. Schon damit begann die Übertreibung in Richtung auf sexuelle Freizügigkeit. Denn nichts war näherliegend, als im Interesse der Vermeidung von psychischen Störungen nach Befreiung der bisher unterdrückten sexuellen Regungen des Menschen zu rufen. Was prompt geschah.

Einen Schritt weiter auf diesem Weg ging dann W. Reich (siehe 170), der die Gedanken Freuds mit denen von Marx in Verbindung setzte und sie zur „Sexualökonomie" verband. Sein „Verdienst" auf dem Weg zur sexuellen Revolution war das besondere Augenmerk, das er der genitalen Sexualität widmete. Er ging soweit, dem Orgasmus die Funktion des Gradmessers für erfüllte Sexualität zuzumessen.

Damit war es aber nicht mehr weit zu dem Konzept, das der amerikanische Sexualwissenschafter A.C. Kinsey seinen Erhebungen nach dem Zweiten Weltkrieg zugrunde legte. Für ihn stellt der Orgasmus das Ziel jeder sexuellen Betätigung dar. Somit wurden alle Praktiken, die dem Erreichen dieses obersten Zieles dienen, als gleichwertig angesehen. Die Grenze zwischen perverser und normaler Sexualität wurde aufgehoben. Illustrierte, Fernsehen und sonstige Medien machten sich zum bevorzugten Vehikel der „wissenschaftlichen Erkenntnisse" der seither florierenden Sexualwissenschaft.

Mir scheint, daß das Bedeutsamste an dieser Entwicklung wohl darin lag, daß die sexuelle Dimension zu einem selbständigen, unabhängig zu betrachtenden Erlebnisbereich des Menschen erklärt wurde. Erst unter dieser Voraussetzung lassen sich nämlich menschliche Beziehungen nur mehr auf das sexuelle Erleben reduzieren. So wie jeder ein Recht auf Nahrung und Behausung hat, so wird ihm nunmehr auch ein Recht auf sexuelles „Glück" zuerkannt. Aus dieser spezialisierten Sicht ist die sexuelle Begegnung nicht mehr eine der vielfältigen Arten, wie tiefe menschliche Beziehungen ausgedrückt werden. Sie wird zum Selbstzweck. Es entsteht ein autonomer Bereich mit einem eigenen Ziel (dem sexuellen Höhepunkt). Und dieses Ziel wird nicht mehr in eine Gesamtsicht von menschlichem Glück eingeordnet und somit relativiert, sondern als absolut erstrebenswert dargestellt.

Je mehr Orgasmen, umso größer das Glück, könnte man vereinfacht die heutige Parole kennzeichnen. Wie dieses Glück zustande kommt, ist zweitrangig. Daß sehr viele Menschen heute so denken, gilt es zur Kenntnis zu nehmen. Fragt sich nur, wie man sich dazu stellen soll.

Eine neue Sexualmoral

Da ist zunächst auf das hinzuweisen, was die jungen Leute bei Befragungen auch immer wieder betonen: Sie nennen als Vorbedingung für sexuelle Beziehungen Liebe und Treue. Darf man aber daraus, wie A. Husslein, die Autorin der oben zitierten Befragung über das Sexualverhalten junger Österreicher, dies beispielsweise tut, den Schluß ziehen,

> „daß die konventionellen Wertvorstellungen, wie sie bisher für die überlieferte Sexualmoral bestimmend waren, durch die neue Moral nicht in Gefahr sind"? (100, S. 98)

Das erscheint mir eher wie ein Trostpflaster für aufgescheuchte Eltern. Denn genau genommen wird da mit Begriffen hantiert, deren Inhalt man erst festlegen müßte, um sich zu verständigen. Husslein muß unter diesen Begriffen etwas anderes verstehen als ich, wenn sie schreibt:

> „Sie gehen feste Freundschaften ein, bei denen es mit zunehmendem Alter umso häufiger zur Aufnahme sexueller Aktivitäten kommt. Diese Freundschaften stehen unter dem Gebot von Liebe und Treue. Die Freundschaften bleiben solange bestehen, solange eine intensive Zuneigung vorhanden ist. Gelegentlich wird schon mit dem ersten Partner die Ehe eingegangen, häufiger gehen mehrere solche Freundschaften voraus." (100, S. 50f.)

200

Was bleibt aber von Liebe und Treue, wenn Beziehungen zerbrechen, sobald die intensive Zuneigung (sprich Verliebtheit) verflogen ist? Meiner Überzeugung nach sind nämlich die wichtigsten Kennzeichen von Liebe und Treue ihre Unbedingtheit. Das Wesentliche im Leben ist unbedingt, man kann es nicht auf Probe und mit Vorbehalt tun: Man kann nicht auf Probe leben, auf Probe glauben und hoffen, auf Probe sterben, aber auch nicht auf Probe lieben, hat Papst Johannes Paul II. einmal bei seinem Deutschlandbesuch gesagt. Weil Gott sich als Liebender geoffenbart hat, können wir Liebe nicht beliebig mit Inhalten füllen, wenn wir ihr wahres Wesen erfassen wollen.

Und damit sind wir wieder bei unserem Ausgangsthema, nämlich der Beziehung von Sexualität und Personwerdung. Obwohl wir es alle ahnen, daß bedingungslose Liebe der eigentliche Hintergrund sexueller Beziehungen sein müßte, haben wir uns allzu rasch mit dem oben skizzierten Modell vom autonomen sexuellen Erfahrungsbereich angefreundet.

Das sexuelle Tun des Menschen ist nämlich doppelgesichtig: Auf der einen Seite vermittelt es Lustgefühle und wird daher zur eigenen Befriedigung angestrebt. Auf der anderen Seite ist es Träger einer Botschaft über die Beziehung der Partner zueinander. Daß sexuelles Tun lustvoll ist, wurde ohnedies kaum jemals in Zweifel gezogen. Wohl aber hat sich die Einstellung zu diesen Lustgefühlen gewandelt. So herrschte vor allem im christlichen Denken lange Zeit die Überzeugung vor, daß Lust sündhaft sei. Beeinflußt vom Denken der griechischen Philosophenschule der Stoa* vertrat beispielsweise der heilige Augustinus die Ansicht, daß sexuelle Lust den Menschen nur in Verwirrung stürze und daß der Sexualakt daher ausschließlich für die Zeugung vertretbar sei (siehe dazu auch 177). Thomas von Aquin verstärkte diesen Gedanken in seiner Lehre von den „zwei Ständen", die dem unverheirateten Leben einen höheren Wert beimaß als der im Vergleich dazu eher minderwertigen Form der Ehe.

Heute hat sich diese Einstellung im allgemeinen Bewußtsein kräftig geändert, und auch die Kirche vertritt durchaus nicht mehr den Standpunkt einer Zweitrangigkeit der Ehe, was besonders in der Enzyklika „Familiaris Consortio" von Johannes Paul II. ausdrücklich festgehalten wird. In unserer Zeit besteht sehr viel eher die Gefahr, daß das Erzielen von Lustgefühlen zur einzigen Richtschnur für sexuelles Tun wird, die Zeichenhaftigkeit des Geschehens aber allzu sehr vernachlässigt. Zumindest machen wir uns zu wenig klar, wofür die

---

*Sie setzte ausschließlich auf die Vernunft und bekämpfte alle Neigungen und Gefühle, die nicht mit der Vernunft in Einklang standen.

ausgetauschten Zeichen stehen, welche persönliche Haltung sie zum Ausdruck bringen sollen.

Intensive Verliebtheit wird vielfach als Liebe fehlgedeutet. Weil man zu lieben glaubt, sucht man die sexuelle Vereinigung, jene höchste körperliche Ausdrucksform, die Liebe, also unbedingte Annahme des Partners signalisieren sollte. Meistens ist aber die Basis der Beziehung viel zu schmal, und sie geht wieder in Brüche.

Flüchtige Beziehungen sind unerfüllt

Sage niemand, daß solches Auseinandergehen schmerzlos vor sich geht. Es hinterläßt meist schwere „Verwundungen", vor allem bei den Mädchen, die sich emotional im allgemeinen viel mehr engagieren. Dies kommt in einer Untersuchung des Wiener Demographen R. Münz, der jüngere und ältere Frauen über ihre Erfahrungen mit Männern befragte, deutlich zum Ausdruck:

> „Den Männern geht es nach Meinung vieler Frauen nur ums Äußere und um den raschen Lustgewinn. An dieser Reduktion machen Frauen ihre Kritik fest: Kritik an Männern, die in Frauen vornehmlich Sexualobjekte sehen... Die meisten Frauen insistieren ... auf ihrem Bedürfnis nach Sicherheit, nach Vertrautheit, nach Intimität. In vielen sexuellen Beziehungen lassen sich diese Bedürfnisse nicht verwirklichen. Gerade das, was viele Frauen in ihrem Lebenszusammenhang vermissen: Zärtlichkeit und emotionale Kontinuität, kommt in ‚lockeren' Beziehungen zu Männern oft zu kurz." (144)

Mit der Flüchtigkeit der Beziehungen geht aber gerade das verloren, was der bekannte Wiener Psychiater V. Frankl als das eigentlich Menschliche am Sexualakt bezeichnet, nämlich „daß er Vehikel transsexueller, personaler Beziehungen ist." Ohne diesen personalen Hintergrund aber wird das äußere Geschehen der sexuellen Begegnung schal. Wenn Umarmung, Zärtlichkeit, Lächeln, Streicheln nicht mehr Boten für Vertrautheit, Beschützen, Hingabe, Liebe sind, wird daraus reine Sexualtechnik, ein Instrumentarium zur Erzielung sexueller Höhepunkte. Aber auch das funktioniert nur so lange, als man sich in der Illusion wähnt, daß die Zeichen etwas bedeuten. Wechselt man den Partner, kann die Sensation des Neuentdeckens, können neue Zeichen die Leere übertünchen. Auf die Dauer befriedigt auch das jedoch nicht, wenn sich im vordergründigen Geschehen nicht die dahinterstehende unbedingte Liebe ausdrückt. Dazu Frankl:

„Je mehr die Aufmerksamkeit vom Partner abgewendet und dem Sexualakt selbst zugewendet wird, umso mehr ist dieser auch schon gehandicapt." (74, S. 20)

Die Herauslösung der Sexualität aus dem Rahmen verbindlicher Beziehungen schadet letztlich der Sexualität selbst und ist im Grunde eine Ausdrucksform jener Gebrochenheit des Menschen seit dem Sündenfall, von der Papst Johannes Paul II. gesprochen hat: Mann und Frau wollen einander zwar immer noch lieben. Statt Kommunion, also gegenseitige Hingabe, anzustreben, wird der andere aber vor allem als anziehendes Objekt erfahren. Nicht der Geist, nicht die menschliche Person in ihrer Gesamtheit, vielmehr der Instinkt scheint das Geschehen zu beherrschen.

Und genau das ist die Gefahr, die sich aus der heute vorherrschenden Sicht vom Stellenwert der Sexualität ergibt. Der von der übrigen Person losgelöste autonome Sexualbereich nimmt nur auf die eine Dimension, die Erzeugung von Lust, Bezug. Wenn das Erreichen von Orgasmen oberstes Ziel wird, kommt der egoistische Standpunkt ungehemmt zum Durchbruch. Zu kurz kommt dann aber alles, was zur Personwerdung der Partner beiträgt. Die vom personalen Hintergrund emanzipierte Sexualität trägt somit auch nicht zu einer Entfaltung der Personen bei. Sie hat eher zur Folge, daß sich der Mensch verschließt, daß seine Persönlichkeit Schaden nimmt.

So stellte beispielsweise J. Abrams in einem Bericht an den internationalen Gynäkologenkongreß 1974 in Tel Aviv (siehe 1) aufgrund ärztlicher Erfahrungen folgendes als Folgen der Sexualisierung fest:

— Eine steigende Zahl von jungen Frauen leidet unter Frigidität und Verlust des Geschlechtstriebs nach einer Abfolge von Romanzen, die zunächst als ernsthafte Bindungen begonnen hatten und mit der Erfahrung des Auseinandergehens immer flüchtiger geworden sind.

— Immer zahlreichere Fälle von Impotenz bei jungen Männern, die sich allzu oft mit eindeutigen Avancen von Frauen, die auf sexuelle Abenteuer aus sind, konfrontiert sehen.

— Schuldgefühle wegen Unfruchtbarkeit nach langen Jahren „erfolgreicher" Empfängnisverhütung oder nach Abtreibungen.

Das einseitige, nur auf Lust ausgerichtete Konzept der Sexualität schadet somit dem Anliegen, dem es sich so konsequent verschrieben hat, nämlich dem Erzielen von Lust. Es ist durch seine Einseitigkeit gewissermaßen selbstzerstörerisch. Darüber hinaus wirkt es aber insgesamt zerstörend auf die Persönlichkeit des Menschen, wie Untersuchungen aus Schweden zeigen: T. Hällström (91) fand nicht nur einen bemerkenswerten Zusammenhang zwischen sinkender Lust zu sexuellem Tun und Zahl der bisherigen Sexualpartner bei schwedischen Frauen heraus, sondern erkannte auch eine deutlich steigende Anfälligkeit für Selbstmordgedanken, je häufiger die Beziehungen gewechselt hatten.

Wir können also festhalten: Einseitige Überbetonung der Sexualität und Störungen in der Persönlichkeitsentwicklung stehen miteinander in Beziehung. Stellt sich natürlich sofort die Frage: Ist das etwas Besonderes, das nur für unsere Zeit und unseren Kulturraum gilt? Oder steckt da etwas Allgemeingültiges dahinter?

Aufgrund ihrer Erfahrungen mit den verschiedensten Völkern und Kulturen kommt die bekannte amerikanische Anthropologin M. Mead zu einem ähnlichen Ergebnis: Sie registriert eine offensichtliche Polarität zwischen dem Ausmaß, in dem ein Volk seine sexuellen Bedürfnisse auslebt, und dem Stellenwert, den die typisch menschliche Tätigkeit der Reflexion, also des Nachdenkens, bei ihm einnimmt (siehe dazu 137).

Auf eine enge Beziehung zwischen Sexualität und Individualität weist auch der deutsche Biologe J. Illies hin:

> „Sexualität und Individualität haben wie Liebe und Tod unmittelbar etwas miteinander zu tun. Sie bedingen einander und sind wie zwei Pole, zwischen denen sich ein Spannungsfeld aufbaut — beim Tier wie beim Menschen... Diese Polarität zwischen ‚Generation‘ (Fortpflanzung) und ‚Individuation‘ (Selbstwerdung) haben schon früh im 19. Jahrhundert die Philosophen Schelling und Kienmaier beobachtet..." (103, S. 85)*

Ein weiteres, sehr einprägsames Beispiel für die enge Beziehung von freizügigem Sexualverhalten und geringem Grad von Persönlichkeitsentwicklung zeigt die Untersuchung von C. und C. Lindholm (127). In dieser Arbeit werden die Lebensgewohnheiten der Lepchas, eines Bergvolks in Sikkim beschrieben. Ihr Zusammenleben ist durch totale sexuelle Freizügigkeit gekennzeichnet. Allerdings kennen sie einige Inzest-Tabus. Sie verbieten also sexuelle Betätigung innerhalb der engsten Familie. Andere Einschränkungen sind ihnen aber unbekannt. Die sexuelle Betätigung setzt früh in der Jugend ein und wird bis ins hohe Alter fortgesetzt. Bemerkenswert ist jedenfalls, daß man keine sexuellen Störungen, wie etwa Impotenz, feststellt.

---

* Illies verweist auf die Entdeckung, „je weiter in der Tierreihe die Organisation ansteigt..., umso weiter streben die Pole der Generation, die Geschlechtsdrüsen, und der Individuation, das Gehirn, auseinander." (103, S. 85)

Die Kehrseite der Medaille dieses Lebensstils ist darin zu sehen, daß es nur lose Beziehungen zwischen den Menschen gibt. Entscheidend ist für sie nicht die Beziehung zu Personen, sondern das Zugehörigsein zur sozialen Umwelt. Starke emotionale Bindungen sind ihnen fremd. Werden sie von der Gruppe aber abgelehnt, ist ihnen ihre Lebensbasis entzogen und sie neigen zum Selbstmord, einer Todesart, die bei den Lepchas überaus häufig anzutreffen ist.

Und wie sehen die Transzendenzvorstellungen dieses Volkes aus? Sie sind von Angst geprägt, einer Angst, die schon in der Kindererziehung grundgelegt wird und im Erwachsenenalter erhalten bleibt. Die Welt wird als dräuend erlebt. Ihre Religion ist voller böser Geister.

Auf der einen Seite finden wir also sexuelle Freizügigkeit, die dazu beiträgt, daß die Menschen nicht neurotisch und aggressiv werden, auf der anderen aber mangelndes Selbstwertgefühl, totale Abhängigkeit von der Umgebung, keinen Sinn für gegenseitige Verantwortung und keinen Ansatz zur Entfaltung von Persönlichkeit, geschweige denn kultureller Leistung. Von glücklichem Leben ist keine Spur:

> „Sie haben eine niedrige Geburtenrate und eine hohe Quote von Unfruchtbarkeit und Selbstmord. Sie sind überaus häufig krank und die Zahl der Auswanderer ist relativ groß." (127)

So kennzeichnend und einprägsam dieses Beispiel auch sein mag, so muß man doch die Frage nach der Allgemeingültigkeit des Beziehungsmusters, das dort beobachtet wird, stellen. Diesbezüglich gibt eine Untersuchung von J.D. Unwin (209) Auskunft. Auf der Suche nach anthropologischem Datenmaterial, das die von den Psychologen behauptete Beziehung zwischen Neurose und sexueller Unterdrückung bestätigen sollte, gelangte der Autor zu einer anderen Einsicht als erwartet: Beim Vergleich von 80 Kulturen erkannte er, daß zwischen der Regelung der Mann-Frau-Beziehungen und dem kulturellen Niveau eines Volkes eindeutig ein Zusammenhang besteht.

Kulturelles Niveau hängt mit sexueller Reglementierung zusammen

Um das kulturelle Niveau eines Volkes zu kennzeichnen, beschrieb er dessen Vorstellungen über die Transzendenz. Er unterschied dabei drei Arten von Kulturen: Solche, für die ihre Umwelt vor allem geheimnisvoll, dräuend und gefährlich ist; solche, die eine gewisse, wenn auch nicht an bestimmte Orte gebundene Form der Ahnenverehrung kennen; und schließlich Kulturen, die in eigenen Gebäuden und Tempeln mit dem Jenseits in Beziehung treten.

Und welche Querbeziehungen zur Sexualität stellte Unwin nun fest? Alle Kulturen, bei denen man keine Einschränkung der vorehelichen sexuellen Beziehungen findet, gehören zur ersten Gruppe, die also an Naturreligionen glauben und die sich von unfaßbaren und gefährlichen Kräften umgeben sehen. Völker jedoch, bei denen bereits unregelmäßige oder zu bestimmten Zeiten festgesetzte Regeln der Enthaltsamkeit gelten, kennen schon die Ahnenverehrung, eine höhere Form der Beziehung zur Transzendenz. Kulturen allerdings, die Tempel zur Anbetung von Gottheiten errichten, kennen laut Unwin auch Regeln, die die voreheliche Enthaltsamkeit fordern.

Im Kulturvergleich zeigt sich also eine Beziehung zwischen dem Sinnbezug, den ein Volk dem menschlichen Leben gibt, und der Art, wie die Beziehung zwischen den Geschlechtern geregelt wird. Je eher dieser Sinnbezug in personalen Begriffen (Ahnenverehrung, Anbetung von Gottheiten) erfaßt wird, umso strikter wird auch darauf geachtet, daß sich die Sexualbeziehungen ebenfalls in einem personalen Rahmen (also nicht nur als Ausleben von triebhaften Bedürfnissen) abspielen. Unwin versucht diese Beziehung so zu deuten, daß er die sexuelle Enthaltsamkeit als Quelle von Energie ansieht, die zur Entfaltung von Persönlichkeit genutzt werden kann.

Bestätigung für das Bestehen dieser Zusammenhänge findet Unwin auch bei näherer Betrachtung der Geschichte einiger Hochkulturen: der Babylonier, Sumerer, Athener, Römer, Angelsachsen und Engländer (in der Neuzeit). Auch hier stellt er nämlich fest, daß Zeiten kultureller Hochblüte im geschichtlichen Ablauf stets in Verbindung stehen mit Perioden, in denen besonders strenge Moralvorstellungen vorherrschen, in denen beispielsweise außereheliche Beziehungen unter strenger Sanktion stehen.

Kulturverfall geht mit Lockerung der Sitten einher

Nicht nur kulturelle Aufschwungsphasen lassen sich mit Merkmalen der Sexualbeziehungen in Verbindung bringen. Ähnliches gilt für die Phasen des Niedergangs. Sie sind nämlich fast immer auch von einer Lockerung der sexuellen Beziehungen gekennzeichnet.

Dafür gibt es selbstverständlich ebenfalls Beispiele, etwa die Geschichte der Iks, eines Bergvolkes in Uganda. Den Niedergang der Iks schildert C.M. Turnbull (zitiert in 79): Ein Volk, das Jahrtausende lang von jedem zivilisatorischen Einfluß abgeschieden gelebt hatte, wurde im 20. Jahrhundert aus seinem bisherigen Lebensraum abgesiedelt. Die Errichtung eines Naturparks war der Grund für diese Maßnahme. Hatten die Iks bisher als Jäger und Sammler gelebt, so mußten sie sich ihrem neuen Lebensraum auf den Ackerbau umstellen. Man verbot ihnen die Jagd, reichten doch die ihnen zur Verfügung stehenden Landflächen als Lebensgrundlage aus.

Das einschneidendste Ereignis für dieses Volk war, daß ihr bisher festgefügtes Weltbild, das für ihr Leben als Jäger und Sammler angemessen war, und ihr Glauben unter den neuen Verhältnissen jegliche Bedeutung verloren. Auch ihre lebensgestaltenden Bräuche büßten ihren Sinn ein.

Dieser Verlust hat umfassende und verheerende Folgen, die Turnbull an einigen schrecklichen Szenen illustriert. Auffallend ist aber auch, daß der Zerfallsprozeß begleitet wird von einer vollständigen Auflösung aller Tabus, die die Beziehungen von Mann und Frau reglementiert hatten: Inzest und Ehebruch sowie öffentliche Unmoral sind an der Tagesordnung. Bald fühlen die Iks auch keinerlei Verantwortung mehr für ihre Nachkommen. Gleichgültigkeit und Verantwortungslosigkeit machen sich breit.*

Auch der Niedergang des Römischen Reiches bietet ein ähnliches Anschauungsmaterial. Er ist begleitet von starken Auflösungserscheinungen der römischen Familie, die in der Aufschwungsphase des Reichs eine der Säulen der Kultur war. Scheidungen nehmen überhand, ebenso wie die Zahl der unehelichen Kinder. Dieser Entwicklung wird auch im Recht Rechnung getragen, etwa durch Regelung der Stellung des unehelichen Kindes im Erbgang.

Noch auffälliger ist der Sittenverfall in der Elite. Schilderungen über das ausschweifende Leben am kaiserlichen Hof und unter den römischen Aristokraten bilden gerade heute das beliebte Thema

---

* Beobachtungen aus dem Tierreich zeigen, daß dieser Zusammenhang zwischen Ordnungsgefüge und Fortpflanzungsgeschehen nicht nur beim Menschen festzustellen ist. Das zeigen beispielsweise Versuche mit Mäusen (siehe 31): In einem Versuchsraum wurden vier Paare ausgesetzt und bei optimaler Versorgung mit Wasser, Nahrung und Streumaterial ihrem Schicksal überlassen. Im Verlaufe des Geschehens trat eine enorme Überbevölkerung ein, die einen Zusammenbruch des geordneten Zusammenlebens der Tiere zur Folge hatte. Begleitet war diese soziale Auflösung von Veränderungen des Sexualverhaltens: Männchen wurden impotent oder an den Weibchen desinteressiert, während letztere mit Unfruchtbarkeit und erhöhter Aggressivität reagierten.
Ähnliches zeigen auch Beobachtungen an Reihern, die in Gefangenschaft (in Freivolieren der Forschungsstation Wilhelminenberg in Wien) gehalten wurden. Es „geschah, was in der Natur nie geschehen kann: Innerhalb der Familie paarte sich jedes Männchen nach Lust und Laune mit jedem Weibchen, die Eier wurden allesamt in den gemeinsamen Horst gelegt, und alle wollten brüten ..." (H. D. Dossenbach und E.M. Bührer zitiert in 61)
Alle diese Beobachtungen deuten auf eine enge Beziehung zwischen sinnvoller Einordnung des Einzelwesens in einen übergeordneten Zusammenhang (soziale Funktion im Tierreich) und der Art der Gestaltung der Sexualbeziehungen hin.

pseudohistorischer Filme. Geradezu extrem ist der Verfall des Theaters. Die Bühne wird zum Ort, an dem vorzugsweise jede Art von sexueller Betätigung und die schrecklichsten Gewalttaten dargestellt werden. Wer Schilderungen aus dieser Zeit liest, muß übrigens mit Erschrecken feststellen, wieviele Ähnlichkeiten diese Epoche mit unserer Zeit aufweist: Kriminalität, Korruption, Inflation, Steuerdruck... (Siehe dazu auch 87)

Nicht nur bezüglich dieser Merkmale können wir eine Analogie zu unserer Zeit herstellen. Die grundlegende Parallelität besteht im Verlust der transzendenten Ausrichtung und im Zusammenbruch des von der Weltanschauung abgeleiteten kulturellen Rahmens, der dem Leben des einzelnen Halt und Richtung für seine persönliche Entfaltung gibt. Daß wir hier ein Grundphänomen unserer Zeit berühren, läßt sich an zahllosen Diagnosen illustrieren:

„Wir sollten uns nicht länger täuschen: Europa ist des Denkens und der Ordnung müde; es tritt in ein Zeitalter der brutalen Gewalt und Verachtung von Prinzipien ein... (P. Proudhon, französischer Sozialist)

Oder:

„Wir werden ein neues Beispiel für die Unerbittlichkeit der geistigen und moralischen Gesetze bieten und ihre neuen Opfer sein: Wir werden an dem sterben, wovon wir zu leben vermeinen... Der allgemeine Ruin... wird sich vor allem in der Erniedrigung der Herzen zeigen." (Ch. Baudelaire, französischer Dichter)

Oder:

„Alle werden in die Notwendigkeit versetzt, an dem für ihr Leben Wichtigsten Verrat zu üben: an dem Begreifen des Lebens selbst, an der Religion. Maschinen — um was zu verfertigen?... Schulen, Universitäten, Akademien — um was zu lehren?... Spitäler, Ärzte, Apotheken, um das leben zu verlängern — wofür?" (L. Tolstoj, russischer Dichter)

Diese Liste ließe sich verlängern. Ich will es jedoch bei diesen Zitaten belassen, sprechen sie doch aus, was ohnedies viele Menschen unausgesprochen fühlen. Es geht mir auch keineswegs um das Schüren einer Weltuntergangsstimmung, wohl aber um den Hinweis, daß auch wir in einer Zeit leben, in der die drei erwähnten Phänomene: Verlust des Leitbilds, Sexualisierung und Störung der Persönlichkeitsentfaltung des einzelnen gemeinsam auftreten.

Fassen wir die Gedanken dieses Abschnitts nochmals zusammen:

Einseitige Ausrichtung auf freie Sexualität verhindert die Entfaltung von Persönlichkeit, die auf der Erfahrung der Besonderheit jedes Menschen aufbaut. Diese Besonderheit entwickelt sich offensichtlich nicht in flüchtigen Beziehungen, sondern wird durch sie eher behindert. Sowohl von der Offenbarung her als auch dem Augenschein nach entfaltet sich die Persönlichkeit dort am besten, wo der Mensch in einer lebenslangen Beziehung als Mann und Frau zusammenlebt.* Insofern stehen Sexualität und Persönlichkeitsentfaltung in einem Spannungsverhältnis. Mit ihm muß jeder in gewisser Weise zurecht kommen.

Vor allem geht es um die Relativierung — nicht Unterdrückung — der Sexualität. Daher sind Tendenzen, die ein allgemeines Recht auf sexuelle Befriedigung anpreisen, mit Vorsicht zu genießen. Und von dieser Sicht her sind auch die päpstlichen Äußerungen zur Empfängnisregelung zu verstehen. Es geht um die Relativierung der sexuellen Dimension auch in der Ehe — nicht um ihre Abschaffung. Wie ernsthaft der Mensch mit seiner Sexualität umgehen sollte, wird ja auch aus dem Umstand deutlich, daß die sexuelle Begegnung Quelle neuen menschlichen Lebens ist. Die mit der Nachkommenschaft verbundene Verantwortung sollte sich auch im verantwortlichen Umgang mit der Sexualität wiederspiegeln und die Verantwortung für die nächste Generation in der Verantwortung für den Partner. Sicher ermöglichen die empfängnisverhütenden Mittel heute die Loslösung des Sexualaktes von der Zeugung. Wer daraus aber auf die Zuträglichkeit der Loslösung des sexuellen Tuns aus den übrigen personalen Dimensionen des Menschen schließt, tut dem Menschen nichts Gutes. Das zeigen nicht zuletzt die angeführten Folgen der Sexualisierung.

Die Überbetonung der Sexualität ist somit entweder Grundbestand einer Kultur und trägt dazu bei, daß es zu keiner stärker ausgeprägten Persönlichkeitsentfaltung ihrer Mitglieder kommt. Oder aber sie kommt dadurch zustande, daß in einem Kulturraum, in dem das Persönlichkeitsbewußtsein des einzelnen stark ausgeprägt ist, der transzendente Lebensbezug und im Gefolge die von dort hergeleiteten Leitvorstellungen für erfülltes Leben verlorengehen. Dadurch verlieren auch die Ordnungskriterien für das Zusammenleben von Mann und Frau an Bedeutung. Die Triebhaftigkeit nimmt dann überhand und beeinträchtigt in der Folge die Persönlichkeitsentfaltung der Menschen.

---

* An dieser Stelle möchte ich noch einmal darauf hinweisen, daß damit die zölibatäre Lebensweise nicht diskriminiert wird. Wie Johannes Paul II. mehrfach ausgeführt hat, gewinnt sie ihre besondere Bedeutung durch den bewußten Verzicht, um „des Himmelreiches willen". Wer dies als Christ bewußt tut, geht eine besondere Beziehung zum auferstandenen Jesus Christus ein. Eine solche Wahl können nicht nur Priester und Nonnen treffen.

Was bedeutet das für die Leitbilder von Mann und Frau? Als Mann und Frau auf einander zugeordnet zu sein, ist wohl eine der tiefsten Quellen menschlicher Entfaltung. Sie ist gefährdet, wenn die körperliche Dimension überbetont wird. Losgelöst von einem umfassenden Verständnis von menschlicher Erfüllung und als Selbstzweck verstanden beeinträchtigt Sexualität persönliche Entfaltung. Wird sie jedoch zeichenhaft als Ausdruck unbedingter Hingabe an den Partner begriffen, ist sie eine Quelle glückvoller Erfahrungen und steht im Dienst der Vertiefung der partnerschaftlichen Beziehungen.

9. Leitbilder für Mann und Frau

Vielleicht sollten wir uns am Beginn dieses Abschnitts noch einmal in Erinnerung rufen, welche Funktion einem Leitbild zukommt: Es hat vor allem die Aufgabe, eine Vision zu entwerfen, nach der Mann und Frau sich ausrichten könnten, wenn sie sich um ein erfülltes Leben bemühen. Diese Vision sollte mit den vom einzelnen nur schwer zu beeinflussenden biologischen und kulturellen besonderen Merkmalen von Mann und Frau im Einklang stehen. Sie sollte aber auch dazu beitragen, daß eine fruchtbare Spannung zwischenmenschlicher Begegnung in den Geschlechtsbeziehungen gelingt.

Der Entwurf von Leitbildern spielt sich also am Schnittpunkt zwischen biologischen, psychischen, kulturellen Gegebenheiten und weltanschaulicher Ausrichtung ab und dient der Personwerdung des Menschen. Weil es dabei um die Entfaltung des Besondersseins jedes Menschen geht, dürfen Leitbilder keinesfalls zum unterdrückenden Zwangskorsett werden. Sie dürfen nur Orientierungshilfe für den einzelnen sein. Wie sie der einzelne in seinem Leben verwirklicht, bleibt ihm überlassen.

Diese Freiheit zur besonderen Entwicklung steht im Einklang mit der ganz am Anfang geäußerten Überzeugung, daß Vielfalt ein Kennzeichen für Überlebensträchtigkeit ist: Vielfalt der Begabungen beim einzelnen, Vielfalt der Persönlichkeitsmerkmale innerhalb einer Gruppe von Menschen und Vielfalt von Gruppen innerhalb einer Gesellschaft.

Wenn ich dieses Anliegen vertrete, müßte ich mich eigentlich noch einmal fragen: Steht nicht der Versuch, Leitbilder für Mann und Frau zu skizzieren, also die Menschen nach nur zwei Grundvorstellungen auszurichten und damit in gewisser Hinsicht zu vereinheitlichen, in Widerspruch zu dem Anliegen, Vielfalt zu verwirklichen?

Kommen wir also noch einmal auf die Frage zurück, ob es nicht sinnvoller wäre, überhaupt keine Rollenvorstellungen zu entwickeln und nur die individuelle Verschiedenartigkeit zu fördern.

Auch bei der Beantwortung dieser Frage wollen wir uns nicht mit einer einseitigen Antwort zufrieden geben: So wertvoll nämlich einerseits Vielfalt ist, so notwendig ist andererseits Ordnung. Denn Vielfalt kann nur dort ihre wohltätige Wirkung entfalten, wo sie innerhalb eines Ordnungsrahmens zur Geltung kommt. Wird Vielfalt nicht durch ihren

Gegenpol Ordnung gewissermaßen „gebändigt", so entsteht Chaos, also ungeordnete Vielfalt. Ohne Ordnung, ohne aufeinander zugeordnet zu sein, kann Vielfältiges nicht sinnvoll miteinander in Beziehung treten. In diesem Sinne verstehe ich auch, was H. Schelsky zum Thema Rolle sagt:

> „Richtig und wichtig erscheint... die Einsicht, daß die soziale Normierung der Rolle der Geschlechter es vor allem mit der Regulierung der natürlichen Variabilität und Plastizität angeborener Anlagen und Verhaltenstendenz zu tun hat. Erst dieser Akt der normativen Polarisierung der Vielfältigkeit angeborener Temperamente macht diese zu sozialen Kräften und integriert, was sonst bloße Varianten der Natur bliebe, zu kultureller Spannung und Schöpfung." (188, S. 22f.)

Was Schelsky hier im Hinblick auf die soziale und kulturelle Leistung der Gesellschaft feststellt, kann man in gleicher Weise für die lebenslange Partnerschaft von Mann und Frau sagen. Auch sie wird ihrer Aufgabe, der Entfaltung der Partner zu dienen, bei Polarisierung der vielen Möglichkeiten besser gerecht. Um dieses Zieles willen ist es gut, daß die menschliche Vielfalt kanalisiert ist. In der Lebensgemeinschaft von Mann und Frau gibt es dadurch jene lebensträchtige Spannung, die der persönlichen Entfaltung der Partner dient.

Die Geschlechtsrollen haben natürlich auch gesellschaftliche Bedeutung. Je größer die individuelle Freiheit wird, zu tun und zu lassen, was man will, umso größer wird auch die Unsicherheit im Umgang miteinander. Dazu meint der deutsche Soziologe A. Hahn:

> „Einmal ist man nie sicher, ob die Handlungen, Einstellungen und Empfindungen, mit denen man sich selbst als Mann oder Frau identifiziert, auch von den Partnern als gültige Form von Weiblichkeit und Männlichkeit verstanden und akzeptiert oder als pervers, abweichend, bedenklich, bedrohlich, lächerlich oder wenigstens absonderlich empfunden werden." (90)

Die spontansten Handlungen müßte man dann rechtfertigen, fortwährend müßte man besorgt sein, falsch verstanden zu werden. All das kann zur Quelle der Unsicherheit und der Angst werden. Fehlt die Vorinformation über das Spektrum der voraussichtlichen Verhaltensweisen und Reaktionen, wird man sich im Umgang mit anderen Menschen schwer tun. Diese werden dadurch bedrohlicher und fremder. Das gilt für alle Rollen, nicht nur für die von Mann und Frau. Und es gilt in besonderem Maße für eine Gesellschaft, in der die flüchtigen Kontakte überwiegen. Denn nur wo Überschaubarkeit und regelmäßige Kontakte gegeben sind, kann die Besonderheit des einzelnen erfahrbar in Erscheinung treten. In der intimen Gemeinschaft der Ehe kann man es sich daher leisten, auf enge Rollenfestlegung zu verzichten. Hier kann der Rahmen der Leitvorstellungen sehr weit gesteckt werden. Leider ist dies in der Vergangenheit zu wenig geschehen, und man hat Frauen und Männer bis in Einzelheiten „vorgeschrieben", wie sie sich zu verhalten hätten.

Dieses enge Korsett lehnen die Menschen heute zurecht ab. Leider wird jedoch das Kind mit dem Bade ausgeschüttet und jede unterschiedliche Ausrichtung der Geschlechter als Unsinn hingestellt. Die angebotenen Ersatzlösungen jedenfalls sind untauglich: Schaltet man alle Menschen gleich und legt für alle die gleiche Rolle fest, kommt es zu Vereinheitlichung, die unser Leben auf Dauer schal machen und unsere Überlebensfähigkeit als Gesellschaft zerstören wird. Läßt man hingegen jeden nach seiner Façon selig werden, so kommt es zu der beschriebenen Unsicherheit im Umgang miteinander — besonders, wenn wir unseren Weg in eine anonyme Massengesellschaft fortsetzen.

Da also weder das enge Korsett von genau umschriebenen Rollen noch die vollkommene Gleichschaltung oder Liberalisierung Erfolg versprechen, möchte ich im folgenden versuchen, Leitbilder zu skizzieren, die als Orientierungshilfen dienen können.

9.1 Ein Leitbild für den Mann

Als Mann fällt es mir natürlich leichter, etwas über das Leitbild des Mannes zu sagen, und daher möchte ich auch damit anfangen. Zu Beginn unserer Überlegungen ist es wohl sinnvoll, noch einmal einen kurzen Überblick über die in den Kapiteln 2 bis 6 herausgearbeiteten Sonderbegabungen des Mannes zu geben, soll doch das Leitbild möglichst weitgehend im Einklang mit diesen Gegebenheiten stehen.

Folgendes ist also für Männer kennzeichnend:

— Sie sind auf den wirksamen (effizienten) Einsatz ihrer Möglichkeiten ausgerichtet und können besonders gut kurzfristig Kräfte, Aufmerksamkeit und sonstige Fähigkeiten mobilisieren.
— Sie sind eher einseitig besonders begabt und daher in Einzeldimensionen besonders leistungsfähig.
— Sie sind besonders kräftig, können sich gut durchsetzen und neigen dazu, ihre Umwelt nach eigenen Vorstellungen zu gestalten.
— Sie sind stärker auf Funktionen, auf das Zweckhafte, von den Personen Abgehobene ausgerichtet, daher eher auf die Gestaltung der Gesellschaft als auf die familiären Innenbeziehungen.

— Männer denken eher in Strukturen und Modellen, konzentrieren sich gern auf Details und gehen Probleme lieber theoretisch als pragmatisch an.

— Als weiteres Merkmal sei erwähnt, daß Männer auf keine besondere Bindung „vorprogrammiert" sind.

Betrachtet man nun die Liste dieser eher männlichen Sonderbegabungen, so erkennt man, daß hier vor allem Merkmale aufgezählt werden, die heute auch unseren technischen Fortschritt kennzeichnen: Dieser zielt auf möglichst hohe Effizienz beim Einsatz von Arbeitskraft, auf möglichst machtvollen, planmäßigen Eingriff in die Umwelt und auf möglichst systematische Bereitstellung von Gütern und Leistungen ab. Er schreitet mit wachsender Spezialisierung voran. Dieser Ansatz kennzeichnet auch unsere Art des Forschens und die Weise, wie wir die Wirtschaft organisieren. Unsere Welt wird auch immer stärker rationalisiert, also nach Denkmodellen gestaltet, wodurch dem Allgemeinen der Vorrang vor dem Besonderen zukommt.

Dementsprechend hat sich der Schwerpunkt der Wertigkeiten in unserer Gesellschaft verschoben: Nahezu alle wesentlichen — besser gesagt: alle heute hochgeschätzten — Leistungen werden im anonymen Bereich der Gesellschaft, in spezialisierten Institutionen und Organisationen erbracht. Der eher überschaubare, personenorientierte Bereich von Familie und Nachbarschaft hat hingegen weitgehend an Bedeutung verloren. Auch in der Arbeitswelt gewinnt das Zweckhafte menschlicher Beziehung gegenüber dem Element der Begegnung an Bedeutung (Ergebnis der Rationalisierung).

Wir haben somit an einer Welt gebaut, in der gesellschaftlicher Fortschritt — also die allgemeine Zielrichtung unserer Bemühungen — gleichgesetzt werden kann mit der Verwirklichung dessen, was dem Mann besonders liegt. H. E. Richter kennzeichnet diesen Vorgang so:

„Den Aufschwung zu narzißtischer Größe und die Zurückdrängung passiver Ohnmacht hat nicht der Mensch geleistet, sondern mit dem einen Aspekt hat sich der Mann nach vorne gedrängt, und den anderen Aspekt hat die Frau mit sich in den Hintergrund genommen...

Was er (der nachmittelalterliche Mensch) werden wollte, teilte er dem Mann zu, und was er nicht mehr sein bzw. als unerwünschten Teil unterdrücken wollte, delegierte er an die Frau... Der bis in die jüngste Zeit nahezu allein gültige programmatische Auftrag für die Geschlechter lautete: Der Mann sorgt für die Errechnung und Bemächtigung der Natur. Er okkupiert ‚raison' (Vernunft) und ‚volonté' (Wille)..." (175, S. 99f.)

Diese einseitige Ausrichtung hat dazu geführt, daß diejenigen Eigenschaften, für die der Mann besonders begabt ist, in unserem Selbstverständnis einen ganz besonderen Stellenwert einnehmen. Das macht man sich am besten dadurch bewußt, daß man noch einmal die soeben angeführte Liste der männlichen Begabungen auf sich wirken läßt. Man erkennt dabei, daß man sie durchwegs mit positiven Bewertungen verbindet.

Sehr deutlich tritt diese Einseitigkeit auch in Erscheinung, wenn man den Inhalt von Lehrbüchern, etwa von Lesebüchern für den Deutschunterricht, auf das Herausstellen von Leitbildern hin untersucht: Unter den Helden von Schulbuchgeschichten findet man sogar mehr Wesen unbestimmten Geschlechts (Tiere, Fabelwesen) als Frauen oder Mädchen. Jedenfalls dominieren mit 75 Prozent aller Geschichten die Männer und Knaben bei weitem. Und dabei ist die Untersuchung, die dies herausfand, keineswegs aus längst vergangenen Zeiten, sondern bezieht sich auf Lesebücher der Unterstufe im Jahr 1977 (siehe 160). Ähnliches wie die österreichische Arbeit fördert auch eine französische Untersuchung zutage (49). Sie registriert in der Literatur seit 1930 eine deutliche Vermännlichung, die darin zum Ausdruck kommt, daß Bücher, die sich sowohl an Mädchen wie Jungen wenden, hauptsächlich Knaben als Handlungsträger darstellen. Bücher, die nur für Buben geschrieben werden, erzählen ohnedies ausschließlich von Knaben. Offensichtlich strahlt also das männliche Leitbild mehr Faszination in unserer Zeit aus.

Daß es in unserer Gesellschaft eher erstrebenswert sein dürfte, ein Mann zu sein, zeigen auch US-Meinungsumfragen (186): 25% der befragten Frauen gaben an, sie wären lieber ein Mann. Hingegen hegte nur ein verschwindend geringer Anteil der Männer den umgekehrten Wunsch. Das Allensbacher Institut für Meinungsforschung (3) wiederum fand heraus, daß Männer weitaus eher den Eindruck haben, das interessantere und abwechslungsreichere Leben zu führen. Sie haben auch mehr Erfolgserlebnisse. Daher wird auch der Lebensstil der Männer als der weitaus angenehmere angesehen — besonders von den Frauen.

Die größere Wertschätzung der männlichen Rolle stellt jedoch nur die eine Seite der Medaille dar. Über diesen Aspekt wird ohnedies oft genug debattiert. Daher erspare ich es mir, näher darauf einzugehen. Dafür möchte ich mich der anderen Seite dieses Umstandes zuwenden, um den folgenden Aspekt herauszustellen: Weil wir in unserer gesellschaftlichen Entwicklung so ausdauernd nur das zu verwirklichen gesucht haben, was den männlichen Begabungen entsprach, haben wir heute eine Situation geschaffen, in der die männlichen Leistungen immer mehr überflüssig werden. Maschinen und Organisationen ersetzen die menschliche Leistung durch ihre weitaus größere Effizienz.

Den Anfang machte die Kraftmaschine zu Beginn der Industrialisierung vor 200 Jahren. Durch den Einsatz künstlicher Energie wurde der menschliche Krafteinsatz (eine Domäne des Mannes) zunehmend überflüssig. Das hat soweit geführt, daß in der heutigen Arbeitswelt bis auf wenige Bereiche Muskelkraft fast keine Rolle mehr spielt. Die auf körperliche Leistung angelegten Männer müssen daher als Ausgleich für ihre körperliche Untätigkeit am Arbeitsplatz zu Hobbies, die sie zum Schwitzen bringen, Zuflucht nehmen — oder sie werden fett.

Ein zweiter Verdrängungsprozeß ist derzeit in vollem Gange: Die analytische und logische Denkfähigkeit des Menschen wird in atemberaubendem Tempo und mit unfaßbarer Wirksamkeit von Datenverarbeitungsmaschinen ersetzt. Informationssysteme übernehmen die Organisation und Überwachung einer wachsenden Anzahl von Vorgängen in der Industrie, der Verwaltung und im Dienstleistungssektor. Das Zusammenspannen von Energieverarbeitungs- und von Informationsverarbeitungssystemen ersetzt immer stärker die menschliche Leistung im gesellschaftlichen System. An die Stelle der Person tritt der Apparat. Damit verliert der Mann wiederum Aufgaben in jenem Bereich, für den er besondere Begabung hat (nämlich im Bereich der gesellschaftlichen Institutionen) und wird neuerlich von wirksameren Apparaten verdrängt. Auch jetzt bahnt sich schon die Ersatzhandlung für die verlorene Funktion an: Video- und andere elektronische Spiele werden die entstehende Lücke der Nutzlosigkeit durch geistige Scheinleistungen füllen — wahrscheinlich jedoch vergebens.

So interessant es wäre, sich mit den Fragen des technischen Fortschritts noch etwas zu beschäftigen, wollen wir uns mit diesen für unsere Fragestellung wichtigen Aspekten begnügen. Hier genügt es darauf hinzuweisen, daß die einseitige und fortgesetzte Verfolgung des männlichen Ansatzes immer deutlicher zur Folge hat, daß Apparate den Menschen gerade aus jenen Bereichen verdrängen, in denen bisher die männlichen Begabungen in besonderem Maße zum Einsatz gekommen waren. Die Folge ist um sich greifende Arbeitslosigkeit.

Es ist keine Frage, daß sie keinesfalls nur die Männer betrifft. Die bevorstehende Welle von Rationalisierungen im Dienstleistungssektor wird sich sogar in besonderem Maße auf die weiblichen Beschäftigten auswirken. Dennoch ist die wachsende Arbeitslosigkeit (Stand 1984: 32 Millionen in den westlichen Industrieländern) ein Problem, das besonders den Männern zu schaffen macht, wie einschlägige Arbeiten zeigen (siehe 21): Vor allem die Männer kommen sich überflüssig vor, sie sind stärker verunsichert, nervös und zuhause ärgerlich. Etwas überspitzt formulierte es Ingrid Strobl, Redakteurin der Frauenzeitschrift „Emma", folgendermaßen: „Nur der arbeitslose Mann ist arbeitslos, die Frau hingegen erwerbslos. Sie arbeitet unentgeltlich im Haushalt weiter . . . "

Wie groß der Stellenwert des Berufslebens gerade für den Mann ist, zeigen auch amerikanische Untersuchungen (Beisser und Glasser zitiert in 66): Psychische Belastungen, die zur Einlieferung von Patienten in ein psychiatrisches Krankenhaus führen, werden beim Mann durch Ereignisse in der Berufswelt ausgelöst: Hauptursache ist Arbeitslosigkeit.

Daß der Fortschritt die Stellung und die Funktion des Mannes sehr infragegestellt hat, diagnostiziert auch H. von Canitz (32). Sie spricht von einer Entthronung des Mannes, die ihrer Meinung nach in der industriellen Revolution ihren Anfang genommen habe. Emanzipation der Frau, Pille, Enttabuisierung der Sexualität (alle drei übrigens Erscheinungen, die zu einer Vermännlichung des weiblichen Leitbildes beigetragen haben) und die antiautoritäre Erziehung seien die weiteren Sägen am Thron des patriarchalischen Vaters. Canitz sieht allerdings — ebenso wie übrigens H.E. Richter — einen positiven Aspekt in dieser Entwicklung. Endlich sei der Mann nämlich nicht mehr — wie Jahrhunderte hindurch — durch einseitige Überbetonung des männlichen Leitbildes gezwungen, seine Gefühlswelt zu unterdrücken. Unter dem Eindruck des heutigen Scheiterns ihres einseitigen Weges hätten die Männer die einmalige Chance, bisher Vernachlässigtes zu entdecken und zur Entfaltung zu bringen.

Ähnlich habe ich die zunächst überraschende Feststellung des deutschen Soziologen J. Duss von Werdt verstanden. Er sagte bei einem Seminar in Wien:

„Die Zeit der Väter bricht dann an, wenn die Patriarchen ausgestorben sind. Denn die Zeit der Patriarchen ist die Zeit der Mütter. Die Zeit der Mütter ist die Zeit der Mutterkinder — der Muttertöchter, der Muttersöhne, der Muttersöhnchen, der Mutterfamilie . . . Die Väter der Zukunft sind Familienteilhaber, nicht stille Aktionäre mit passiven Rechten, sondern aktive und stimmberechtigte Mitglieder der Familie." (52)

Die Unterscheidung der Begriffe Patriarch und Vater scheint mir ganz wichtig zu sein. Der Patriarch ist jene männliche Figur, die nur die funktionalen Aufgaben in der Familie wahrnimmt und die weitgehend darauf verzichtet, sich als Person einzubringen. Der Patriarch ist in der Familie das, was der Manager im Unternehmen nur allzu leicht wird:

jemand, der sich nur um die Abwicklung von ordnungsgemäßen Abläufen kümmert. Diese Einseitigkeit gerät heute in die Krise. Der technische Fortschritt rationalisiert die Männer aus der Arbeitswelt heraus. Sie verlieren somit ihre Bedeutsamkeit in der Gesellschaft, ohne daß sie es so recht merken. Maschinen sind eben in viel konsequenterer Weise einseitig und funktional als Männer.

In ähnlicher Weise werden die Männer bei Fortsetzung des bisherigen Kurses in den Familien überflüssig. Wenn die deutsche Soziologin Ilona Ostner bei einem Arbeitsseminar für Frauen feststellt: „Ich gehe davon aus, daß Männer in Zukunft die Frauen nicht kontinuierlich ernähren werden", so ruft sie die Frauen gleichzeitig damit auf, sich wirtschaftlich unabhängig zu machen. Steigende Scheidungszahlen und sinkende Bereitschaft zur Eheschließung dokumentieren, daß Frauen nicht mehr in der nur funktionalen Abhängigkeit eines „Patriarchen" leben wollen. Ich kenne ein Paar, das zwei Kinder hat. Dennoch will die Frau, um unabhängig zu bleiben, nicht heiraten. Der Vater der Kinder darf bis auf weiteres mitleben.

Auch in den zwischenmenschlichen Beziehungen geraten die Männer in eine Randposition. Auch hier wiederum, ohne daß sie es so recht merken. Lange Zeit hindurch täuscht sie eine Kette scheinbar gelungener sexueller Eroberungen über die menschliche Leere ihrer „Begegnungen" hinweg. Ein Erfolgsrezept auf Dauer wird dies jedoch sicher nicht sein können.

Denn am schwersten wiegt wohl die Sorge, daß die Männer durch ihre allzu einseitige Ausrichtung auf Effizienz, Lust, Machtausübung und Funktionalität das eigentliche Ziel menschlichen Lebens, das Personwerden, verfehlen. Sie verfehlen es dadurch, daß sie Intuition, Phantasie, Spontaneität, Gefühle, Hingabefähigkeit, usw.... verkümmern lassen. Damit tun sie sich aber zunehmend schwer, liebesfähig zu werden. Wer aber nicht liebt, verfehlt das Ziel seiner personalen Entwicklung, wer seine Liebesfähigkeit absterben läßt, geht an Gott vorbei.

Nun, welche Folgen ergeben sich daraus für das Leitbild des Mannes? Zunächst einmal bedeutet es die Abkehr von der einseitigen Überbetonung der gesellschaftlich so hoch bewerteten Eigenschaften wie Effizienz, Umweltgestaltung, Funktionalität, Rationalität usw.... Dabei soll man sicher nicht übertreiben und diese Eigenschaften an sich in Bausch und Bogen verdammen. Es bleibt dabei, daß diese männlichen Sonderbegabungen für menschliche Entfaltung und gesellschaftliche Leistung wichtig sind. Aber sie sind — und das kann gar nicht entschieden genug hervorgehoben werden — nicht *alles*! Es gilt, diese Eigenschaften zu relativieren.

Das männliche Leitbild muß weitaus klarer als bisher auf einer Polarität aufbauen. Vor allem muß die Hinwendung zum Mitmenschen, also die personale Dimension, aufgewertet werden. Es ist doch eigentlich ohnedies sonnenklar: Auch Männer können ohne Zuwendung nicht glücklich werden. Sie leben heute allerdings vielfach so, als könnten sie dieses Kunststück zuwege bringen. Recht deutlich wird diese Illusion, wenn man das Leitbild des erfolgreichen Managers in der Wirtschaft näher unter die Lupe nimmt. In Kreisen des Topmanagements sieht man — einer Erhebung zufolge — die Eigenschaften der Erfolgreichen folgendermaßen: Sie sind entschieden, aggressiv, initiativ, produktiv, informativ, energisch... Und am seltensten trifft man — laut Befragung — die folgenden Merkmale an: liebenswürdig, konform, nett, zurückhaltend, freundlich, fröhlich, höflich, bescheiden... Ist das nicht bezeichnend? Hier ist es höchste Zeit, daß sich etwas ändert!

Die allzu einseitige Betonung der männlichen Sonderbegabungen muß abgebaut werden. Wie jede Einseitigkeit ist auch sie ein Untergangsrezept. Jede Teilwahrheit führt, wenn sie nur lang genug konsequent verfolgt wird, ins Verderben. Die Gesundung des Mannes wird daher davon ausgehen müssen, daß in gewissem Sinne eine „Verweiblichung" des männlichen Leitbildes stattfindet. Das bedeutet konkret: Aufwertung der personalen Zuwendung, der Anpassungsfähigkeit, der Fähigkeit, Gefühle auszudrücken und Schwächen einzugestehen, der Bereitschaft, Bindungen einzugehen und sich abhängig zu machen.

Erst dann, wenn Männer diese Dimensionen in ihrem Leben wieder stärker zum Zuge kommen lassen, wenn sie sich tief im Inneren bewußt werden, daß all ihr Tun in letzter Konsequenz nur Sinn hat, wenn es anderen zugute kommt, werden ihre besonderen Begabungen in der rechten Weise zur Geltung kommen.

Die mögliche Kurzformel für ein solches zukunftsträchtiges Leitbild des Mannes ist der *väterliche Mensch.* Er stellt sein Tun in den Dienst konkreter Menschen, denkt nicht nur an Leistung und Geltung, sondern primär an Verantwortung, meint nicht, daß er sich alles unterordnen und alles frei nach seinem Willen gestalten kann, sondern hat die Erfahrung der Begrenztheit seiner Möglichkeiten verinnerlicht. Es ist das Leitbild eines Menschen, der weiß, daß Tätigsein und Gestalten seine Stärke sind, der aber auch begriffen hat, daß diese Begabungen in den Dienst der anderen Menschen gestellt werden sollten. Wer sich nach diesem Leitbild ausrichtet, ist auch davon überzeugt, daß alles Tun und Leisten nur in dem Maße wertvoll ist, als es anderen Menschen zugute kommt und ihrer Entfaltung dient. Vor allem aber beschreibt das Leitbild einen Menschen, der weiß, daß das Zweckhafte und Funktionale niemals losgelöst von der Begegnung der beteiligten Personen gesehen werden darf. Dieses Leitbild ist nicht flach und eindimensional, sondern herausfordernd in seiner Polarität.

Diese Aussagen stimmen überein mit dem, was wir aus christlicher Sicht zu diesem Thema beitragen könnten. Wenn Papst Johannes Paul II. in der Einheit von Mann und Frau das Geheimnis der göttlichen Dreifaltigkeit abgebildet sieht, so könnten wir danach fragen, welches Merkmal Gottes der Mann symbolhaft in der Schöpfung zum Ausdruck bringen sollte. Wenn hier von Symbol die Rede ist, dann wollen wir darunter das verstehen, was G. von Le Fort damit zum Ausdruck bringen will. Sie ist nämlich davon überzeugt, daß jedes Geschöpf gleichnishaft die unsichtbare, jenseitige Wirklichkeit Gottes sichtbar macht. Nochmals also die Frage: Was symbolisiert der Mann?

Die Antwort ist naheliegend: Er symbolisiert den schöpferischen, also auch den ordnenden Gott, den, der am Anfang alles aus dem Nichts erschaffen hat und es am Ende der Schöpfung sehr gut fand. Er symbolisiert den, der dem Menschen alles zur freien Verfügung überlassen, ihm aber auch seine lebensnotwendigen Grenzen gesetzt hat. Er symbolisiert also auch den beschützenden, Freiraum gewährenden Gott-Vater. Wahrhaftig ist dieses Symbol aber nur, wenn es auch das Wesen Gottes, die Liebe, sichtbar macht.

Wie können wir, Männer des 20. Jahrhunderts, nun zu diesem Leitbild zurückfinden? Sind wir nicht schon allzu weit davon entfernt? Geht nicht schon seit vielen Jahren das nicht ganz unzutreffende Wort von der vaterlosen Gesellschaft um? Wo wären also die Ansatzpunkte für einen neuen Anfang?

Sicher geht es zunächst darum, die besondere Aufgabe als Vater in der eigenen Familie wieder zu entdecken. Das bedeutet zunächst ganz einfach etwas mehr Zeit und Kapazität für die eigene Frau, die Kinder oder die Eltern aufzubringen. Im intimen Kreis der Familie könnten die Männer sozusagen ihre ersten „Gehversuche" machen, um zu entdecken, wieviel Freude man in den scheinbar banalen Alltagsbegegnungen erleben kann.

Ich weiß ein Lied davon zu singen, wie sehr man als Vater an den Rand des Familiengeschehens geraten kann — und normalerweise auch gelangt. Dabei war mir eigentlich immer intellektuell bewußt, daß Familie ein wichtiger Lebensbereich ist. Meine eigenen Forschungsarbeiten hatten es mir immer wieder vor Augen geführt. Erst als ich einmal im Zusammenhang mit einem Berufswechsel mehrere Monate ohne Arbeit und daher viel zuhause war, habe ich allerdings entdeckt, wie sehr ich als Vater eigentlich nur eine Randfigur im Familienleben gewesen war. Wie wenig hatte ich doch vorher überhaupt von dem Geschehen mitbekommen! Um wieviel mehr Intimität herrschte doch zwischen meinen Töchtern und meiner Frau.

Mittlerweile habe ich eine Tätigkeit, die es mir gestattet, einen Teil meiner Arbeit zuhause zu verrichten. Dadurch bin ich viel mehr in das Familienleben eingebaut worden. Ich muß zugeben, daß das auch nicht immer ganz reibungslos vor sich gegangen ist. Je enger man miteinander lebt, umso mehr erlebt man miteinander, umso mehr Reibungspunkte gibt es aber auch. Sie bieten allerdings auch die Chance, daß man einander näherkommt im gemeinsamen Überwinden von Schwierigkeiten. Jedenfalls bin ich für diese Konstellation sehr dankbar, habe ich doch dadurch eine Fülle von positiven Erfahrungen machen dürfen.

Da ist zunächst die Beziehung zu den Kindern. Wir Männer sollten uns unbedingt bewußt machen, welche besonders wichtigen Aufgaben wir gegenüber unseren Kindern wahrzunehmen haben. Heute ist es ja leider so, daß manche Väter überhaupt keinen Kontakt mehr zu ihnen haben. Diese Aussage läßt sich anhand von Mikrozensusdaten auch zahlenmäßig für Österreich belegen. Je kleiner die Kinder sind, umso weniger geben sich die Väter im allgemeinen mit ihnen ab. Bei Vorschulkindern spielen sie, den Erhebungen zufolge, so gut wie keine Rolle. Erst im Schulalter scheint das väterliche Interesse — wenn auch

Tabelle 12
Häufigkeit elterlicher Betätigung (Vergleichsziffern)
Nach: Mikrozensus, 1973

	eher der Vater	eher die Mutter
Vorschulkinder		
Spielen	1	30
Erzählen und Vorlesen	1	25
Beaufsichtigen	1	140
Anziehen	1	305
Pflege bei Krankheit	1	305
Schulkinder		
Hilfe bei Hausaufgaben	1	16
Kontakt mit der Schule	1	7,2
Belohnung für Mithilfe im Haushalt	1	4,5
Belohnung für Schulleistungen	1	1

nur sehr mäßig — anzusteigen. Am ehesten treten die Väter dann in Erscheinung, wenn es um Belohnungen (insbesondere der Schulleistungen) oder um Kontakte mit der Schule geht.

Wie ungleich aber die Rollenverteilung im Umgang mit den Kindern ist, hat Tabelle 12 gezeigt.

Sich ernsthaft in der Familie zu engagieren und dort Aufgaben wahrzunehmen, wäre der erste Ansatzpunkt für ein Umdenken, wenn das Leitbild vom väterlichen Menschen mehr sein soll als ein Lippenbekenntnis. Gott sei Dank machen immer mehr — insbesondere junge — Männer erste Schritte in diese Richtung und erfahren, wieviel Glück sie dabei erleben können. Vielfach fängt das damit an, daß Väter heute bei der Geburt ihrer Kinder anwesend sind und ihrer Frau in dieser entscheidenden Stunde Rückhalt geben. Meistens hinterläßt diese Erfahrung unauslöschliche Erinnerungen, die den Grundstein für eine tiefere Bindung an Frau und Kind legen können.

Im späteren Verlauf der Entwicklung ihrer Kinder erfahren Väter dann, daß sie ja selbst von ihnen eine Menge lernen könnten. Es stimmt ja gar nicht, daß die Beziehungen zwischen Eltern und Kindern nur eine Einbahnstraße sind, wo die Erwachsenen nur geben und die Kinder sich dauernd nur nehmen. Wieviel hätte ich mir von meinen Kindern doch abschauen können! Wie spontan sind sie doch, wie fröhlich und unbeschwert — vor allem als sie noch kleiner waren —, und wie unverkrampft können sie doch ihre Gefühle zum Ausdruck bringen! Wenn ich im Vergleich dazu dann an mich denke, gerade wenn es darum geht, jemand anderem gegenüber meine positiven Gefühle zu äußern! Wie sehr sind mir da meine beiden Töchter doch ein Vorbild. Auch wenn es darum geht, ein begangenes Unrecht zu verzeihen, kann ich sie mir zum Vorbild nehmen. Wie oft habe ich mit ihnen geschimpft — nicht so sehr deswegen, weil sie so schlimm waren, sondern weil ich so grantig gewesen bin. Und wie rasch haben sie mir das verziehen — obwohl sie sich ungerecht behandelt gefühlt hatten.

Von Kindern können wir also einiges lernen, vor allem in jenem Bereich, der ohnedies bei uns unterbelichtet ist. Andererseits werden wir aber im Umgang mit Kindern auch gezwungen, bestimmte Eigenschaften zu schulen, die auch nicht gerade zu unseren Stärken gehören. Ich denke da vor allem an Geduld, die Fähigkeit, auf etwas zu verzichten, an Einfühlungsvermögen ...

Das Leitbild vom väterlichen Menschen hat jedoch sicher nicht nur Bedeutung im Umgang mit den eigenen Kindern. Es sollte auch auf die Beziehungen zum Ehepartner abfärben. Auch hier steht doch vielfach von der Warte des Mannes aus das Funktionale allzu stark im Vordergrund. Wie schwer enttäuscht viele Frauen von ihren Männern

222

sind, konnte ich schon bei mehreren Gelegenheiten — vor allem bei Seminaren, wo es um Partnerschaft ging — erfahren: Männer interessierten sich überhaupt nur für ihre Arbeit, kämen abends todmüde nachhause, hätten dann nichts anderes im Sinn, als sich beim Fernsehen zu zerstreuen und am Wochenende mit außerhäuslichen Hobbies für die nächste Arbeitswoche zu regenerieren, klagten viele Frauen. Bestenfalls wird zwischendurch nach sexueller Betätigung gerufen — aber auch das mit zunehmendem Alter immer seltener. Wie soll da Partnerschaft wachsen? Wie soll es da zu einem Vorgang kommen, in dem der eine am anderen wächst, zu seiner Entfaltung beiträgt?

Lebendige Partnerschaft braucht lebendige Beziehungen, braucht Interesse aneinander, braucht Gespräch, braucht Teilnahme an der Entwicklung des anderen, Teilhabe an seinen Sorgen und Freuden. All das geschieht aber nicht von selbst, es bedarf der bewußten Pflege — vor allem des Gesprächs. Aus eigener Erfahrung weiß ich, wie wichtig das Gespräch in der Ehe ist, das Gespräch, in dem man dem anderen nicht nur ärgerlich das an den Kopf wirft, was einem an ihm nicht paßt. Wir müssen alle lernen, miteinander zu reden. Wir Männer sollten uns vor allem bemühen, nicht nur Anweisungen zu geben oder zu dozieren, sondern wir sollten trainieren, bessere Zuhörer zu werden. Wieviele Gespräche enden doch als end- und ausweglose Monologe, die jeden der Beteiligten unbefriedigt zurücklassen, wieder einmal nicht verstanden worden zu sein.

Lebendige Partnerschaft wächst nicht zuletzt aus dem lebenslang geduldig gepflegten Gespräch. Es ist der Raum, in dem der Vorgang der gemeinsamen Entfaltung wurzelt.

In all dem kommt jedenfalls das personale Element zum Ausdruck. J. Duss von Werdt formuliert es schön:

> „Vatersein ist eine Beziehung nicht zu irgendwelchen, sondern nur zu ganz bestimmten Kindern... Kein Dritter kann es einem beibringen. Existenzerfahrungen dieser Art sind nicht mitteilbar. Da geht es um Vollzüge von Existenzen dieses Vaters und dieses Sohnes, dieser Tochter. Was dabei geschieht, ist unwiderruflich und einmalig, nicht wiederholbar, und deshalb ist verpaßt verpaßt." (52)

Und genau dasselbe gilt für die Partnerschaft zur eigenen Frau. Diese Beziehung lebt von unserer Bereitschaft, uns unbedingt einzulassen. Sie gelingt nur, wenn wir unseren Freiheitsdrang bezähmen, auf die scheinbare Freiheit der Unabhängigkeit verzichten und zur wahren Freiheit in bejahter Abhängigkeit gelangen.

Eine solche intensive personale Beziehung in der Familie wächst sicher dann am besten, wenn sich die Männer nicht zu gut vorkommen, auch Aufgaben im gemeinsamen Lebensbereich, also im Haushalt und in der Kinderbetreuung zu übernehmen. Es ist ja geradezu lächerlich, wenn Männer ihr Rollenverständnis daraus beziehen, daß sie keinen Handgriff im Haushalt tun, um nur ja nicht als Waschlappen dazustehen!

Es muß wieder ganz klar werden, daß Leitbilder zu Grundhaltungen ermuntern wollen und daß sie nicht darin bestehen, bestimmte Handlungen vorzuschreiben oder zu verbieten.

Wo die Harmonie dieser persönlichen Beziehung hergestellt ist, kann die wahrhaft väterliche Aufgabe erst wahrgenommen werden: das Schaffen eines Lebensraumes für andere, eines Freiraumes für ihre Entfaltung und die Absicherung dieses Raumes. Das bedeutet aber Grenzen setzen, um chaotischen Wildwuchs zu verhindern, — aber auch Grenzen nach außen verteidigen, um Entfaltung in Geborgenheit zu ermöglichen. Die für das Grenzenziehen notwendige Autorität kam dem Patriarchen unbefragt aus seiner gesellschaftlichen Machtposition zu. Die Entwicklungen der vergangenen Jahrzehnte haben die Beine dieses Thrones, wie H. von Canitz feststellte, abgesägt. Der Vater kann diese Autorität durch seine persönliche Zuwendung wieder erwerben, durch sein unbedingtes Ja zu Frau und Kind. Denn Grenzen setzen bleibt eine wichtige Aufgabe, darauf geht auch J. Duss von Werdt ein:

„Grenze setzen, Grenze sein — das scheint eine grundlegende Aufgabe des Vaters zu sein. So legt er den Grund zum Selbstsein des Kindes. Mit dem Kind zu einem Organismus zu verschmelzen, ist die große Gefahr für die Mütter, die kleinere, bis fast unmögliche für die Väter. Um die Gefahr der Mütter und für die Mütter zu bannen, ist der Vater wichtig. Er trennt Mutter und Kind, daß sie nicht ineinander verwachsen." (52)

Aufgabe des Vaters ist es, die Personwerdung der Menschen seiner Umgebung zu fördern. Vor allem die seiner Frau und seiner Kinder. Und der entscheidende Beitrag dazu liegt darin, daß er unbedingt ja zu ihnen sagt, so wie Gott unbedingt ja zu jedem von uns sagt. Der Vater sagt dem Kind aus freien Stücken — in einer anderen Art als die Mutter, die durch Schwangerschaft, Geburt, Stillen, körperliche Nähe ein viel selbstverständlicheres Naheverhältnis zu ihrem Kind hat — zu, daß es als ganzes angenommen ist — mit Leib, Seele und Geist. Es gab Zeiten, etwa im alten Rom, da hing von dieser Annahme durch den Vater die physische Existenz seiner Kinder ab. Er hatte das Recht, über Leben und Tod seiner Kinder zu verfügen. Leider sind wir heute mit der

Abtreibung wieder in diese unmenschlichen Bräuche zurückverfallen — lasten allerdings der Mutter diese Entscheidung auf.

J. Duss von Werdt kennzeichnet diese lebensentscheidende Aufgabe des Vaters sehr einprägsam:

> „Die springende Frage ist die: Hat mein Vater angenommen, was er mir mitgegeben hat, nämlich mein Dasein? Für das Sosein (wie ich bin) muß er, auch nicht zusammen mit der Mutter, allein geradestehen. Dazu habe ich sogar selber... einiges beigetragen. Allerdings ist es keineswegs nebensächlich, ob mein Vater auch mein Sosein angenommen und damit mir gegeben hat... Hat er von Anfang an und dann immer wieder von neuem zu mir Ja gesagt? „Ja" heißt, Du darfst sein, Du hast Lebensrecht, so wie Du bist... Es ist für das Kind mindestens für sein psychisches, im Grenzfall aber auch für sein physisches Leben eine Frage von Sein oder Nichtsein, daß der Vater zu ihm Ja sagt... Zum Kind Ja sagen ist ein und dasselbe, wie zwischen sich und dem Kind eine Grenze ziehen: Du bist Du und ich bin ich. Wer Nein sagt, meint etwas anderes: Du bist nicht — und ich bin ich." (52)

Grenzen ziehen und ja zum anderen sagen kann meiner Überzeugung nach nur, wer in seinem eigenen Leben Grenzen bejaht und wer die Erfahrung gemacht hat, daß jemand zu ihm selbst „ja" gesagt hat. Und gerade darin sehe ich die tief religiöse Wurzel des Leitbilds vom väterlichen Menschen — im Gegensatz von der gesellschaftlich abgesicherten Rolle des Patriarchen: Im Bild seines Vaters hat Jesus uns mit der Quelle und dem Leitbild aller Väterlichkeit vertraut gemacht. Wer sich diesem Vater anvertraut, bekommt im eigenen Leben die Kraft, diesem Leitbild nachzustreben.

Johannes Paul II. kennzeichnet in seiner Enzyklika „Dives in misericordia" diese väterliche Haltung am Beispiel des Gleichnisses vom verlorenen Sohn:

> „Der Vater des verlorenen Sohnes ist seiner Vaterschaft treu, ist der Liebe treu, mit der er seit jeher seinen Sohn beschenkt hat. Diese Treue kommt im Gleichnis nicht nur in der sofortigen Bereitschaft zum Ausdruck, mit der er den heimkehrenden Sohn, der das Vermögen verschleudert hat, aufnimmt; sie kommt noch mehr in der überströmenden, großzügigen Freude über den heimgekehrten Verschwender zum Ausdruck, deren Ausmaß sogar den Widerspruch und Neid des älteren Bruders hervorruft, der sich nie vom Vater abgewendet und sein Haus nicht verlassen hatte... Die Gründe für diesen Empfang liegen... (sehr tief): Der Vater weiß

225

sehr wohl, daß ein grundlegendes Gut gerettet ist — das Menschsein seines Sohnes." (109)

Die grundlegende Haltung des Vaters ist das Erbarmen, das dem Menschen trotz aller äußeren Widersprüchlichkeiten den Blick offenhält auf seine unverlierbare Würde als Person. Durch dieses Erbarmen schafft der Vater Raum für die Entfaltung des Menschen von der Wurzel her. Dieser kann dann die Erfahrung machen, immer wieder angenommen zu sein, wenn er zum Vater kommt, was immer vorher geschehen sein mag. Man wird erst durch die Erfahrung der *freiwilligen, unbedingten* Annahme zur Person. Hier ist eine zentrale Aufgabe der Väter angesprochen. Dazu der Papst:

> „Das Erbarmen zeigt sich wahrhaft und eigentlich, wenn es wieder aufwertet, fördert und aus allen Formen des Übels in der Welt und im Menschen das Gute zieht ... Das wahre Antlitz des Erbarmens muß sich immer neu enthüllen. Unsere Zeit bedarf seiner ganz besonders, trotz vielfacher Vorurteile." (109)

So entscheidend wichtig es ist, das Leitbild vom väterlichen Menschen im Zusammenhang mit der Aufgabe der Männer in der Familie zu sehen, so wenig wäre es sinnvoll, es darauf zu beschränken. Dieses Leitbild ist nämlich auch für das Leben außerhalb der Familie tragfähig. Es gibt dem männlichen Leben in allen Bereichen eine wertvolle Ausrichtung. Überall könnte der Mann sein Tun und Denken aus der Warte der geistigen Vaterschaft betrachten und von daher Ausrichtung und Korrektur beziehen.

Es gilt für den in der Wirtschaft Tätigen, der erfährt, daß seine Leistung dann besser und sinnvoller ist, wenn sie im Rahmen harmonischer Beziehungen zu den Mitarbeitern erbracht wird, in einem guten Betriebsklima, für das jeder Beteiligte mitverantwortlich ist. Es gilt für jeden, der seine Arbeit nicht nur als Job, als Verdienst-möglichkeit oder unzumutbare Last ansieht, sondern sie auch unter dem Blickwinkel betrachtet, Wertvolles für andere zu leisten, der also sein Tun als Dienst an seinen Mitmenschen begreift. Das läßt sich nicht nur auf die Führungsaufgaben, die ohnedies laufend Anerkennung ernten, anwenden, sondern auf jede Tätigkeit. Und wer sich diese Haltung zu eigen macht, muß vielleicht gar nicht den Inhalt seines Tuns verändern, wohl aber die Art, wie er an Menschen und Aufgaben herangeht.

Es ist aber auch ein Leitbild für denjenigen, der an leitender Stelle tätig ist, damit er die Erfahrung macht, daß einsame Entscheidungen aus eigener Machtvollkommenheit jenen unterlegen sind, die das Ergebnis vertrauensvoller Zusammenarbeit darstellen, und der sich für die Erfahrung öffnet, daß sein Tun letztlich nur dann von Bestand ist, wenn es im Dienst jener Menschen steht, für die er Verantwortung übernommen hat.

Und wäre der väterliche Mensch nicht auch ein geeignetes Leitbild für unsere so sehr in Mißkredit geratenen Politiker? Wohlgemerkt der väterliche Mensch, nicht der autokratische Patriarch. Letzterer Typ wird uns ohnedies in vielfachen Ausgaben vorgesetzt. Man müßte es zunächst am Lebensstil eines solchen Politikers ablesen können, daß er auf einem festen Grund steht. Die Leitvorstellungen, zu denen er sich bekennt, müßten auch sein Leben prägen. Sich programmatisch zu Ehe und Familie bekennen, genügt dann nicht. Er müßte selbst Zeit für seine Familie haben. Die immer wiederkehrende Beteuerung, dem Willen des Wählers zu dienen, wäre dann echter Auftrag und unvereinbar mit dem Ansammeln von Ämtern, Würden und Einflußbereichen. Auch die Beteuerung, daß Solidarität ja die Basis jedes Denkens und Handelns innerhalb der eigenen Gesinnungsgemeinschaft zu sein habe, dürfte dann nicht von dem besonders in Österreich so beliebten Intrigieren, Ränkeschmieden und „Einfahrenlassen" begleitet sein. Es wäre die Wiederentdeckung der Tatsache, daß „Minister" von dienen und nicht von herrschen kommt.

Alles in allem also: Männer müssen die personalen Aspekte in ihrem Leben wieder neu entdecken und zur Entfaltung bringen. Nur dann werden sie ihren eigentlichen Aufgaben, dem Wahrnehmen von Funktionen zur Sicherung von Freiraum für menschliche Entfaltung wieder gerechtwerden. Dazu ist aber eine Selbstbesinnung und Umkehr im großen Maßstab erforderlich. Denn die Zeit drängt ...

9.2 Ein Leitbild für die Frau

Etwas zögernd gehe ich an die Formulierung dieses Abschnitts heran. Es ist heute schwierig geworden, als Mann etwas über Leitvorstellungen für die Frau zu sagen. Die Empfindlichkeit ist in dieser Hinsicht enorm groß geworden. Nur allzu leicht wird hinter jeder Äußerung Bevormundung gewittert — aufgrund der Erfahrungen vielleicht nicht ganz zu Unrecht. Dennoch möchte ich das zusammenfassen, was ich in den vielen Jahren meiner Beschäftigung mit dem Thema dazugelernt, aber auch im Umgang mit Frauen erkannt habe. Ich weiß, daß meine Aussagen kämpferische Frauenrechtlerinnen nicht überzeugen werden, hoffe aber, daß manche Frau, die sich im Irrgarten der Meinungen verunsichert fühlt, darin bestärkt wird, nicht auf jene Emanzipation zu setzen, die heute landauf, landab angepriesen wird.

Beginnen wir am besten auch diesen Abschnitt mit einer Auflistung dessen, was sich als weibliche Sonderbegabungen in den Kapiteln 2 bis 6 herauskristallisiert hat. Folgendes ist also für Frauen kennzeichnend:

— Sie sind auf Ausdauer und Stabilität ausgerichtet und daher insgesamt besonders vital, also lebenstüchtig.

— Sie sind umfassend begabt und somit weniger spezialisiert, weisen auch eine größere Wahrnehmungsbreite auf. Vielfältiger ist auch ihr Gefühlsleben.

— Sie gehen schonungsvoll mit ihrer Umwelt um und sind in besonderem Maße bereit und fähig, sich an veränderte Außenbedingungen anzupassen.

— Sie sind sprachlich besonders begabt, was ihrer besonders starken Ausrichtung auf die personale Dimension menschlicher Begegnung zugutekommt.

— Sie lernen eher durch Versuch und Irrtum und interessieren sich für das Besondere an Erscheinungen. Sie sind stärker auf den gesellschaftlichen Innenbereich, in dem Überschaubarkeit herrscht, ausgerichtet. Sie sind eher konservativ.

— Sie sind in besonderer Weise auf ihre eigenen Kinder orientiert. In dieser Beziehung sind sie nicht — oder nur mit schweren Einbußen — zu ersetzen.

Versuchen wir zunächst einmal, diese Eigenschaften ganz abgehoben von der Tatsache zu betrachten, daß wir damit Sonderbegabungen der Frau beschreiben. Und stellen wir uns vor, wir hätten damit Merkmale herausgearbeitet, die für das Zusammenspiel von Menschen in einem sozialen System, also auch für die Leistungsfähigkeit einer solchen Organisation entscheidend sind.

Es wäre keine Frage: Wir würden herausfinden, daß Überlebensfähigkeit, Beharrungsvermögen, Anpassungsfähigkeit, Fähigkeit zum In-Beziehung-Treten Eigenschaften sind, auf die man einfach nicht verzichten kann. Denn jede Form des menschlichen Zusammenlebens und -wirkens ist auf diese Merkmale angewiesen. Warum sollten sie dann aber nicht bei jenen Personen gefördert werden, die dafür bereits eine Veranlagung mitbringen? Wichtige Begabungen nicht zu nützen wäre einfach unsinnig und würde ganz im Widerspruch zu dem von uns sonst so hochgeschätzten Prinzip der Rationalität stehen: Worum es geht, ist Förderung *und* Aufwertung dieser Eigenschaften.

Versuchen wir nun eine Brücke von diesen empirischen Beobachtungen zu dem zu schlagen, was die Frau vom göttlichen Geheimnis symbolhaft in der Schöpfung zum Ausdruck bringen soll. Hier gibt G. von Le Fort (125) die Antwort, daß Hingabe das

Kennzeichen des Weiblichen sei. Wenn wir nun die Aussage von Johannes Paul II. mit in unsere Überlegungen einbeziehen, daß in der Einheit von Mann und Frau das Geheimnis der Dreifaltigkeit aufleuchtet, so scheint mir folgender Schluß naheliegend zu sein: Die Frau bildet die Grundhaltung Jesu, die Hingabe des Sohnes an den Willen des Vaters, ab.

Die Frau symbolisiert also den hingebungsvollen Gott, der sich auf alles einläßt, was vom Vater kommt, dessen Speise es ist, den Willen des Vaters zu tun. Sie symbolisiert aber auch den, der sich aus Liebe als ganze Person einsetzt, der sein eigenes Leben hingibt, damit neues Leben zum Durchbruch kommt, der heilt und tröstet, der uns eine Wohnung bereitet und jede Träne abwischt.

Als Symbolträgerin der Hingabe macht die Frau sichtbar, worin das Eigentliche der religiösen Grundhaltung des Menschen bestehen sollte. Im Menschen Maria, der Mutter Jesu Christi, hat sich diese Hingabe in vollendeter Form verwirklicht:

> „In dem demütigen ‚fiat‘ (es geschehe), mit dem sie dem Engel antwortet, hängt das Geheimnis der Erlösung von der Kreatur her. Denn zu seiner Erlösung hat der Mensch Gott gegenüber nichts einzusetzen als die Bereitschaft der unbedingten Hingebung. Das Passiv-Empfangende des Weiblichen, in dem die antike Philosophie das rein Negative sah, erscheint in der christlichen Gnadenordnung als das Positiv-Entscheidende..." (125, S. 15)

Diese Aussage klingt in unseren Ohren heute geradezu wie ein Ärgernis. Wie kommt ein Mann dazu, den Frauen schon wieder die Verpflichtung zum Zurückstehen, zur Hingabe, an den Kopf zu werfen? Jahrhundertelang hat die Kirche Mißbrauch damit betrieben, mag sich jetzt manche Leserin denken.

Es ist schwer darauf angemessen zu antworten. Der Vorwurf mit dem Mißbrauch stimmt. Man kann ihn vergleichen mit dem ebenso berechtigten, den die verelendeten Massen in Lateinamerika heute erheben: Jahrhunderte hindurch wurde ihnen Verzicht, Ausharren im Elend und jenseitige Seligkeit gepredigt. Jetzt haben es viele satt, solche Worte zu hören. Kamen sie doch von kirchlichen Würdenträgern, die das Elend durchaus nicht mit dem Volke teilten. Aber haben die Armen mit dieser Ablehnung nur recht? Die Botschaft von der Seligkeit der Armen bleibt wahr. Sie gilt auch heute. Aber verkündet werden muß sie gleichzeitig mit dem Weheruf an die Reichen. Und ähnlich ist es mit der Aussage von G. von Le Fort (Gott sei Dank ist es eine Frau, die von der weiblichen Hingabe spricht): Daß Hingabe die entscheidende Haltung des Menschen vor Gott ist, bleibt wahr. Verkündet werden muß diese Wahrheit aber zugleich mit dem Weheruf Jesu an die Gesetzeslehrer:

> „Weh auch euch Gesetzeslehrern! Ihr ladet den Menschen schwere Lasten auf, die sie kaum tragen können, selbst aber rührt ihr keinen Finger dafür." (Lk 12,46)

Weil Hingabe als Gebot verordnet worden ist, und weil diejenigen, die diese Verordnung verkündet haben (vor allem Männer übrigens), kaum den Finger gerührt haben (jedenfalls, wie die Entwicklung zeigt, zu wenig), um diese Wahrheit lebbar zu machen, ist sie in Mißkredit geraten. Am miserablen Kurswert des Wortes Hingabe erkennen wir ja auch deutlich, wie weit sich unser Denken von der christlichen Botschaft entfernt hat. Wie wenig sie unser Denken prägt. Aber es gilt nach wie vor, daß die Kleinen, die Armen, die Demütigen, die um der Gerechtigkeit willen Verfolgten, die Barmherzigen selig sind. Für uns aber klingt das heute wie ein Märchen aus alten Zeiten, die vielleicht einmal anders waren — aber heute?

Aus all dem wird deutlich, daß wir über Leitbilder eigentlich nicht ohne Klärung des weltanschaulichen Hintergrundes reden können. Wer mit der christlichen Botschaft nichts anfangen kann, muß sich auch mit dem Begriff Hingabe schwer tun (tut man sich doch als Christ schwer genug damit). Er wird in Gefahr geraten, mit Hingabe eben nur das Verhalten eines hilflosen „Patscherls" zu sehen, wie wir in Wien sagen würden.

Le Fort meint damit etwas ganz anderes. Sie spricht von der Kraft, ja der Macht der Frau, die sie viel tiefer verankert sieht als die des Mannes. Die Frau sei letztlich die Stärkere, die dem Manne Überlegene. Denn Hingabe ist genau genommen ja kein resigniertes Alles-an-sich-geschehen-Lassen, sondern Ausdruck einer aktiven Bereitschaft, sich mit seiner ganzen Person in Dienst nehmen zu lassen. Sie ist höchste Form eines totalen Einsatzes.

So gesehen bekommt Hingabe einen ganz anderen Inhalt. Es leuchtet einer der vielen scheinbaren Widerspüche auf, die wir in der Botschaft Christi finden. Der Mensch ist stark, wenn er schwach vor Gott ist, sagt uns der heilige Paulus, „die Hingebung an Gott ist die einzige absolute Gewalt, die das Geschöpf besitzt", stellt G. von Le Fort fest.

Von dieser Warte her wollen wir die folgenden Überlegungen betrachten und jeweils in Erinnerung behalten, daß diese Botschaft, deren Symbolträgerin die Frau ist, ja in letzter Konsequenz uns Männer als Adressaten hat.

Die besondere Zuordnung der Frau zu ihren Kindern steht mit

diesen Gedankengängen in Beziehung. Jede Überlegung über das Leitbild der Frau muß von der besonderen Mutter-Kind-Beziehung ausgehen. Sicher wird heute vielfach Familienpolitik als Bereitstellung von Einrichtungen zum Ersatz von mütterlicher Betreuung (Kinderkrippen, Ganztagskindergärten und -schulen, Sommerlager und Ferienbetreuung...) verstanden. Je zahlreicher und weiter verbreitet diese Ersatzlösungen jedoch werden, umso spürbarer mehren sich auch die Anzeichen, daß hier ein Irrweg beschritten wird. Mit etwas gutem Willen könnte man an kindlichen Verhaltensstörungen erkennen, daß es höchst an der Zeit ist, ein Leitbild zu entwerfen, das es den Frauen ermöglicht, Freude an ihrer Aufgabe als Mutter zu haben und Erfüllung darin zu finden. Ich weiß schon, daß sich ein Wandel in dieser Hinsicht nicht von heute auf morgen aus dem Hut zaubern läßt — vor allem in einer Zeit, in der der Mißbrauch, den die Nazis mit der Mutterideologie betrieben haben, noch in wacher Erinnerung ist. Aber eine bewußte Akzentverschiebung ist überfällig!

Allerdings möchte ich dieses wichtige Anliegen auch gegen alles Ideologiehafte abschirmen. Es kann und soll nicht einzige Aufgabe der Frau sein, Kinder zu bekommen, sie zu betreuen und zu erziehen — so entscheidend wichtig das auch ist. Würde man diese Ansicht vertreten, so wäre damit ausgesagt, daß Frauen, die selbst keine Kinder haben, den Sinn ihres Lebens verfehlen. „Ja, aber heiraten muß sie wenigstens", sagen dann viele. Und auch das wird der Personalität der Frau nicht gerecht — so wichtig und erfüllend die Ehe ist. In der jungfräulichen Frau sieht G. von Le Fort mehr als die „mädchenhafte Erwartung", die erst in der Ehe die Fülle erhofft, und die „altjüngferliche Enttäuschung", die es eben nicht geschafft hat, sich einen Mann zu angeln. Im jungfräulichen Menschen, den übrigens auch viele Kulturen als etwas Besonderes angesehen haben, wird das tiefste Zeichen für die Zweckfreiheit und den Selbstwert der menschlichen Person gesetzt: Wie jeder Mensch ist die Frau selbstverständlich auch dann wertvoll, wenn sie aus ihrer „natürlichen Funktion", Kinder zu bekommen, herausfällt. Hinter allen weiblichen Lebensformen leuchtet als gemeinsames Leitbild die Vision vom mütterlichen Menschen auf. Eine der wohl strahlendsten Erscheinungen unserer Tage, Mutter Teresa von Kalkutta, verwirklicht dieses Leitbild in geradezu vorbildlicher und allgemein anerkannter Weise. Dabei hat sie nie eigene Kinder gehabt.

Die Vision vom mütterlichen Menschen kann somit in körperlicher oder geistiger Mutterschaft ihren Ausdruck finden, und sie steht mit den oben angeführten Sonderbegabungen in Einklang. Diese begünstigen eine Haltung, die von der Bereitschaft, für andere dazusein, geprägt ist. Der mütterliche Mensch trägt Sorge für die geistigen und körperlichen

Grundbedürfnisse seiner Mitmenschen. Er macht sich für andere verfügbar, begleitet sie, hilft die Last des Lebens mitzutragen, tröstet, baut auf, ermöglicht überhaupt erst das Leben. Der Frau liegt besonders, stellt Le Fort fest, das Unscheinbare, die Liebe, Güte, das Pflegen, das Behüten, kurzum eigentlich alles, was heute bei uns meistens zu kurz kommt.

Das Leitbild des mütterlichen Menschen verwirklicht nicht nur die Mutter zu Hause bei der Sorge um ihre Kinder, sondern ebenso die Krankenschwester und Ärztin, die in den Patienten nicht reparaturbedürftige menschliche Maschinen sieht, sondern die sich der Not und Sorgen ihrer Patienten annimmt; die Sekretärin, die ihren Arbeitsplatz als Ort menschlicher Begegnung ansieht und die sich um ein gutes Klima zwischen ihrem Chef und ihren Mitarbeitern bemüht; die Geschäftsfrau und die Verkäuferin, die nicht nur den Umsatz und die Tageslosung vor Augen haben, sondern die sich darum bemühen, auf die besonderen Wünsche und Bedürfnisse ihrer Kunden einzugehen, und die ihnen den Eindruck vermitteln, als Mensch ernstgenommen worden zu sein; die Lehrerin oder Kindergärtnerin, die sich nicht primär als Informationsvermittlerin versteht, sondern ihren Schützlingen behilflich ist, ihren Weg in die Welt der Erwachsenen zu finden . . . . .

Wann immer man über das Leitbild der Frau spricht, wird das Problem der weiblichen Berufstätigkeit berührt. Wie soll man sich dazu stellen? Zunächst ist sicher der Hinweis wichtig, daß in nahezu allen Kulturen und geschichtlichen Epochen die Frau an der Entstehung des Lebensunterhalts, also an der wirtschaftlichen Leistung mitgewirkt hat. Diesem Umstand müßte ein sinnvolles Leitbild für die Zukunft ebenfalls Rechnung tragen. In der heutigen Situation unserer Gesellschaft treffen wir allerdings auf eine eigenartige Sondersituation: Wir haben die Wirtschaft, also jenen Bereich, in dem ein Großteil der Güter und Leistungen entstehen, so organisiert, daß eine ziemlich ausgeprägte örtliche Trennung zwischen Produktions- und Wohnbereich entstanden ist. Damit geschehen Kinderbetreuung und Lebensgestaltung nicht mehr am selben Ort wie die Herstellung von Gütern und das Anbieten von Leistungen. Dieses Auseinanderfallen bringt vor allem die Frauen in ein Dilemma, wenn sie — was eigentlich seit jeher selbstverständlich war — beides vereinen wollen. Hier muß unbedingt ein Ausweg gefunden werden, der anders auszusehen hat als die derzeitige Lösung. Sie läuft nämlich auf eine systematische Abwertung und Vernachlässigung der Mutterrolle hinaus.

Als einziger vernünftiger Ausweg muß die schrittweise, aber konsequent vorangetriebene Umorganisation unserer Gesellschaft angesehen werden. Sie müßte von der Vorstellung getragen sein, daß wir

232

dem Personalen, der menschlichen Begegnung, dem Miteinander wieder Vorrang vor dem Zweckhaften und Funktionalen einzuräumen haben. Eine solche Schwerpunktverlagerung müßte sich auch auf die Aufgabenverteilung in unserer Gesellschaft auswirken: Mehr Aufgaben müßten dann in kleinen, überschaubaren Einheiten bewältigt werden, in denen die Anwesenheit kleiner Kinder nicht mit der Tätigkeit unvereinbar ist. Im ländlichen Raum gibt es in dieser Hinsicht auch heute noch keine Probleme. Der Arbeit der Bäuerin stehen die Kinder im allgemeinen nicht im Wege. Von diesem Modell sollten wir lernen, was nicht heißt, daß ich damit ein Zurück zur Agrargesellschaft propagiere (näheres siehe 9.3).

Daß das Leitbild vom mütterlichen Menschen durchaus nicht im Widerspruch zur Vorstellung der Mehrzahl der heutigen Frauen steht, zeigen Meinungsumfragen: Frauen wünschen sich immer noch Kinder, um sie liebhaben zu können. Auch erhoffen sie sich Gegenliebe. Selbstverständlich zeigen die Befragungen auch, daß die außerhäusliche Berufstätigkeit die größte Konkurrenz für das Kinderbekommen darstellt. Je attraktiver die Beschäftigung, umso schwerer fällt der Entschluß für das Kind. Mittlere und höhere Angestellte tun sich da besonders schwer. Und der Trend geht sicher in die Richtung, Erfolg im Beruf gegenüber der Mütterlichkeit aufzuwerten. Hier tut eine Besinnung also dringend not.

Dabei geht es nicht um das vordergründige Problem: Berufstätigkeit — ja oder nein. Mit der Abwertung der Mütterlichkeit passen wir uns nur an die Situation an, die wir seit langem geschaffen haben. Wir haben an einer Welt gebaut, in der die meisten Frauen vor der Wahl stehen, unbedankt für Kinder und Heim zu sorgen oder persönlichen, beruflichen Erfolg zu haben. Wen wundert es, wenn die Entscheidung immer mehr zugunsten der „Selbstverwirklichung" im Beruf fällt?

Wir alle tun ja so, als geschähen nur dort die wichtigen Dinge. Was gegen Entgelt getan wird, gibt Prestige und Anerkennung. Nur wer im Beruf etwas leistet, erscheint uns wertvoll. Wehe eine Frau muß bekennen, sie sei „nur" Hausfrau, kümmere sich „nur" um ihre Kinder! „Und sonst machen Sie gar nichts?" wird meine Frau öfter gefragt, leicht vorwurfsvoll. Und schon ist die Hausfrau in der Defensive, versäumt es, die vielen Kleinigkeiten aufzuzählen: Nachbarkinder hüten, einen Weg erledigen, mit der Tochter zum Zahnarzt gehen, die Nachbarin im Spital besuchen, sich um Menschen kümmern, die von keiner Institution unterstützt werden, Sorgen teilen, bei den Aufgaben helfen, kurz verfügbar zu sein.

Natürlich erscheint das alles nicht weltbewegend zu sein. Aber macht es nicht eigentlich erst unser Leben möglich? Wäre eine

Gesellschaft vorstellbar, in der jeder vollkommen verplant ist, niemand mehr spontan einspringen kann?

Als Mann die Werbetrommel für die „Frau am Herd" zu rühren, ist eine heikle Sache. „Der hat leicht reden, hat ja seinen Beruf", wird man mir entgegenhalten. Stimmt. Die Mißachtung des häuslichen Bereichs geht letztlich von den Männern aus. sie haben in der Mehrzahl seit langem aus den Familien abgedankt. Daher auch mein Aufruf an die Männer, sich mehr auf ihre Aufgaben in der Familie zu besinnen.

Genau genommen ist das Verächtlichmachen der 3 Ks, also von Küche, Kindern und Kirche als ehemals wichtigste Bereiche weiblicher Tätigkeit, Ausdruck von Lebensfeindlichkeit. Fangen wir mit dem scheinbar Trivialsten, der Küche an: Sie steht für Sorge um Häuslichkeit, um die Schaffung einer Atmosphäre der Geborgenheit, eines Ortes der persönlichen Begegnung. Wie sehr geht doch gerade uns heutigen Menschen die regelmäßige Tischgemeinschaft ab. Und dabei ist doch gerade das miteinander Essen so verbindend, bietet es doch Gelegenheit, Erfahrungen auszutauschen, Meinungsverschiedenheiten friedlich auszutragen. Vielleicht ist der Verlust der Tischgemeinschaft eine der wichtigen Ursachen für die heutige Krise der Familie. Ein rasch aufgewärmtes Tiefkühlgericht, hastig vor dem Fernseher verschlungen, ist kein Rahmen für menschliche Begegnung. Kein Geschäftsmann würde ein wichtiges Arbeitsessen so gestalten.

Häuslichkeit ist also eine ganz wesentliche Voraussetzung für persönliche Begegnung, sowohl im Alltag des Familienlebens wie auch durch Pflege der Gastfreundschaft. All das haben wir durch das Abwerten der Hausfrauentätigkeit in Gefahr gebracht. Heute aber können wir schon merken, daß ein perfekt mit Geräten und teuren Möbelstücken eingerichteter Haushalt kein Ersatz für Häuslichkeit ist, die in einer menschlichen Atmosphäre ihre Wurzeln hat. Um wieviel gemütlicher ist doch das Sitzen um den Ecktisch in der bäuerlichen Küche als in der teuren Wohnlandschaft!

Über das zweite K, die Kinder, müßte ich eigentlich gar nichts sagen. Es ist zu offenkundig, welches Unheil von der Vernachlässigung der Kinder — nicht nur durch die Mütter — ausgegangen ist. Mehrere Jahre hindurch habe ich in einem Heim für Strafentlassene mitgearbeitet und dabei die folgende Erfahrung gemacht: Rund 90% der Männer, die dort betreut wurden, hatten eine mehr oder weniger trostlose Kindheit hinter sich, hatten niemals erfahren, was Geborgenheit und was liebevolle Zuwendung ist. Gerade diese Erfahrungen aber sind entscheidend für unsere persönliche Entfaltung. Der Nährboden, auf dem wir Mensch werden, ist die Liebe — und zwar nicht als theoretisch verkündetes Modell, sondern als praktische

Erfahrung. Die Hingabe der Mutter und die unbedingte Annahme durch den Vater sind und bleiben entscheidend. Sie müssen erlebt werden. Wer daher Kinderbetreuung als minderwertiges Tun abstempelt, schadet dem Menschen.

Und schließlich das dritte K, die Kirche: Wie sehr hatte sie doch lange Zeit das Image, Versammlungsort alter Weiblein zu sein, die einfach den Anschluß an die moderne Zeit verpaßt hatten! Und wie wenig ist uns immer noch klar, daß der Glaube an einen Gott, der den Menschen nach seinem Ebenbild geschaffen hat, der ihm durch seinen Tod am Kreuz die Hartnäckigkeit seiner Zuwendung deutlich machen wollte, der eigentliche Garant für die persönliche Würde jedes Menschen ist! Ist irgendetwas damit gewonnen, wenn heute schadenfroh davon die Rede ist, daß nunmehr auch die Frauen dieser Kirche den Rücken zukehren? Woher werden wir die Kraft gegen die fortschreitende Funktionalisierung des Menschen nehmen, wenn nicht aus der Öffnung für das Wirken Gottes?

Die Begabungen der Frau kommen im überschaubaren Bereich besonders zum Tragen — und nicht am Fließband in der Riesenwerkhalle. Wo menschliche Begegnung stattfindet, bedarf es der besonderen weiblichen Fähigkeiten. Wie oft war ich doch gerade im Umgang mit meinen Kindern auf das vermittelnde und ausgleichende Einwirken meiner Frau angewiesen. Wie tief hat mich auch das selbstverständliche, hingebungsvolle Opfer meiner Schwiegermutter während des jahrelangen Leidens meines Schwiegervaters beeindruckt. Die psychische Kraft, die diese Frau da an der Seite ihres Mannes aufgebracht hat, muß ein Mann erst mobilisieren können — und dann auch noch durchhalten!

An wievielen Frauen habe ich doch auch beobachten dürfen, welcher Reifungsprozeß durch die voll bejahte Mütterlichkeit ausgelöst worden ist. Welche Bereitschaft, sich auf die Sorgen und Probleme anderer einzulassen, welche Gastfreundschaft, Hilfsbereitschaft, welches Einfühlungsvermögen habe ich da bei manchen Frauen wachsen gesehen. Und dabei habe ich an meiner Frau erlebt, daß sie trotz aller Sorgen und Mühen eine Fülle von wunderschönen Erfahrungen gemacht hat, die ihrem Leben Sinn geben und die sie mit Freude erfüllen. Da war die eher theoretisch anmutende Diskussion über die Selbstverwirklichung auf einmal gar nicht mehr so brennend. Da wuchs aus der unbedingten Bereitschaft, sich für die eigenen Kinder einzusetzen, ein Verantwortungsgefühl für das Wohl auch anderer Menschen hervor. Da habe ich beispielsweise eine andere Frau erlebt, die selbst schwer leidend ist (sie hat mehr als 100 Lungeninfarkte hinter sich), und die dennoch ihre ganze Energie in die Betreuung Kranker und

Leidender steckt. Wie oft habe ich mir gedacht, daß unsere Gesellschaft vom tagtäglichen Mühen solcher Frauen zusammengehalten wird.

Habe ich den Männern empfohlen, ihre personale Dimension nicht ganz zu vernachlässigen, sondern zu pflegen, scheint es mir wichtig, Analoges auch für die Frauen festzuhalten. Auch sie sind manchmal bedroht, nur ihre besonderen Begabungen und Interessen zu kultivieren und Eigenschaften wie Durchsetzungsvermögen, Effizienz, Planung, Funktionalität weitgehend zu vernachlässigen. Dann geschieht es, daß Frauen von nichts anderem mehr reden können als von den Kindern, dem örtlichen Tratsch, der Handarbeit und Kochrezepten. Dann verlieren sie jedes Interesse für das, was ihr Mann in der Berufswelt erlebt, und geraten in Gefahr, sich nur mehr an ihre Kinder zu klammern, auf die sie sich am liebsten draufsetzen würden, um sie nur ja nicht ins Leben entlassen zu müssen. Diese Frauen sind es dann, die als Karikaturen des traditionellen Rollenbildes der Frau nicht ganz zu Unrecht lächerlich gemacht werden.

Wer die weibliche Rolle so mißversteht, liefert jenen Argumente, die für die Fortsetzung des bisher beschrittenen Weges eintreten: den häuslichen Bereich seiner Funktionen zu entkleiden.

Sexuelle Attraktivität kein tragendes Vorbild

Muttersein werde immer unattraktiver, stellt G. Greer in ihrem Beitrag „Warum Frauen immer schlechtere Mütter werden" (88) fest: Schwangerschaft gelte heute als Krankheit. Das schlanke knabenhafte Schönheitsideal sei unweiblich und werde durch die Schwangerschaft gefährdet. Kinderbetreuung werde meistens um den Preis der Einsamkeit erkauft und sei mit Routinearbeit verbunden. In erster Linie erlebe sich die Frau „als Geisha ihres Mannes". Aus Sorge um die Schönheit ihres Körpers wolle sie möglichst rasch abstillen und abmagern.

> „Statt sich auf die Wünsche ihres Kindes einzustellen, konzentriert sich die westliche Frau auf die Bedürfnisse ihres Mannes, mit dem sie nicht mehr durch feste soziale Bande verbunden ist, sondern den sie nur mit sexueller Anziehungskraft halten kann. Wo sie einst eine dynastische Rolle spielte und mit der immerwährenden, leidenschaftlichen Liebe ihrer Kinder rechnen konnte, ist sie nun völlig abhängig von ihrem Erfolg als ihres Mannes Geisha." (88)

Auch hier soll jetzt nicht unterschwellig ein Zurück zu den guten alten Zeiten verkauft werden. Wohl sei aber auf die Gefahr hingewiesen, die in der Überbetonung der sexuellen Attraktivität gelegen ist. Wird die sexuelle Anziehungskraft nämlich zum wichtigsten Bindeglied zwischen

Mann und Frau, so entsteht dadurch ein Leistungsdruck, dem besonders die alternde Frau auf Dauer nicht standhalten kann.

So wichtig die sexuelle Attraktivität auch ist und so sehr sie als faszinierend empfunden wird, kann sie dennoch nicht als oberstes Prinzip für Leitbilder dienen. Die Ausrichtung von Mann und Frau muß auf einer tieferen Ebene verankert sein als der rein körperlichen. Die Anziehungskraft von Mann und Frau wurzelt in der Polarität der Väterlichkeit und Mütterlichkeit.

Es geht also um den Aufbau von Polarität, die bei der Frau in der Mütterlichkeit zum Ausdruck kommt. Nach der Ansicht des Tiefenpsychologen E.H. Graber bleibt das Weibliche gekennzeichnet durch gebären, Leben schenken und hervorbringen, durch das Ermöglichen von Entfaltung. Das Weibliche sei die Grundsubstanz allen menschlichen Werdens, während das Männliche eher in der von außen zufließenden, gestaltenden Kraft zum Ausdruck komme. Dem entsprechen auch die beiden Urbilder: Erde für das Weibliche und Sonne für das Männliche.

Nach Ansicht Grabers ist daher die Frau auch der Anfang, von dem eine Gesundung unserer Menschheit ausgehen müßte. Das ewig Weibliche, das in jeder Frau lebt, werde bei jedem Kind neu geboren. Graber sieht darin den Ursprung aller positiven Kräfte, sowohl bei der Frau wie auch beim Mann.

Zu einem ähnlichen Ergebnis, nur von der tieferen Sicht des Glaubens her betrachtet, kommt G. von Le Fort. Der Fähigkeit der Frau zu tiefster Hingabe entspricht die zu äußerster Versagung. Die abgefallene Frau ist schrecklicher als der abgefallene Mann, weil sie auch in dieser Dimension radikaler ist.

„Als erkennbare apokalyptische Gestalt des Menschen steht in der Geheimen Offenbarung das Weib — nur die ihrer Bestimmung untreu gewordene Frau kann jene absolute Unfruchtbarkeit der Welt darstellen, welche ihren Tod und Untergang herbeiführen muß. Wenn das Vorzeichen der Frau das ‚Mir geschehe' ist, d. h. das Empfangenwollen, religiös ausgedrückt das ‚Gesegnetsein-wollen', so ist das Unglück immer dort, wo die Frau nicht mehr empfangen, nicht mehr gesegnet sein will. Das gilt nicht nur im biologischen Sinn .... Die ‚große Hure' ist das apokalyptische Bild der Endzeit ... Die Hure dient nicht mehr als ‚Mitwirkende' im Geiste der Liebe und Demut, sondern sie dient als Ding. — Das Ding rächt sich durch Herrschaft: Über dem in die Botmäßigkeit der Mächte gefallenen Mann erhebt sich triumphierend die Versklaverin seiner Triebhaftigkeit." (125 S. 23f.)

Alles entscheidet sich insofern an der Frau, als sie in gewisser Hinsicht die letzte Barriere ist, die uns vor einem endgültigen Abgleiten in den zum Scheitern verurteilten Weg der Selbsterlösung bewahrt.

Damit sind die Männer durchaus nicht fein heraus, und alle Verantwortung für unsere Zukunft lastet auch nicht allein auf den Schultern der Frauen. Wir alle sind zu einer Umkehr aufgerufen. Denn wo das Väterliche wächst, wird auch das Mütterliche neu belebt und damit tragfähig.

9.3. Lassen sich solche Leitbilder überhaupt verwirklichen?

Manchen Leser wird der Gedanke beschlichen haben, daß vieles von dem, was ich in den letzten beiden Abschnitten als Zielvorstellung beschrieben habe, ja ganz schön klinge. Aber wie sollte man das heutzutage verwirklichen? Gehen die Trends nicht in eine ganz andere Richtung? Wie kann man in einer Zeit, in der Emanzipation mit Fortschritt gleichgesetzt wird, von gegenseitiger Abhängigkeit, von Mütterlichkeit und Väterlichkeit reden? Ist das nicht alles restlos veraltet? Tragen solche Aussagen nicht noch mehr zur Verunsicherung der Frau bei, die sich jetzt endlich für den Fortschritt öffnet?

Zweifellos muß man dem Umstand Rechnung tragen, daß die Rollenunsicherheit bei den Frauen heute besonders groß ist. Sie stehen ja in einem Spannungsfeld zwischen gesellschaftlichen Rollenvorstellungen, eigenen Erwartungen und den Vorstellungen der Männer von typisch weiblichen Eigenschaften. Die Unterschiede zwischen dem Verhalten der Frauen und den Vorstellungen davon, wie sie sein möchten, sind bei ihnen tatsächlich weitaus größer als bei Männern (siehe 5 und 50).

Wie wird diese Konfliktsituation aber derzeit gelöst? Weiterhin wird in den ausgefahrenen Bahnen unseres bisherigen Fortschritts dahingetrottet: Funktionalität, Rationalität und Selbstverwirklichung durch Emanzipation werden als Ziele angeboten. Das hat zur Folge, daß immer mehr Frauen das Heil vor allem in der Berufswelt suchen. Wer sich dieser Idee verschreibt, feiert die weiterhin steigenden Quoten weiblicher Beschäftigung als Fortschritt.

Die Abkehr von traditionellen Rollenvorstellungen schreitet sehr rasch voran, in den Unterschichten langsamer als in der Mittel- und Oberschicht, bei jüngeren Personen rascher als bei älteren. Besonderen Einfluß hat der Bildungsstand der Mutter: Je gebildeter die Mutter, umso „fortschrittlicher" die Tochter (siehe 22).

Aus den einschlägigen Untersuchungen kann man allerdings auch ablesen, wie belastend für die Frau die Verwirklichung des „fortschrittlichen" Rollenkonzeptes ist. Denn nach wie vor trifft die Frau die doppelte Belastung von Beruf und Haushalt. Die Überlastung der berufstätigen Frau im Alltag kommt in den internationalen Zeitbudgetuntersuchungen (204) nur allzu deutlich zum Ausdruck: Sie kommt am wenigsten zum Ausrasten, sie erübrigt die wenigste Zeit für außerhäusliche Aktivitäten und hat am wenigsten außerhäusliche persönliche Kontakte. Es bleibt ihr auch die wenigste Zeit für Unterhaltungen, und sie schneidet auch, was die Geselligkeit zuhause anbelangt, am schlechtesten ab. Selbst zum Fernsehen und Zeitungslesen kommen berufstätige Frauen am wenigsten, und sie schlafen auch weniger als die Hausfrauen und am Wochenende auch weniger als die Männer. Die heute angebotene Lösung ist für die Frau somit zumindest sehr belastend.

Die Anpassung des weiblichen Verhaltens an das männliche beobachtet man — wie ja die jüngsten Untersuchungen über das Sexualverhalten zeigen — auch bei der Einstellung zur Sexualität (siehe 8.6). Vielfach entsteht sogar der Eindruck, daß die Freizügigkeit bei jungen Frauen größer ist als bei jungen Männern. Untersuchungen bei jungen Engländerinnen, die straffällig geworden sind, lassen erkennen, daß die größere sexuelle Freizügigkeit mit einer Vermännlichung, sprich Funktionalisierung, des Zugangs zur Sexualität einhergeht.

Diese „Befreiung" hat keineswegs den Erfolg gebracht, den man sich von ihr erhofft hatte. Das zeigen die schon erwähnten Störungen des Sexuallebens (siehe S. 203). Darüber hinaus erweist sich die einseitige Betonung des Funktionalen ganz allgemein als Konzept, das dem Menschen nicht bekommt. Das zeigt der Vergleich der europäischen Länder: Je mehr in einem Land die Berufswelt als wichtigster Lebensbereich betont wird, umso zahlreicher sind dort auch die Symptome für sozialpsychische Belastung (wenn man die Häufigkeit von Morden und Selbstmorden als Maßstab verwendet).* Heute wird offenkundig, daß der eingeschlagene Weg in die Irre führt. Wer mit offenen Augen durch die Welt geht, sieht das auch. Und wer in den Statistiken blättert, findet dafür auch zahlenmäßige Belege.

Unsere Kultur ist zur Zivilisation degeneriert, weil sie einseitig geworden ist, nur mehr ein Prinzip, nämlich das männliche, verwirklicht, stellt G. von Le Fort fest. Durch die Ausschaltung des weiblichen Pols ist allerdings etwas Entscheidendes geschehen: Auch die religiöse Dimension, deren Symbolträger die Frau ja ist, wurde in den Hintergrund gedrängt.

---

* Siehe dazu 78, S. 181ff.

„Der schöpferische Mann, der Gott nicht mehr die Ehre gibt, verkündigt eben sich selbst. Er muß dann mit dem Religiösen zugleich praktisch auch das Weibliche in der Kulturlinie ausschalten. Im alleinigen Kulturanspruch des Mannes bricht... die Totalität des Seins auseinander." (125, S. 80)

Es gilt also unsere Kultur zu verweiblichen, damit sie menschlicher wird. Das bedeutet konkret Aufwertung der von den Frauen vertretenen Dimensionen, Abkehr von der einseitigen Betonung der männlichen Prinzipien. Die nur weltlich gedachte und gestaltete Welt ist nicht überlebensfähig. Wie die Zauberlehrlinge stehen wir heute vor der Eigendynamik unserer Apparate und versuchen, uns an ihre dämonisierte Verselbständigung anzupassen. Hier gilt es innezuhalten und unser Fortschrittsdenken neu auszurichten.

Zukunft gestalten – nicht erleiden

Allerdings stellt sich da sofort die Frage: „Ja, wie soll denn das geschehen?" Wir alle haben mehr oder weniger stark den Eindruck, der Zug sei längst abgefahren, niemand habe auf die Entwicklung Einfluß und alles, was der kleine Mann tun könne, sei, sich eben anzupassen.

Zu dieser Haltung sind wir aber systematisch erzogen worden. Ich erinnere mich noch an die „goldenen" sechziger und frühen siebziger Jahre. Damals meinte man, endlich hätte man alles im Griff. Die Prognostiker hatten Hochsaison. Alle richteten sich ehrfürchtig nach ihren Aussagen. Die Wirtschaftsprognosen wurden von den Politikern wie Orakelsprüche behandelt. Dabei war das Rezept sehr einfach: Auf mehr oder weniger komplizierte Art und Weise wurden Trends in die Zukunft verlängert. Das Grundrezept war — vereinfacht ausgedrückt: Morgen = Heute + 5%. In dieser Zeit haben wir uns das mechanistische Denken über die Zukunft angewöhnt. Wir haben verlernt, das gesellschaftliche Geschehen als Ergebnis von Einzelentscheidungen anzusehen, und sind dazu übergegangen, unsere Zukunft als Produkt sozialer und wirtschaftlicher Gesetzmäßigkeiten aufzufassen.

Zwar konnten wir gerade in den letzten Jahren feststellen, daß die Prognostiker auch nur mit Wasser kochen und sich daher laufend irren. Hat sich deswegen aber unsere Art über die Zukunft zu denken geändert? Ich habe nicht diesen Eindruck.

Beobachten Sie doch einmal, wie Gespräche über die Zukunft verlaufen. Ich bin überzeugt, Sie werden fast ausschließlich die folgenden beiden Haltungen antreffen: Die Optimisten sind einfach nicht von ihrer Überzeugung abzubringen, daß die Dinge ohnedies nicht so tragisch seien und sich schon alles wieder zum Guten wenden werde. Für sie ist die Geschichte eine — wenn auch kurzfristig unterbrochene — Kette von unaufhaltsamen Fortschritten. Und damit basta.

Auf der anderen Seite stehen die Pessimisten. Sie lesen aus allen Ereignissen unweigerlich den unmittelbar bevorstehenden Untergang heraus. Keinerlei Hinweis, daß man aus Fehlern doch lernen und es daher einmal besser machen könne, kann sie aus ihrer Grundüberzeugung, „daß eh' alles zu spät ist" herausreißen.

Aber unterscheiden sich diese beiden Haltungen eigentlich im Grundsätzlichen? Letztlich nicht. Denn sowohl die Optimisten als auch die Pessimisten gehen von der Vorstellung aus, man könne ruhig die Hände in den Schoß legen und den Dingen ihren Lauf lassen, entweder weil sie mit geheimnisvollen Selbstheilungskräften rechnen oder weil die Zerstörung unausweichlich sei.

Für letztere Haltung möchte ich F. Nietzsche als Beispiel zitieren. Schon im vorigen Jahrhundert schrieb er:

> „Was ich erzähle, ist die Geschichte der nächsten zwei Jahrhunderte. Ich beschreibe, was kommt, was nicht mehr anders kommen kann: die Heraufkunft des Nihilismus. Diese Geschichte kann jetzt schon erzählt werden: Denn die Notwendigkeit selbst ist hier am Werke. Die Zukunft redet schon in hundert Zeichen... Unsere ganze europäische Kultur bewegt sich seit langem schon mit einer Tortur der Spannung, die von Jahrzehnt zu Jahrzehnt wächst, wie auf eine Katastrophe los: unruhig, gewaltsam, überstürzt: einem Strom ähnlich, der an's Ende will, der sich nicht mehr besinnt, der Furcht davor hat, sich zu besinnen." (148)

Hinter solchen Aussagen steckt die Vorstellung, daß die Gesellschaft letztlich wie eine Maschine funktioniert: Einmal in Gang gesetzt, kann man voraussagen, was geschieht. Wer so denkt, übersicht, daß die Gesellschaft ja aus Menschen besteht. Er sieht ganz davon ab, daß der Mensch jederzeit frei ist zu entscheiden, ob er seinen Weg fortsetzen will oder nicht. Weil wir diese Freiheit haben, müssen wir in uns auch wieder das Bewußtsein wecken, daß Zukunft nicht einfach geschieht, sondern daß sie von uns gestaltet wird!

Auch wenn wir die Hände in den Schoß legen und den Dingen ihren Lauf lassen, ist dies eine Entscheidung. Sie bedeutet nichts anderes, als daß wir anderen das Entscheiden und Handeln überlassen. Eine der Tragödien unserer Zeit besteht ja gerade darin, daß wir uns gar nicht mehr zutrauen, gestaltend einzugreifen. Damit sind wir in Gefahr, in weinerliche Passivität zu versinken.

Diese Haltung ist besonders für Christen unangemessen. „Ihr seid das Salz der Erde, das Licht der Welt", hat uns Jesus zugerufen. Nicht weil wir so gut, so gescheit, in irgendeiner Richtung so begabt wären. Nein. Vielmehr weil wir Träger der Hoffnung sind, daß Gott dem Menschen zu jeder Zeit Umkehr ermöglicht und einen neuen Beginn schenkt.

Und weil ich von dieser Grundüberzeugung getragen bin, sehe ich auch die innere Neuausrichtung des Menschen als die entscheidende Notwendigkeit bei der Suche nach Auswegen aus unserer krisengeschüttelten Zeit an. Die Formulierung der Leitbilder vom mütterlichen und väterlichen Menschen sollte einen Beitrag zu dieser Neuausrichtung liefern.

Ob die Umkehr einzelner reichen wird? Wer kann das beantworten? Jedenfalls ist sie notwendig und daher auch ohne jeden Zweifel sinnvoll. Sie wird aber dann umso besser gelingen, je mehr auf der Ebene der Gesellschaft geeignete Veränderungen in Gang gesetzt werden.

Überschaubare Gruppen statt anonymer Apparate

Wichtig ist vor allem, daß die scheinbar übermächtige Eigendynamik der gesellschaftlichen Apparaturen gebrochen wird. Der Personalität des einzelnen Menschen kann nicht Rechnung getragen werden, wenn wir weiterhin an anonymen Riesenorganisationen bauen. Soll nämlich die Verwirklichung der in Abschnitt 9.1 und 9.2 formulierten Leitbilder fruchtbar werden, so müssen sich die Bemühungen, menschliches Leben wieder in überschaubaren Räumen leben zu können, verstärken. Eine solche Neuausrichtung auf Überschaubarkeit müßte von einem eigens darauf abzielenden technischen Fortschritt begleitet und gefördert werden. Die technische Entwicklung wird jedoch nur dann in diese Richtung einschwenken, wenn auf gesellschaftlicher Ebene entsprechende Maßnahmen gesetzt werden. Konzepte dafür gibt es, wie die Publikationen von E. F. Schumacher, L. Kohr und vieler anderer zeigen. Auf dieses Thema kann ich leider nicht näher eingehen, so interessant es wäre.

Noch einmal möchte ich es ganz deutlich sagen: Auch in unserem Fortschrittsdenken bedarf es eines Wandels. Wir dürfen nicht weiterhin die Leitvorstellungen des Menschen an die Sachzwänge der technischen Gebilde anpassen. Vielmehr gilt es danach zu fragen, wie wir die Gesellschaft umgestalten sollten, damit sie einen geeigneten Rahmen für die menschliche Entfaltung abgibt.

Und das bedeutet primär, daß Lebensräume entstehen müssen, in denen menschliche Begegnung stattfinden kann, in denen nicht der Druck des Nützlichkeits- und Effizienzdenkens allein den Takt bestimmt, in denen menschliche Begegnung mit der Erfüllung wesentlicher Aufgaben zwanglos einhergeht. In einer solchen Welt würden wir unser Leben auch nicht mehr als Abfolge voneinander unabhängiger Spezialaufgaben und unzusammenhängender Rollen (in Familie, Beruf, Freizeit) gestalten, sondern als Ganzes erleben können.

Die überschaubare Gruppe bietet sich als beste Verbindung zwischen den für menschliche Entfaltung notwendigen Voraussetzungen und dem vom heutigen gesellschaftlichen System her Erforderlichen an:

„Die Nahtstelle zwischen Mensch und gesellschaftlichem System ist die überschaubare Gruppe. Wird diese Gruppe als lebendige Struktur zwischen das immer isolierter werdende Individuum und den immer perfekter werdenden Apparat eingebaut, so wird sie zum entscheidenden Schlüssel bei der Überwindung der Apparatisierung (des Menschen). Die überschaubare Gruppe realisiert sich im mittelständischen Betrieb ebenso wie in überschaubaren Produktionsteams mit Gruppenaufgaben im Großbetrieb, in Basisgemeinschaften ebenso wie in der Groß-familie oder in dem neuen Gemeindebegriff der neutestament-lichen Urgemeinde im Atomzeitalter. Die überschaubare Gruppe ist die beste Voraussetzung für ein Gleichgewicht zwischen funktionalen, personalen und transzendentalen Fähigkeiten." (79, S. 267f.)

Überschaubarkeit ist somit sicher ein Prinzip, das in Zukunft mehr betont werden sollte. Es steht in enger Beziehung mit Bemühungen um Dezentralisierung. An zentralen Orten sollten wirklich nur jene Aufgaben wahrgenommen werden, die die Möglichkeiten kleiner Einheiten übersteigen. Das bedeutet, daß dem Subsidiaritätsprinzip viel mehr Rechnung getragen werden sollte.

Erneuerung, die von den Frauen ausgeht

Bevor ich mich aber in Überlegungen, was auf gesellschaftlicher Ebene zu tun wäre, verliere, möchte ich nur noch eine letzte Frage anschneiden: Wer könnte denn Träger einer solchen Schwerpunkt-verlagerung sein? Meine Hoffnung richtet sich da auf die Frauen. Sie sind noch nicht vollständig im System verplant — zumindest viele von ihnen. Statt sich weiterhin in die weitgehend funktionalisierte Berufswelt eingliedern zu lassen, könnten sie doch von der Basis her an den Grundlagen einer örtlich überschaubaren Welt nachbarschaftlichen Zusammenlebens bauen. Sie müßten die Initiative ergreifen und die Männer langsam in die neuen Ansätze einbinden.

Diese Welt könnte nach anderen Kriterien funktionieren: In ihr könnten Stabilität, persönliche Begegnung, Emotion und Intuition gleichberechtigt neben Effizienz, Rationalität und Leistung zum Zug kommen. In vielen Bereichen machen wir ja die Erfahrung, daß die großen Organisationen, die nach „industriellen Maßstäben" funktionieren, im Grunde genommen versagen. In großen, anonymen Institutionen läßt sich weder Bildung vermitteln, noch werden dort Kranke menschlich betreut oder Straffällige gebessert. Auch können dort alte Menschen keinen erfüllten Lebensabend verbringen und Kinder nicht zu Persönlichkeiten heranwachsen... Eine Fülle von Aufgaben harren also einer angemessenen Lösung. Sie könnte der Ausgangspunkt für eine menschlichere Welt sein.

Echte Partnerschaft als Grundvoraussetzung

So wichtig die überschaubare Gruppe als Rahmen für persönliche Entfaltung auch ist, so bietet sie doch keinerlei Garantie dafür, daß dieses Anliegen im einzelnen auch verwirklicht wird. Voraussetzung für das Gelingen ist die Bereitschaft der Beteiligten, sich vom Geist der Partnerschaft und des gegenseitigen Wohlwollens leiten zu lassen. Im Grunde genommen geht es sogar um noch mehr: Die Entfaltung des Partners zu seiner von Gott gewollten Besonderheit muß uns zum Anliegen im Umgang miteinander werden. In besonderer Weise gilt das für die Beziehung von Mann und Frau.

Fehlt diese Grundhaltung, kann die überschaubare Gruppe zum Kerker für den einzelnen werden. Wo sich Egoismus und Machtansprüche austoben und wo es kein Entrinnen vor diesen Bedrohungen gibt, wird das persönlich aufeinander Angewiesensein zur Hölle. Die Geschichte ist ein Bilderbuch von einschlägigen Erfahrungen: Wieviele Menschen haben doch die Flucht in die Anonymität der Stadt als Befreiung aus dem Kerker persönlicher Machtansprüche von Vätern, Ehemännern, Dienstherrn, Bürgermeistern... empfunden!

Entscheidend ist dieser Geist der Partnerschaft jedenfalls für die Ehe. Beide Teile müssen sich um die Entfaltung ihrer eigenen Besonderheit bemühen und an der des Partners mitwirken. In der Realität dürften jedoch einseitige Klischeevorstellungen von dem, was man als Mann oder Frau tun darf oder nicht, verhindern, daß es zu einer solchen Partnerschaft kommt. Vor allem dürfte es häufig passieren, daß die Frauen bald darauf verzichten, ihre Besonderheit einzubringen, weil „ohnedies er alles besser kann." Der deutsche Eheberater J. Willi berichtet über solche Erfahrungen:

> „Besonders Frauen betonen immer wieder, sie seien vor der Heirat selbständig und selbstbewußt gewesen und könnten nicht verstehen, weshalb sie jetzt so abhängig und hilflos geworden seien. Auch wenn wir Patienten gleichzeitig in Einzel- und in Paartherapie haben, fällt uns immer wieder auf, wie derselbe Mann, der eben in der Einzeltherapie offen über seine Schwächen gesprochen hat, in der Paartherapie eine viel zurückhaltendere und kontrolliertere Pose annimmt oder dieselbe Frau, die in der Einzeltherapie zu einem konstruktiven Arbeitsbündnis befähigt war, sich in der gemeinsamen Situation viel regressiver und passiver verhält... (Es) läßt sich immer wieder feststellen, daß Frauen die Tendenz haben, unter ihren Möglichkeiten zu leben und Ansprüche zur Entfaltung der eigenen Persönlichkeit in einer Partnerbeziehung aufzugeben. (216, S. 22f.)

Aus eigener Erfahrung weiß ich, wie groß die Versuchung ist, sich als Mann in der Rolle des Überlegenen zu fühlen. Auf dieser Basis kann Partnerschaft jedoch nicht gedeihen. Daher sollten gerade wir Männer uns bewußt machen, wie sehr wir doch von unseren Frauen abhängen. Das zeigen sogar die statistischen Daten: So ist die Sterblichkeit von 30jährigen geschiedenen Männern in der folgenden Lebensdekade um 250% höher als die von verheirateten. Im Vergleich dazu macht die Übersterblichkeit bei hohem Blutdruck nur um 200% und bei starken Rauchern nur 125% aus. Diesen Zahlen aus Nordamerika entsprechen Beobachtungen in der Schweiz und in Österreich: Geschiedene Männer sind weitaus selbstmordanfälliger als verheiratete. Auch Untersuchungen über den psychischen Gesundheitszustand der Bevölkerung lassen erkennen, daß die Anfälligkeit für Störungen bei alleinstehenden Männern besonders hoch ist (siehe dazu 80, 122, 153).

P. Frankenstein faßt die Ergebnisse seiner Dissertation zu diesem Thema folgendermaßen zusammen:

> „Das Alleinsein, das heißt das Nichtverheiratetsein, kommt einer existentiellen Bedrohung gleich, die sich in einer erhöhten Sterblichkeit niederschlägt. Dies wird beim Mann in allen Altersstufen deutlich, bei der Frau vor allem in jüngeren Jahren. Die Geschiedenen lösen somit nicht nur eine Partnerbindung,

sondern sie sind auch stärker als andere von einer biologischen und gesundheitlichen Desintegration bedroht. Die Selbstaufgabe, sowohl im sozialen wie auch im biologischen Bereich, scheint ein Wesenszug zu sein, der bei Geschiedenen stärker hervortritt, insbesondere bei geschiedenen Männern." (72)

Und J. Willi:

„Diese Befunde könnten dafür sprechen, daß der Mann als Persönlichkeit vom Zusammenleben mit der Frau mehr profitiert als diese von ihm ... In der Paartherapie ist für manche Frauen eines der erstaunlichsten Erlebnisse, vom Mann erstmals zu hören, wie abhängig er von ihr ist und wie verloren er sich ohne sie fühlen würde." (216, S. 25f.)

Aus all dem wird deutlich, daß eine lebendige, dauernde, von gegenseitiger Liebe getragene Partnerschaft von Mann und Frau, kurz eine nach christlichem Verständnis geführte Ehe auch heute der ideale Rahmen für ein erfülltes Leben als Mann und Frau wäre. Die meisten Menschen tragen eine tiefe Sehnsucht nach einer solchen unbedingten Lebensgemeinschaft in sich. In seinen ehrlichen Stunden sehnt sich der Mensch nämlich nach jemandem, auf den er sich verlassen kann, der zu ihm steht, was auch immer geschehen mag, der ihm auch dann vertraut, wenn vieles gegen ihn spricht, der sich von ganzem Herzen mit ihm freut und der sein Leiden mitträgt und seine Sorgen teilt. In solchen Stunden ahnen wir auch, daß wir selbst Menschen werden sollten, die anderen diese Erfüllung bieten können

Dann spüren wir aber auch, daß es bei diesen Fragen primär nicht um intellektuelle Auseinandersetzung, sondern um persönliche Entscheidung für ein Leben miteinander geht. So habe ich erleben dürfen, welche tiefe Erfüllung im Miteinander-Leben als Mann und Frau erfahren werden kann. Im Laufe der Jahre habe ich immer besser begreifen gelernt, welche Freude damit verbunden ist, mit meiner Frau zu teilen: Gedanken, Freude, Erlebnisse, Freundschaften, Tränen, Lachen

Wir haben miteinander und voneinander leben gelernt. Das war nicht immer einfach, ist nicht immer ganz harmonisch vor sich gegangen. Wir haben auch schlechte Zeiten in unserer Ehe erlebt. Vor allem die ersten Jahre waren eine Zeit des routinierten Nebeneinanders, das leicht hätte in einem Scheitern enden können.

Die Wende in unserer Ehe trat ein, als wir anfingen, unserem bisher glaubenslosen Leben eine neue Richtung zu geben. Bei einem Cursillo, einem Glaubenskurs, wurde uns klar, daß Gott eine Realität ist, an der auch wir nicht auf Dauer vorbeileben können. Damals fingen wir an, ernsthaft miteinander zu reden, aufeinander zu hören, einander mitzuteilen.

Was sich seither verändert hat? Eigentlich alles. Denn wo Gott in dieser Welt wirken kann, eröffnen sich ungeahnte Perspektiven. Seit damals gehen wir aufeinander zu — mit Hochs und Tiefs, manchmal rascher, manchmal langsamer. Immer wieder dürfen wir erfahren, daß wir trotz unserer Fehler und Schwächen tiefer eins werden. Langsam lerne ich die Dinge auch durch die Augen meiner Frau zu betrachten. Hin und wieder gelingt es mir, mich in sie hineinzuversetzen, um dadurch zu begreifen, wie relativ meine Sicht der Dinge ist.

Das größte Geschenk ist jedoch die Erfahrung, daß Ehe immer schöner werden kann. In der Beziehung zu meiner Frau durfte ich ahnen, was Unbegrenztheit ist: Liebe kann grenzenlos wachsen. Sie ist jene Dimension, in der wir Menschen tatsächlich ohne Grenzen voranschreiten können. In der Ehe dürfen wir einen Hauch von Unendlichkeit schon hier erfahren. Je mehr ich dabei die Erfahrung des Einsseins mit meiner Frau mache, umso mehr erkenne ich aber auch, daß sie für mich auch ein unbegreifliches Geheimnis bleibt. Je näher wir aufeinander zugehen, umso tiefer erfahren wir die Besonderheit des anderen, umso mehr fühlen wir uns aber auch beieinander geborgen.

Bibliographie

[1] ABRAMS J.: Psychosomatic Aspects of Contraception, in: „The Familiy" 4th Congress of Psychosomatic Obstetrics and Gynecology in Tel Aviv 1974, Karger, Basel 1975 pp. 197-200

[2] AFFEMANN R.: Krank an der Gesellschaft, DVA, Stuttgart 1973

[3] ALLENSBACHER JAHRBUCH DER DEMOSKOPIE: Band VI, 1974-1976

[4] ASHBY W.R.: An Introduction to Cybernetics, London 1963

[5] ATHANASSIADES J.: The Internalization of the Female Stereotype by College Women, in: Human Relations, 1977, pp. 187-199

[6] BARDWICK M.: The Psychology of women: A study of biocultural conflict, Harper, New York 1971

[7] BARRON N.: Sex-Typed Language: The Production of Grammatical Cases, in: Acta Sociologica, 1971, pp. 24-42

[8] BARRY H., M.K. BACON & I.I. CHILD: A Cross-cultural Survey of Some Sex Differences in Socialization, in: Journ. of Abn. Soc. Psychol. 1957, pp. 327-332

[9] BECKER C. & S. KRONUS: Sex and Drinking Patterns, in: Social Problems, April 1977

[10] BEISSER & GLASSER: The precipitating stress leading to psychiatric hospitalization, in: Comp. Psychiat., 1968, pp. 50-61

[11] BELL R.Q., G.M. WELLER & M.F. WALDROP: Newborns and preschoolers: Organization of behavior and relations between periods, in: Monographs of the Soc. f. Res. in Child Developm., 1971, No. 142

[12] BEM S.L.: Die Harten und die Zarten, in: Psychologie heute, 1976, pp. 54-59

[13] BENKÖ E.: Geschlechtsspezifisches Rollenangebot bei Comics, Dissertation, Wien 1979

[14] BERGER E.M.: Relationships among acceptance of self, acceptance of others and MMPI scores, in: Journ. of Counselling Psychology, 1955, pp. 279-284

[15] BIERHOFF-ALFERMANN D.: Psychologie der Geschlechtsunterschiede, Kiepenheuer und Witsch, Köln 1977

[16] BISCHOF N.: Einleitungsreferat zum Symposium „Geschlechtsrollen" der deutschen Gesellschaft f. Anthropologie und Humangenetik vom 30.3 bis 1.4.1973 in Bad Homburg

[17] BOCK R.D. & J. KOLAKOWSKI: Further evidence of sex-linked major-gene influence on human spatial visualizing ability, in: American Journ. of Human Genetics, 1973, pp. 1-14

[18] BOGO N., C. WINGET & G.C. GLESER: Ego defenses and perceptual styles, in Perceptual and Motor Skills 1970, pp. 599-604

[19] BORNEMANN E.: Das Patriarchat, S. Fischer, Frankfurt 1975

[20] BRÄUTIGAM W.: Formen der Homosexualität, Enke, Stuttgart 1967

[21] BRINKMANN CH.: Finanzielle und psycho-soziale Belastungen während der Arbeitslosigkeit, in: „Arbeitsplatz und Arbeitsmarkt in Europa", W. Ettmayer (Hrsg.), Panorama Vlg., Wien 1978

[22] BROGAN D. & N.G. KUTNER: Measuring Sex-Role Orientation: A Normative Approach, in: Journ. of Marriage and the Familiy, 1976, pp. 31-40

[23] BÜHLER CH.: Kindheit und Jugend, 3. Aufl. S. Hierzel, Leipzig 1927

[24] BUNDESMINISTERIUM F. SOZ. VERW.: Die regionale Verbreitung von Arbeitsplätzen für weibliche und männliche Berufstätige nach dem Ausbildungsniveau, Wien 1979

248

[25] BURG A.: Visual acuity as measured by dynamic and static tests. A comparative evaluation, in: Journ. of applied Psychology 1966, pp. 460-466

[26] BURG A. & S. HULBERT: Dynamic visual acuity as related to age, sex and static acuity, in Journ. of applied Psychology 1961, pp. 111-116

[27] BÜRGER-PRINZ H. & H. GIESE: Psychopathologie der Sexualität, in: „Die Sexualität des Menschen", H. Giese (Hrsg.), Enke, Stuttgart 1971

[28] BURKHARDT H.: Der unverstandene Mensch, Herder, Freiburg 1977

[29] BURRI J.: Als Mann und Frau schuf er sie, Benziger Verlag, Zürich-Einsiedeln-Köln 1977

[30] BURTON-JONES N. (ed.): Ethological studies of Child Behavior, Cambridge 1972

[31] CALHOUN J.B.: Death Squared: The Explosive Growth and Demise of a Mouse Population in: Proceedings of the Royal Society of Medicine Vol. 66, Jan. 1973

[32] CANITZ H.: Väter, die neue Rolle des Mannes, Econ Verlag, Düsseldorf 1980

[33] CARTER-SALTZMAN L.: Patterns of Cognitive Functioning in Relation to Handedness and Sex-Related Differences, in: "Sex-Related Differences in Cognitive Functioning", M. Andrisin-Wittig & A. C. Petersen (eds.), Academic Press, New York-San Francisco-London, 1979, pp. 97-120

[34] CIOFFI J. & G.L. KANDEL: Laterality of stereognostic accuracy of children for words, shapes and bigrams, Science 1980, pp. 1432-1434

[35] CLEMENT M.: Artikelserie „Une théologie de la sexualité" in L'Homme Nouveau in den Nummern zwischen 15. Nov. 1981 und 20. Juni 1982

[36] COHEN D. & F. WILKIE: Sex-Related Differences in Cognition Among the Elderly, in: "Sex-Related Differences in Cognitive Functioning", M. Andrisin-Wittig & A. C. Pettersen (eds), Academic Press, New York-San Francisco-London 1979, pp. 145-160

[37] COPPEN A. & N. KESSEL: Menstruation und Personality, in: Brit. Journ of Psychiatry, 1963, pp. 711-721

[38] COUNT E.W.: Being and Becoming Human: Essays on the Diagram, 1976

[39] CULLEN J.: Cyclical Hormonal Activity, in: "Society, Stress and Disease", Vol. 3, L. Levi (ed.) Oxford Univ. Press, London-New York-Toronto 1978, pp. 197-202

[40] CZERMAK H.: Die erste Kindheit, Molden, Wien 1982

[41] DALLY A.: Die Macht unserer Mütter, Klett-Cotta, Stuttgart 1979

[42] DALTON K.: The Premenstrual Syndrome, Charles Thomas, Springfield 1964

[43] DAN H. J.: The Menstrual Cycle and Sex-Related Differences in Cognitive Variability, in: "Sex Related Differences in Cognitive Functioning", M. Andrisin-Wittig & A. C. Petersen (eds.) Academic Press, New York-San Francisco-London 1979, pp. 241-262

[44] DANNHAUER H.: Geschlecht und Persönlichkeit, VEB Deutscher Verlag d. Wissenschaft, Berlin 1973

[45] DAWKINS R.: The myth of genetic determinism, in: New Scientist Jan. 1982, pp. 27-30

[46] DAWSON J.L.: Effects of Sex Hormones on Cognitive Style in Rats and Men, in: Behavior Genetics, 1972, pp. 21-42

[47] DEGENHARDT A.: Aspekte der Geschlechtsrollendifferenzierung in der Adoleszenz, Vortrag gehalten auf dem Symposium „Geschlechtsrollen" der Deutschen Gesellschaft f. Anthropologie und Humangenetik vom 23. — 26. 11. 76 in Bad Homburg

[48] DEGENHARDT A. & H.M. TRAUTNER: Geschlechtypisches Verhalten, Beck, Hamburg 1979

[49] DE LAUWE CH.: L'enfant et son image, zitiert in: A. Patzelt

„Österreichische Mädchen in Familie, Schule und Gesellschaft", Jugend & Volk, Wien 1981

[50] DEUTSCH C.J. & L.A. GILBERT: Sex role stereotypes: Effect on Perceptions of Self and Others and on Personal Adjustment, in: Journ. of Counselling Psych., 1976, pp. 373-377

[51] DOCUMENTA GEIGY 1960

[52] DUSS von WERDT J.: Väter, aus Protokolle des Bildungshauses Neuwaldegg, Wien 1984

[53] DWECK C.S. & E.S. BUSH: Sex Differences in Learned Helplessness: I. Differential Debilitation with Peer and Adult Evaluators, in: Development Psychology 1976

[54] EAGLY A.H. & G.I. WHITEHEAD: Effect of choice on receptivity to favorable and unfavorable evaluations of oneself, in: Journ. of Personality & Social Psychology, 1972, pp. 223-230

[55] EICKHOFF L.F.W.: Sex Education and Sex Practice, in: Child & Family, Vol. 13 No. 1

[56] ELLIOTT C.D.: Noise tolerance and extraversion in children, in: British Journ. of Psychology 1971, pp. 375-380

[57] ELKIND E.: Erik Erikson's Eight Ages of Man, in: Dialogue No. 1 1978, pp. 3-13

[58] ENGELS F.: Der Ursprung der Familie, des Privateigentums und des Staates, in: „K. Marx und F. Engels ausgewählte Werke", Progress Verlag, Moskau 1971

[59] ERIKSON E.: Inner and Outer Space: Reflections on Womanhood, in: "The Woman in America", R.J. Lifton (Hrsg.), Houghton Mifflin Co., Boston 1965, pp. 193-210

[60] ERLER U.: Feminismus zwichen Haß und Selbsthaß, Die Presse v. 18./19. Juni 1977

[61] ERNST S.: Das größte Wunder ist der Mensch, Veritas-Verlag, Wien-Linz 1974

[62] EVOLA J.: Metaphysik des Sexus, Klett, Stuttgart 1962

[63] EYSENCK H.J.: Sexualität und Persönlichkeit, Ullstein, Frankfurt 1980

[64] FAGOT B.: Sex Differences in Toddler's Behavior and Parental Reaction, in: Developmental Psychology 1974

[65] FAGOT B.: The Influence of Sex of Child on Parental Reactions to Toddler Children, in: Child Development, 1978

[66] FENZ W.D. & B.R. FOGLE: Differences Between Male and Female Reactions to Psychosocial and Physical Stressors: A Review, in: "Society, Stress, and Disease", vol. 3, L. Levi (ed.), Oxford Univ. Press, London-New York-Toronto 1978

[67] FINDEISEN, LINKE & PICKENHAIN: Grundlagen der Sportmedizin, Verlag Ambrosius Barth, Leipzig 1976

[68] FISCHER-KOWALSKI M. & M. BUCEK: Lebensverhältnisse in Österreich, Köln 1980

[69] FISHER M.S.: Child Development Monogram No. 15, 1934

[70] FORD C.S. & F.A. BEACH: Formen der Sexualität, rororo, Hamburg 1968

[71] FRANKENHÄUSER M.: Sex Differences in Reactions to Psychosocial Stressors and Psychoactive Drugs, in: "Society, Stress, and Disease" Vol. 3, L. Levi (ed.), Oxford Univ. Press, London-New York-Toronto, 1978

[72] FRANKENSTEIN P.: Die Sterblichkeit nach Todesursache und Zivilstand in der schweizerischen Wohnbevölkerung von 1941 bis 1960, Dissertation an d. Univ. Zürich, 1974

[73] FRANKL V.: Psychotherapie in der Praxis, Deuticke, Wien 1975

[74] FRANKL V.: Der Mensch vor der Frage nach dem Sinn, Herder, Freiburg 1975

[75] FREEDMAN D.G.: The Development of Social Hierarchies, in: "Society,

Stress, and Disease", Vol. 2, L. Levi (ed.), Oxford Univ. Press, London-New York-Toronto 1975, pp. 36-42

[76] FROMM E.: Der moderne Mensch und seine Zukunft, Europ. Verlagsanstalt, Frankfurt 1969

[77] FROMM E.: Anatomie der menschlichen Destruktivität, Deutsche Verlagsanstalt, Stuttgart 1974

[78] FUCHS A., CH. GASPARI & H. MILLENDORFER: Makropsychologische Untersuchung der Familie in Europa, Forschungsbericht der STUDIA, Wien 1978

[78a] GARAUDY R.: Parole d'homme, Editions Robert Laffont, Paris 1975

[79] GASPARI CH. & H. MILLENDORFER: Konturen einer Wende — Strategien für die Zukunft, Styria, Graz-Wien-Köln 1978

[80] GASPARI CH., STIFTER K., DANNER H. und MOSER M.: Die Rolle von Mann und Frau in der Gesellschaft, Jubiläumsfonds-Projekt Nr. 1627 der Österr. Nationalbank, Wien 1983

[81] GEHMACHER E.: Jugend in Österreich, Molden, Wien 1982

[82] GOESSLER-LEIRER I. & H. STEINERT: Kriminalität der Frau in Österreich, Forschungsbericht des Ludwig Boltzmann Instituts für Kriminalsoziologie, Wien 1975

[83] GOLDBERG S.: The Inevitability of Patriarchy, New York 1973

[84] GOLDBERG S. & M. LEWIS: Play Behavior in the year old Infant: Early Sex Differences, in: Child Development 40, 1969

[85] GRABER H.G.: Pränatale Psychologie, die Erforschung vorgeburtlicher Wahrnehmungen und Empfindungen, Kindler, München 1974

[86] GRABER H.G.: Tiefenpsychologie der Frau, die Entwicklung vom Mädchen zur Frau und Mutter, Goldmann, München

[87] GRANT M.: Der Untergang des Römischen Reiches, Gustav Lübbe Verlag, Bergisch Gladbach 1977

[88] GREER G.: Warum die Frauen immer schlechtere Mütter werden, Die Weltwoche 31/84

[89] GUARDINI R.: Das Ende der Neuzeit, Hess Verlag, Basel 1950

[90] HAHN A.: Die Definition von Geschlechtsrollen, in: „Wandel der Familie — Zukunft der Familie" V. Eid und I. Vaskovics (Hrsg.), Matthias Grünewald Verlag, Mainz 1982

[91] HÄLLSTRÖM T.: Suicidal Ideation and Behaviour in Women, Göteborg

[92] HAMBURG D.A. & D.T. LUNDE: Sex hormones in the development of sex differences in human behaviour, in: "The Development of Sex Differences", E.E. Macoby (ed.) Stanford Univ. Press, Stanford, 1966, pp. 1-24

[93] HAMBURG D.A., R.H. MOOS & I.D. YALOM: Studies of Distress in the menstrual cycle and the postpartum period, in: "Endocrinology and Human Behaviour", R.P. Michael (ed.), Oxford 1968, pp. 94-116

[94] HARDING E.: Der Weg der Frau, Rhein Verlag, Zürich 1938

[95] HARTMANN W.: Beobachtungen bei der Erprobung des Fischertechnik-Vorstufenkastens 1000 V im Kindergarten, in: Unsere Kinder 5/1975

[96] HIER D.H.: Sex Differences in Hemispheric Specialization: Hypothesis for the Excess of Dyslexia in Boys, Bulletin of the Orton Society, Meeting Oct. 1978

[97] HIRSCHMANN C. & J.A. SWEET: Social Background of Breastfeeding among American Mothers, in: Social Biology, 1974, pp. 39-57

[98] HOEFER F. & M.C. HARDY: Later Development of Breast Fed Infants, in: Journ. of the American Medical Assoc. 1929, pp. 615-619

[99] HOFSTÄTTER P.: Persönlichkeitsforschung, Körner, Stuttgart 1977

[100] HUSSLEIN A.: Voreheliche Beziehungen, Herder, Wien-Freiburg 1982

[101] HUSSLEIN H.: Frauensport und Menstruationszyklus, in: Österr. Journal f. Sportmedizin, Heft 2, 1975

[102] HUTT C.: Neuroendocrinological, behavioural, and intellectual aspects of

251

sexual differentiation in human development, in: "Gender Differences: Their ontogeny and significance", Ounsted C. & D. Taylor (eds.), Churchill Livingstone, London 1972, pp. 73-121

[103] ILLIES J.: Das Geheimnis des Grünen Planeten, Umschau, Frankfurt 1982

[104] INGLIS J. & J.S. LAWSON: Sex Differences in the Effects of Unilateral Brain Damage on Intelligence, in: Science Vol. 212, 1981, pp. 693-695

[105] INTERPOL: International Crime Statistics, Saint-Cloud 1965, 1973, 1976

[106] IPPOLITOV F.V.: Interanalyser differences in the sensitivity-strength-parameter for vision, hearing, and cutaneous modalities.

[107] JACKLIN C.N.: Barrier Behaviour and Toy Preferences: Sex Differences in the Year Old Child, in Child Development 44, 1973

[108] JOHANNES PAUL II.: Enzyklika „Familiaris Consortio"

[109] JOHANNES PAUL II.: Enzyklika „Dives in Misericordia"

[110] JUNG E.: Animus und Anima, Zürich 1967

[111] KAGAN A.: Synopsis of general Discussion, in „Society, Stress, and Disease", Vol 3, L. Levi (Ed.), Oxford Univ. Press, London-New York-Toronto 1975, pp. 256-279

[112] KELLER H.: Geschlechtsunterschiede, Beltz, Weinheim-Basel 1979

[113] KEMMLER L.: Erfolg und Versagen in der Grundschule, Hogrefe, Göttingen 1967

[114] KIMBALL E.R.: How I get Mothers to Breastfeed, in: Physician's Management, 1968, Supplementband über Geburtshilfe und Gynäkologie, zitiert in A. Montagu: „Körperkontakt", Klett, Stuttgart 1974

[115] KINSEY A.C., W.B. POMEROY, C.E. MARTIN, N & P.H. GEBHARD: Sexual Behavior in the Human Female, Saunders Comp., Philadelphia 1948; ins Deutsche übersetzt: Das sexuelle Verhalten der Frau, Fischer, Frankfurt-Berlin 1963

[116] KINSEY A.C., W.B. POMEROY & C.E. MARTIN: Sexual Behavior in the Human Male, Saunders Comp., Philadelphia 1948; ins Deutsche übersetzt: Das sexuelle Verhalten des Mannes, Fischer, Frankfurt-Berlin 1964

[117] KLAUS M.H. & al.: Human Maternal Behavior of First Contact with her Young, in: Pediatrics, 1970, pp. 187-192

[118] KLAUS M.H. & J. KENNELL: Mothers separated from their newborn infants, in: Ped. Clin. N. Amer. 1970

[119] KLOEHN E.: Typisch weiblich? Typisch männlich? Hoffmann und Campe Verlag, Hamburg 1979

[120] KORNER A.F.: Methodological consideration in studying Sex Differences in the behavioral functioning of newborns, in: "Sex Differences in Behavior", R.C. Friedman & al. (eds.), New York 1975, pp. 197-208

[121] KÜRTHY T.: Geschlechtsspezifische Sozialisation, Band 1 und 2 UTB, Paderborn 1978

[122] LANGNER T.S. & S.T. MICHAEL: Life Stress and Mental Health, The Free Press of Glencoe, London 1963

[123] LAWICK-GOODALL J. van: Wilde Schimpansen, Reinbek 1971

[124] LEEUWEN van M.S.: A cross-cultural examination of psychological differentiation in males and females, in: International Journ. of Psychology, 1978, pp. 87-122

[125] LE FORT G.: Die ewige Frau. Die Frau in der Zeit. Die zeitlose Frau, Kösel-Verlag, München 1960

[126] LEHR U.: Das Problem der Sozialisation geschlechtsspezifischer Verhaltensweisen, Hogrefe, Göttingen 1972

[127] LINDHOLM C. & C. LINDHOLM: What Price Freedom?, in Science Digest Nov./Dec. 1980, pp. 50ff.

[128] LÖSCHENKOHL E.: Leistung, Lernprozeß und Motivation im Kinderspiel,

unveröff. Manuskript, Wien 1982.
[129] MACOBY E.E. & C.N. JACKLIN: The Psychology of Sex Differences, Stanford Univ. Press, Stanford 1974
[130] MARTIN M.K. & B. VOORHIES: Female of the Species, New York 1976
[131] MASTERS W.H. & V.E. JOHNSON: Human Sexual Responses, Little Brown & Comp., Boston 1966
[132] MATUSSEK P.: Funktionelle Sexualstörungen, in: „Die Sexualität des Menschen", H. Giese (Hrsg.), Stuttgart 1971
[133] McGUINESS D.: Sex differences in the organization of perception and cognition, in: "Explosing Sex Differences", B. Lloyd & J. Archer (Eds.), Academic Press, London 1976
[134] McCLELLAND D.: Wanted: A new self Image for Women, in: "The Woman in America", R.J. Lifton (ed.), Houghton Mifflin Co., Boston 1965
[135] McCLELLAND D.: Die Leistungsgesellschaft, Kohlhammer Verlag, Stuttgart 1966
[136] McGLONE J.: Sex Differences in Human Brain asymmetry: a Critical Survey, in: The Behavioral and Brain Sciences 3/1980, pp. 215-227
[137] MEAD M.: Mann und Weib, Rowohlt, Hamburg 1958
[138] MERZ F.: Geschlechtsunterschiede und ihre Entwicklung, Hogrefe, Göttingen 1979
[139] MINSSEN M.: Vernachlässigte Ansichten des Naturstoffs, in: Scheidewege 3/4 1982, pp. 376-394
[140] MITSCHERLICH A.: Auf dem Weg zur vaterlosen Gesellschaft, München 1963
[141] MONEY J.: Determinants of Human Sexual Behavior, in: "Society, Stress, and Disease", Vol. 3, L. Levi (Ed.), Oxford Univ. Press, London-New York-Toronto 1978, pp. 8-21
[142] MONEY J. & A.A. ERHARDT: Man and woman, boy and girl, J. Hopkins Univ. Press, Baltimore 1972
[143] MONTAGU A.: Körperkontakt — Die Bedeutung der Haut für die Entwicklung des Menschen, Klett, Stuttgart, 1974
[144] MÜNZ R.: Sexualität in Beziehungen, Arbeitspapier der Tagung „Sexualität als Entwicklungsproblem" der Katholischen Akademie in Wien, Oktober 1983
[145] NALBANDOV A.V.: Reproductive Physiology, San Francisco 1964
[146] NEUMANN E.: Die große Mutter, Eine Phänomenologie der weiblichen Gestaltungen des Unbewußten, Walter Verlag, Freiburg 1978
[147] NICKEL H.: Entwicklungspsychologie des Kindes- und Jugendalters, Bd. 1, Huber, Bern 1975
[148] NIETZSCHE F.: Der Wille zur Macht, Hauser Verlag, München 1966
[149] NÖCKER J.: Physiologie der Leibesübungen, Enke Verlag (2. Aufl.), Stuttgart 1971
[150] ÖSTERR. BUNDESKANZLERAMT: Familienbericht der Österr. Bundesregierung, Wien 1979
[151] ÖSTERR. BUNDESKANZLERAMT: Bericht über die Situation der Frau in Österreich, Frauenbericht 1975, Wien 1975
[152] ÖSTERR. INSTITUT FÜR JUGENDKUNDE: Jugend zu Beginn der achtziger Jahre, Jugendbericht 1, Jugend und Volk, Wien 1981
[153] ÖSTERREICHISCHES STATISTISCHES ZENTRALAMT: Selbstmordhandlungen, Beiträge zur österr. Statistik Heft 62, Wien 1961
[154] ÖSTERREICHISCHES STATISTISCHES ZENTRALAMT: Mikrozensus, verschiedene Hefte
[155] OTTO U.: Suicidal Behavior in Childhood and Adolescence, in: "Society, Stress, and Disease", Vol. 2, L. Levi (ed.), Oxford Univ. Press, London-New York-Toronto, 1975

[156] OUNSTED C. & D. TAYLOR (Eds.): Gender differences: Their ontogeny and significance, Churchill Livingstone, London 1972

[157] OUNSTED M.: Gender and intrauterine growth, in: "Gender Differences: Their ontogeny and significance" Ounsted C. & D. Taylor (eds.), Churchill Livingstone, London 1972, pp. 177-201

[158] PARKE R.D. & D.B. SAWIN: Kinder brauchen Männer, in: „Psychologie heute", Heft 4, 1978

[159] PARLEE M.A.: Physiological Aspects of Menstruation, Childbirth and Menopause, Madison 1975

[160] PATZELT A.: Österreichische Mädchen in Familie, Schule und Gesellschaft, in: „Jugend zu Beginn der achtziger Jahre", Österr. Jugendbericht 1, Verlag f. Jugend und Volk, Wien 1981, pp. 177-224

[161] PERNOUD R.: La femme aux temps des Cathédrales, Stock, Paris 1980

[162] PERSSON BENBOW C. & J.C. STANLEY: Sex Differences in Mathematical Ability: Fact or Artifact? Science 1980, pp. 1262-1264

[163] PETERSEN A.C.: Hormones and Cognitive Functioning in Normal Development, in: "Sex-Related Differences in Cognitive Functioning", M. Andrisin-Wittig & A.C. Petersen (eds.), Academic Press, New York-San Francisco-London, 1979, pp. 189-214

[164] PHOENIX C.H., R.B. GOY & W.F. YOUNG: Sexual Behavior, in: Neuroendocrinology Vol. 2, New York 1967

[165] PIETROPINTO A. & J. SIMENAUER: Abschied vom Mythos Mann, Frankfurt 1978

[166] PIETSCHMANN H.: Das Ende des naturwissenschaftlichen Zeitalters, Paul Zsolnay Verlag, Wien 1980

[167] PITCHER E.G.: Male und Female, Atlantic Monthly, März 1963

[168] POTTENGER F.M. Jr. & B. KROHN: Influence of Breast Feeding on Facial Development, in: Archives of Pediatrics, 1950, pp. 454-461

[169] PROKOP L.: Einführung in die Sportmedizin, Fröcher Verlag, Stuttgart-New York 1976

[170] REICH W.: Die sexuelle Revolution, Fischer, Hamburg 1971

[171] REINISCH J.M.: Fetal hormones, the brain, and human sex differences: A heuristic, integrative review of the recent literature, in: Archives of Sexual Behavior, 1974, pp. 51-91

[172] REINISCH J.L., R. GANDELMAN & F.S. SPIEGEL: Prenatal Influences on Cognitive Abilities: Data from Experimental Animals and Human Endocrine Syndroms, in: "Sex-Related Differences in Cognitive Functioning", M. Andrisin-Wittig & A.C. Petersen (eds.) Academic Press, New York-San Francisco-London 1979 pp. 215-240

[173] RETT A. & W. SEIDLER: Das gehirngeschädigte Kind, Verlag Jugend und Volk, Wien 1981

[174] REYMERT M.L. & M. ROTMAN: Auditory Changes in Children from Ages ten to eighteen, in: Journ. of Genetic Psychology, 1946, pp. 181-187

[175] RICHTER H.E.: Der Gotteskomplex, Rowohlt-Verlag, Reinbek bei Hamburg 1979

[176] ROSENMAYR L.: Politische Beteiligung und Wertewandel in Österreich, Bd. 1, Oldenbourg Verlag, München 1980

[177] RUF A.K. und E.J. COOPER: Grundkurs Sexualmoral, Band I: Geschlechtlichkeit und Liebe, Herder, Freiburg 1982

[178] ROSS J.M. & H.R. SIMPSON: The national survey of health and development: I. Educational attainment, in: British Journ. of Educational Psychology 1971, pp. 49-61

[179] ROSSI A.S.: Transition to Parenthood, in: Journ. of Marriage and the Familiy, 1968, pp. 26-39

[180] ROSSI A.S (ed.): The Family, Norton & Comp., New York 1978

[181] ROTH W.: Entwicklung des technischen Verständnisses, Köln 1974

[182] RUDOLPH W. & P. TSCHOHL: Geschlechtsrollen im Kulturvergleich (Referat, gehalten auf dem Symposium der Deutschen Gesellschaft für Anthropologie und Humangenetik vom 30. März bis 1. April 1973 und vom 23. bis 26. November 1976)

[183] RÜESCH J. & K.M. BOWMAN: Persönlichkeit und chronische Krankheit, in: „Der Kranke in der modernen Gesellschaft", M. Pflanz (Hrsg.), Kiepenheuer & Witsch, Köln-Berlin 1970

[184] SALLER K.: Leitfaden der Anthropologie, Springer Verlag, Berlin 1930

[185] SANDER L.: Twenty four hour distributions of sleeping and waking over the first month of life in different infant care-taking systems, Philadelphia 1973

[186] SARGENT A.G.: Beyond Sex Roles, West Publishing Co., St. Paul 1977

[187] SARKISSOFF J.: Die Nutzung der fötalen mütterlichen Stimme in der Psychotherapie, in: „Pränatale Psychologie", G.H. Graber (Hrsg.), Kindler, München 1974

[188] SCHELSKY H.: Soziologie der Sexualität, Rowohlt, Hamburg 1955

[189] SCHMIDT G. und V. SIGUSCH: Arbeiter-Sexualität. Eine empirische Untersuchung an jungen Industriearbeitern, Luchterhand, Neuwied-Berlin 1971

[190] SCHUMACHER E.F.: Rat für die Ratlosen, Rowohlt Verlag, Hamburg 1979

[191] SELIGER V.: Frau und Sport, in: „Zentrale Themen der Sportmedizin", W. Hollmann (Hrsg.), Springer Verlag (2. Aufl.), Berlin-Heidelberg, 1977

[192] SHERFEY M.M.: The Evolution and Nature of Female Sexuality in Relation to Psychoanalytic Theory, in: Journ. of the Amer. Psychoanalyt. Assoc., 1966, pp. 28-128

[193] SHERMAN J.A.: On the psychology of women: A survey of empirical Studies, Charles Thomas, Springfield 1971

[194] SIGUSCH V.: Die sexuelle Reaktion bei der Frau, in: „Die Sexualität des Menschen", H. Giese (Hrsg.), Enke, Stuttgart 1971

[195] SIMON P.: Rapport Simon sur le comportement sexuel des Français, Charron & Jullard, Paris 1972

[196] SOUTHAM A.L. & F.P. GONZAGA: Systemic changes during the menstrual cycle, in: Amer. Journ. of Obstetrics and Gynecology, 1965, pp. 142-165

[197] STAUDINGER H. und W. BEHLER: Chance und Risiko der Gegenwart, Ferdinand Schöningh Verlag, Paderborn 1976

[198] STEPHENS W.N.: The Familiy in Cross-cultural Perspective, New York 1963

[199] STERN D.: Mother and Infant at Play: The Dyadic Interaction Involving Facial, Vocal and Gaze Behavior, in: "The effect of the Infant on its Caregiver", H. Lewis & L. Rosenblum (eds.), New York 1974, pp. 187-213

[200] STOFFL K., L. TRALLORY & A. NEBEHAY: Frau und Psychiatrie, in: Österreichische Zeitschrift für Politikwissenschaft 7/1978, pp. 435-451

[201] STOURZH H.: Die Anorgasmie der Frau, Enke, Stuttgart 1961

[202] STRAUSS F. & G. SONNECK: Statistische Untersuchungen über die Selbstmorde in Österreich in den Jahren 1960 bis 1970, in: Mitteilungen der Österr. Sanitätsverwaltung Heft 7-8, 1975

[203] SULLEROT E. (Hrsg.): Die Wirklichkeit der Frau, Verlag Steinhausen, München 1979

[204] SZALAI A.: The Use of Time, Mouton, Den Haag-Paris 1972

[205] TIGER L. & J. SHEPHER: Women in the Kibbuz, Harcourt Brace Jovanovich, New York-London 1975

[206] TITTEL K. & H. WUTSCHERK: Sportanthropometrie, in: Sportmed. Schr. Reihe der Deutschen Hochschule für Körperkultur, Bd. 6, Barth Verlag, Leipzig 1972

[207] UDRY J.R.:Complementarity in Mate Selection: A perceptual approach, in: Marriage and Family Living, Aug. 1963

[208] UDRY J.R.: The Social Context of Marriage, Lippimott, Philadelphia, 1966

[209] UNWIN J.D.: Sex and Culture, Oxford Univ. Press, London 1934

[210] VAN AAKEN E.: Programmiert für 100 Lebensjahre, Pohl-Verlag, Celle 1978

[211] WABER D.P.: Sex differences in mental abilities: A function of maturation-rate?, in Science, 1976, pp. 572-574

[212] WABER D.P.: Cognitive Abilities and Sex-Related Variations in the Maturation of Cerebral Cortical Functions, in: "Sex-Related Differences in Cognitive Functioning", M. Andrisin-Wittig & A.C. Petersen, Academic Press, New York-San Francisco-London, 1979

[213] WATSON J.S.: Operant conditioning of visual fixation in infants under visual and auditory reinforcement, in: Development Psychology 1969, pp. 508-516

[214] WEITZ S.: Sex Roles: Biological, Psychological and Social Foundations, Oxford University Press, Oxford 1977

[215] WHO: World Health Statistics Annual, div. Jahrgänge

[216] WILLI J.: Therapie der Zweierbeziehung, Rowohlt, Reinbek, 1978

[217] WILLIAMS T.M. & H. BYARS: Negro self-esteem in a transitional society, in: Personnel & Guidance Journal 1968, pp. 120-125

[218] WILMORE J.H.: Strength, endurance, and body composition of the female athlete, Reprint from the Publication "The Medical Aspects of Sports" Nr. 15, 1974

[219] WILSON J.D., F. W. GEORGE, J.E. GRIFFIN: The Hormonal Control of Sexual Development, Science 211, 1981, pp. 1278 ff.

[220] WITKIN H.A.: Individual differences in ease of perception of embedded figures, in: Journ. of Personality, 1950, pp. 1-15

[221] ZEMANEK H.: Naturwissenschaft, Technik und menschlicher Geist, in: „Glaube und Wissen, H. Huber & O. Schatz (Hrsg.), Herder, Wien 1980

[222] ZUCKERMAN N., M. BAER & I. MONACHKIN: Acceptance of self, parents and people in patients and normals, in: Journ. of Clinical Psych. 1956, pp. 327-332